当代大学生体育课素质健康教程

刘 立 著

黑龙江教育出版社

图书在版编目（CIP）数据

当代大学生体育课素质健康教程 / 刘立著. -- 哈尔滨：黑龙江教育出版社，2021.1
ISBN 978-7-5709-0596-6

Ⅰ.①当… Ⅱ.①刘… Ⅲ.①体育教学－教学研究－高等学校 Ⅳ.①G807.4

中国版本图书馆CIP数据核字(2019)第065821号

当代大学生体育课素质健康教程
Dangdai Daxuesheng Tiyuke Suzhi Jiankang Jiaocheng

刘 立 著

责任编辑	宋 菲
封面设计	张国栋
责任校对	尤升发
出版发行	黑龙江教育出版社
	（哈尔滨市道里区群力第六大道1305号）
印 刷	哈尔滨圣铂印刷有限公司
开 本	880毫米×1230毫米 1/32
印 张	12.5
字 数	300千
版 次	2021年1月第1版
印 次	2021年1月第1次印刷
书 号	ISBN 978-7-5709-0596-6 定 价 30.00元

黑龙江教育出版社网址：http://www.hljep.com.cn
如需订购图书，请与我社发行中心联系。联系电话：0451-82533097 82534665
如有印装质量问题，影响阅读，请与我公司联系调换。联系电话：0451-82112566
如发现盗版图书，请向我社举报。举报电话：0451-82533087

前　　言

　　大学体育作为高校教育的重要组成部分，是高校体育教学的延伸和拓展，是大学生树立终身体育思想和形成良好运动习惯的重要途径。而体育课是学校进行体育教学的基本组织形式，是学校体育工作的基础，体育教学的质量直接影响着学校体育工作的质量。通过体育教学，对学生进行思想上的教育，向学生传授体育理论知识，让学生学习运动技术、掌握运动技能，从而增加对体育锻炼意义的认识、培养对体育运动的兴趣和爱好，使他们在体育课的学习中树立健康第一的指导思想，学会科学锻炼身体的方法，养成终身锻炼身体的良好习惯，达到终身受益的目的是学校体育教育的归宿。因此大学体育教育是培养高素质大学生的重要途径，而体育教材是实现体育教育目的的重要载体，一本好的体育教材要是体育教学和培养高素质大学生的关键所在。

　　本书以"健康第一"和"阳光体育"为指导思想，立足于现代大学生对体育的需求，突出学生的心理、生理特点，以提高学生身心健康素质为目标，注重培养学生的健康意识和行为，促进学生身体、心理、社会适应能力方面的发展。本书以新课程标准为基础，注重理论与实践的结合，内容充实，图文并茂，融科学性、知识性和实用性于一体，使身体锻炼与运动文化的学习同体育能力的培养有机地结合起来，切实培养学生的体育意识与能力，把满足社会发展的需要和个人发展的需求有机地结合起来，有利于学生进一步掌握体育科学知识与运动技能、技术，从而提高学生的整体素质。

本书引用了许多学者的理论和方法，在此谨对为本书提供各种直接和间接帮助的各位同仁表示衷心的感谢。同时由于时间仓促和水平有限，书中难免存在不少问题，有些章节显得比较单薄，我们恳切地期望广大读者对本书提出宝贵意见，使本书更加完善。

编委会
2020 年 5 月

目 录

第一章 体育概述 ……………………………………… (1)
第一节 体育的产生与发展 ………………………… (1)
一、体育的产生 ………………………………… (1)
二、体育的发展 ………………………………… (3)
第二节 体育与人的身心发展 ……………………… (8)
一、影响人的身心发展的基本因素 …………… (8)
二、体育与人的身心发展关系 ………………… (13)
第三节 体育与诸社会现象的关系 ………………… (17)
一、体育与社会生产力 ………………………… (17)
二、体育与社会政治、经济制度 ……………… (19)
三、体育与军事 ………………………………… (21)
四、体育与社会主义精神文明 ………………… (23)
第四节 体育的概念 ………………………………… (26)
一、体育概念的历史演变 ……………………… (26)
二、体育的基本概念 …………………………… (27)
第五节 体育的功能 ………………………………… (28)
一、教育功能 …………………………………… (29)
二、健身娱乐功能 ……………………………… (30)
三、培养竞争意识功能 ………………………… (30)
第二章 体育竞赛与组织 …………………………… (32)
第一节 体育竞赛 …………………………………… (32)
一、体育竞赛的意义 …………………………… (32)
二、体育竞赛的种类 …………………………… (32)

1

三、体育竞赛的组织 ……………………………………… (35)
　　四、体育竞赛的编排方法 ………………………………… (36)
　第二节　体育组织 …………………………………………… (39)
　　一、国际体育组织 ………………………………………… (39)
　　二、我国体育组织 ………………………………………… (40)
第三章　体育保健 ……………………………………………… (43)
　第一节　体育锻炼的卫生常识 ……………………………… (43)
　　一、合理的呼吸方法 ……………………………………… (43)
　　二、体育锻炼的时间选择 ………………………………… (44)
　　三、做好准备活动与整理活动 …………………………… (45)
　第二节　运动损伤 …………………………………………… (46)
　　一、运动损伤的分类 ……………………………………… (46)
　　二、运动损伤的原因 ……………………………………… (47)
　　三、运动损伤的预防 ……………………………………… (48)
　　四、运动损伤的一般处理方法 …………………………… (50)
　　五、常见运动损伤的处理 ………………………………… (55)
　　六、大学生常见的运动损伤 ……………………………… (57)
第四章　体育锻炼与营养 ……………………………………… (60)
　第一节　体育锻炼与营养素 ………………………………… (60)
　　一、蛋白质 ………………………………………………… (61)
　　二、脂肪 …………………………………………………… (63)
　　三、碳水化合物 …………………………………………… (64)
　　四、维生素 ………………………………………………… (66)
　　五、矿物质 ………………………………………………… (67)
　　六、水 ……………………………………………………… (67)
　第二节　体育锻炼与膳食平衡 ……………………………… (68)
　　一、膳食平衡的含义 ……………………………………… (68)
　　二、平衡膳食的原则 ……………………………………… (71)
　　三、大学生的科学营养膳食 ……………………………… (72)

第三节　健康减肥与运动营养 ………………… (75)
　　　一、肥胖的概念 ………………………………… (75)
　　　二、肥胖的分类及危害 ………………………… (80)
　　　三、运动与减肥 ………………………………… (82)
第五章　田径运动 …………………………………… (86)
　第一节　短距离跑 …………………………………… (86)
　　　一、短跑的基本技术 …………………………… (86)
　　　二、短跑的练习方法 …………………………… (90)
　　　三、短跑的简要规则 …………………………… (91)
　第二节　接力跑 ……………………………………… (91)
　　　一、接力跑的基本技术 ………………………… (91)
　　　二、接力跑练习方法 …………………………… (94)
　　　三、接力跑的简要规则 ………………………… (94)
　第三节　中、长距离跑 ……………………………… (94)
　　　一、中、长距离跑的基本技术 ………………… (94)
　　　二、中、长距离跑的练习方法 ………………… (97)
　　　三、中、长距离跑的简要规则 ………………… (97)
　第四节　跳　远 ……………………………………… (98)
　　　一、跳远的基本技术 …………………………… (98)
　　　二、跳远的练习方法 …………………………… (99)
　　　三、跳远的简要规则 …………………………… (100)
　第五节　推铅球 ……………………………………… (101)
　　　一、推铅球的基本技术 ………………………… (101)
　　　二、推铅球的练习方法 ………………………… (105)
　　　三、推铅球的简要规则 ………………………… (106)
　第六节　掷标枪 ……………………………………… (106)
　　　一、概述 ………………………………………… (106)
　　　二、掷标枪的技术 ……………………………… (107)
　　　三、标枪技术特点与分析 ……………………… (113)

3

四、掷标枪的简要规则 …………………………………（120）
第七节　跳　高 ……………………………………………（121）
　　一、概述 …………………………………………………（121）
　　二、背越式跳高技术的基本因素 ………………………（122）
　　三、跳高的简要规则 ……………………………………（129）
第八节　跨栏跑 ……………………………………………（130）
　　一、概述 …………………………………………………（130）
　　二、跨栏跑技术与特点 …………………………………（131）
　　三、跨栏跑的简要规则 …………………………………（137）
第九节　全能运动 …………………………………………（138）
　　一、概论 …………………………………………………（138）
　　二、全能运动的技术特点与分析 ………………………（139）
　　三、全能运动的简要规则 ………………………………（144）
第六章　足　球 ……………………………………………（145）
　　一、概述 …………………………………………………（145）
　　二、足球的基本技术 ……………………………………（147）
　　三、足球基本战术 ………………………………………（158）
　　四、足球规则简介 ………………………………………（159）
第七章　篮　球 ……………………………………………（165）
　　一、概述 …………………………………………………（165）
　　二、篮球的基本技术 ……………………………………（166）
　　三、篮球的基本战术 ……………………………………（176）
　　四、篮球规则介绍 ………………………………………（178）
第八章　排　球 ……………………………………………（180）
　　一、概述 …………………………………………………（180）
　　二、排球的基本技巧 ……………………………………（181）
　　三、排球的基本战术 ……………………………………（194）
　　四、排球规则简介 ………………………………………（206）

第九章 乒乓球 ……………………………………（209）
  一、概述 ………………………………………（209）
  二、乒乓球的基本技术 ………………………（211）
  三、乒乓球的基本战术和打法 ………………（223）
  四、乒乓球规则简介 …………………………（225）

第十章 羽毛球 …………………………………（229）
  一、概述 ………………………………………（229）
  二、羽毛球的基本技术 ………………………（230）
  三、羽毛球的基本战术和打法 ………………（247）
  四、羽毛球规则简介 …………………………（249）

第十一章 网球 …………………………………（251）
  一、概述 ………………………………………（251）
  二、网球的技术 ………………………………（253）
  三、网球的基本战术 …………………………（275）
  四、网球规则简介 ……………………………（278）

第十二章 健美操 ………………………………（281）
  一、概述 ………………………………………（281）
  二、健美操的基本动作 ………………………（290）

第十三章 游泳 …………………………………（317）
  一、概述 ………………………………………（317）
  二、游泳运动的分项 …………………………（318）
  三、游泳的基本技术 …………………………（319）
  四、游泳的注意事项 …………………………（332）
  五、游泳竞赛规则简介 ………………………（333）

第十四章 武术 …………………………………（336）
  第一节 武术概述 ……………………………（336）
    一、武术的形成和发展 ……………………（336）
    二、武术文化 ………………………………（337）
    三、武术的价值 ……………………………（338）

第二节　武术运动的基本技术 ……………………………（341）
　　　一、武术的特点 ……………………………………………（341）
　　　二、武术基本功——手型、手法、步型 …………………（342）
　　　三、武术基本功——压腿 …………………………………（347）
　　第三节　太极拳运动简介 …………………………………（351）
　　　一、太极拳运动的来源 ……………………………………（351）
　　　二、太极拳运动的发展 ……………………………………（351）
　　　三、太极拳运动的特点 ……………………………………（352）
　　　四、太极拳运动的基本动作及练习方法 …………………（352）

第十五章　冰上运动 …………………………………………（363）
　　第一节　速度滑冰 …………………………………………（363）
　　　一、速度滑冰的基本技术 …………………………………（363）
　　　二、速滑的比赛规则 ………………………………………（371）
　　第二节　花样滑冰 …………………………………………（371）
　　　一、花样滑冰基本技术 ……………………………………（371）
　　　二、花样滑冰的比赛规则 …………………………………（376）
　　第三节　冰　球 ……………………………………………（378）
　　　一、冰球的基本技术 ………………………………………（378）
　　　二、冰球的比赛规则 ………………………………………（379）
　　　三、冰球竞赛规则简介 ……………………………………（380）
　　第四节　短道速滑 …………………………………………（382）
　　　一、短道速滑基本技术 ……………………………………（382）
　　　二、短道速滑的比赛规则 …………………………………（383）
　　第五节　冰　壶 ……………………………………………（383）
　　　一、冰壶的基本技术 ………………………………………（383）
　　　二、冰壶的比赛规则 ………………………………………（384）

第一章　体育概述

第一节　体育的产生与发展

体育作为一种社会现象是随着人类社会的产生和发展而出现并且不断演进的。在人类社会漫长的历史进程中，体育也像其他事物一样，经历了一个由萌生到发展到不断完善的过程，并且同整个社会保持着密切联系。因此，研究体育的起源和发展，必须将它置于人类社会进化发展的过程之中。

一、体育的产生

人类社会任何事物的产生和发展都是以社会需要为根本依据的。体育在人类社会中已有悠久历史，要考察它的产生和发展可追溯到古代，因为那时人类已经存在着对体育的需求。然而史前人类尚未创造文字，因此对史前体育的考察，只能采取两种形式：一是对考古学家搜集到的各种史前时期的文物进行研究；二是利用现存的原始部落和部族来考察，通过研究他们的文化习俗来推断。前者是属于考古学研究法；后者则属于社会学研究法。几个世纪以来，世界上许多专家学者对体育起源问题的研究提供了许多宝贵资料，因而也产生了不同的认识和观点。我国体育界对于体育起源的认识尚未一致。现将两种主要观点做一简要介绍。

（一）生产劳动是体育产生的唯一源泉

持这种观点的学者认为：劳动是人类的全部生活和活动的基础，所以体育也应该以劳动为基础，劳动是体育产生的唯一源泉，同时认为早在劳动之前就出现体育的观点是唯心主义的表现。例如，认为"游戏是本能的先天力量表现"的观点，混淆了人有目的自觉的能动活动与动物无目的不自觉的顺应自然活动之间的区别。

我国体育界长期以来接受这一观点，在第一本《体育理论》中就明确写道："恩格斯第一次科学地阐述了劳动创造人类、劳动创造世界的原理……这些事实都说明体育产生于劳动。"持这种观点的学者认为，军事、宗教、卫生、教育等对体育的产生发展有着促进作用，也就是说它们在体育发展过程中起"催化剂"作用，而体育产生的源泉是唯一的，即生产劳动。

（二）体育的产生是多源的

持这种观点者认为：体育的产生不是一源，而是多源。体育产生于人类社会生活的两种需要：一种是社会生产活动的需要，另一种是人类生理、心理活动的需要。

《毛诗序》中有这样一段话："情动于中，而行于言，言之不足，故嗟叹之；嗟叹之不足，故咏歌之；咏歌之不足，不知手之舞之，足之蹈之也"。这说明古人已经发现，当人的感情达到某种程度时，需要有一种表达来代替语言和感叹，这就是舞蹈和游戏等身体活动。人的这种对身体运动的需要不是来自生产劳动的需要，而是来自一种心理情感的需要。从这种意义上说，心理需要也是体育产生的源泉之一。

人除了在心理上需要体育来宣泄感情外，从人的生物本能上看，对体育也有一定程度的需要。动物除了捕食、逃避敌害等身体运动形式外，还有其他各种身体运动，如动物间耍戏、追逐等，这对保持发展动物的机能具有重要的生物学意义。人尽管脱离了低等动物，但仍然保留了部分动物的生物本能。人对运动的需求乃是一种生物本能的延续。当然，动物的这种本能的需求，不能同人的体育活动相提并论。因为动物的这种本能运动是一种无目的、无意识的活动，而人的体育活动则是一种有目的有意识的文化活动。但也不能完全否定人对体育的需求带有生物本能性质。观察所有的儿童，几乎无一例外地都喜爱运动。在学校里年级越低的学生，对体育活动的积极性越高。儿童运动不一定有什么明确的目的性，往往是他们的生物本能驱使所致。随着年龄的增长，不断增加社会交往和接受学校的教育，人的社会性日益加强，人的生物性就会受到抑制或减弱。因此，体育的产生也是人类生物本能需要的一种发展和升华，如同人类社会中的性爱和婚姻一样，是从动物繁殖后代的生物本能上升为一种高级的人类特有的文化形态。我们不能因为它现在的形态超出了生物本能，而否定生物本能需要是现在文化形态的根源。

就体育产生的动因而言，除了劳动需要以外，还有适应环境的需要、对付同类袭扰的防卫需要、同疾病做斗争的生存需要、表达和抒发内心各种感情的需要等。据《吕氏春秋·阴康氏》载："阴康氏时，水不疏，江不行其原，阴凝而易闷，人既郁于内，腠里滞著而多重腿得所以利其关节者，乃制之舞，教人引舞以利导之，是谓大舞"，上述史料所记"消肿舞"产生过程，这些人类有意识地用以改善自身健康，增强体质的身体活动，都未必产生于劳动之中，也不一定是生产劳动的需要，而是人们为了更好地适应生存环境和生活的需要。

综上所述，体育作为人类有目的、有意识的一种社会活动，是为了适应社会的需要（其中包括社会生产和生活的需要）和人本身生理和心理的需要而产生。

二、体育的发展

随着人类社会产生而萌发的体育，同样也随着社会的进步而发展和完善。

（一）萌芽时期的体育

原始社会是人类社会的初级阶段，也是体育的萌芽时期。原始人的生活条件非常凄苦，他们只能靠采集野果、狩猎、捕鱼等方法获取各种食物，维持生存。原始人的思维还不发达，生产工具非常简陋。他们的劳动主要靠身体活动，靠快跑或长途跋涉地去追捕野兽，靠攀登和爬越去采集野果，靠游水去捕鱼，等等。原始人类的这些活动，其根本目的是为了生存，严格地说，这些活动还不能称之为体育，只能称为生活和劳动。原始人在生产水平十分低的情况下，不可能有明确分工，许多社会活动之间还没有清晰界线。原始社会的体育和教育、军事、医疗卫生、娱乐、宗教等活动，相互联系，互相促进，共同进化和发展。在原始社会中，教育主要都是一些生产技能的传授，生产技能又多是体力劳动，因此，体育既是教育的主要内容，也是教育的重要手段，很难将原始的教育活动与体育活动截然分开。体育在这一时期的主要特征为：平等性、非独立性和直接功利性（更直接地为人类的生存和延续服务）。在原始社会虽不复杂但却极其艰苦的劳动中，娱乐性和竞技性即使存在，也不是体育的主要特征，因为原始社会萌芽时期的体育更接近于一种生活技能教育。

（二）形成独立形态的体育

原始社会的瓦解是随私有制的出现而开始的。恩格斯指出，专一婚制是巨大的历史进步，家庭变为最重要的社会现象之一，它为儿童的教育（包括体育）提供了场所。而奴隶制的产生给社会所带来的一个重大变化就是产生了学校。这时，教育（包括体育）才有可能作为一种独立现象，从生产劳动和社会生活的其他领域中分离出来。剩余产品是随生产力的进一步发展而出现并逐渐增加的，它为私有制的产生准备了条件，另一方面，也为一部分人脱离生产劳动而专门从事教育和体育活动提供了可能。国家的出现，使培养统治人才成为急需，教育成了为统治阶级培养人才的工具，具有明显的阶级性（包括体育）。自从教育成为独立形态之后，体育始终是教育的重要内容，但这时的体育已不再是过去那种简单的为生存服务的生活技能教育了。例如，我国西周时期，奴隶主为培养统治阶级人才，实施礼、乐、射、御、书、数的"六艺"教育，其中射、御就是以体育为主的教育内容。在西方的古希腊，无论是斯巴达教育体系，还是雅典教育体系，体育都是其中的基本内容。例如，当时唯心主义哲学家、教育家柏拉图（公元前427—前347年）在他的身心调和论的教育设计中提出：3~6岁儿童在国家委派的教导员指导下，在游戏场进行游戏，7~12岁进国立学校学习阅读、书写、计算、音乐和唱歌，12~16岁的少年进体育学校练习体操。18~20岁的青年进青年军训团受军事体操训练。柏拉图的学生亚里士多德，第一个论证了体育、德育、智育的联系，主张教育儿童少年在身体、德行和智慧方面和谐发展。在欧洲中世纪，封建领主对其子弟进行骑士教育，内容主要是"骑士七技"，即骑马、游泳、投枪、击剑、行猎、下棋、吟诗，其中体育占了相当大的比重。体育在逐渐形成独立形态的发展过程中，不仅与教育的发展紧密联系在一起，同时与军事、医学、艺术、宗教、休闲娱乐等活动的发展有密切联系。体育正是在与教育、军事、医疗卫生、艺术、文化娱乐、宗教等活动相互影响和相互作用的过程中才成为具有自身体系的独立形态。然而体育在东西方各自发展的历史过程中，既有共同之处，又各具特色。两者都注重体育的教育性和阶级性，并把体育作为一种富国强民的重要手段来对待。东方体育崇文尚柔、以静养生的成分要多于西方；西方体育更多地提倡运动和肌肉健美、体格强壮。东方体育的竞技性不如西方体育，而西方体育的养生保健性又逊色于东方体育。总之，与萌芽时期的体育相比，形成独立形态的体育体现了较强的教育性和阶级性，它的竞技性、健身性和娱乐性也大大强于萌芽时期体育。

（三）渐成科学体系的体育

18世纪60年代，产业革命首先从英国开始，至19世纪30年代末基本完成。棉纺织机以及后来蒸汽机广泛运用于生产中，促进了生产力的发展,为资本主义的兴起奠定了基础。而体育也是在这一经济基础上,逐渐形成了自身的科学体系。19世纪,西欧由于资本主义发展不平衡和民族主义倾向,各国之间接连发生战争,刺激着各国重建军备,认清了对人员施以身体训练使之适于服兵役的重要性。正是由于这些强国强民的需要,迫使各国对体育给以重视。因而相继出现了"德国体操之父"古茨姆斯、"社会体操之父"杨氏和瑞典的林德福尔摩斯等体操家。他们的理论著作分别有《青年人的体操》《德国的体操》《体操一般原则》。他们的理论和实践经验以后流传到欧、亚、美各洲。

正当欧洲各国纷纷推广德国和瑞典体操之时,英国由于其独特的社会条件,兴起了户外运动,即娱乐和竞技运动,其方式丰富多彩,有保龄球、橄榄球、足球、游泳、高尔夫球、滑冰、滑雪等。随着英国殖民主义的扩张,英国的户外运动、娱乐和竞技运动也逐渐传播到美国和欧亚等许多国家。通常人们习惯上把具备了一定科学体系的体育称为现代体育。所以杨氏体操、林氏体操和英国的户外运动与竞技运动又被称为现代体育的"三大基石"。为现代体育的产生和发展提供重要的理论与实践基础的还有欧洲的文艺复兴运动和法国著名教育家顾拜旦所倡导的现代奥林匹克运动。美国现代体育的兴起稍晚于英国,但发展迅速,对现代体育的发展和完善,起到了积极的影响和促进作用。

"体育"一词,见诸中文词汇不足百年历史。一般认为,西方现代体育传入中国,大体通过两种渠道。一是洋务派首先在学校中设置体育课程,为现代体育传入中国开辟了道路;二是教会在中国兴办学校,这在客观上引进了西方教育的某些积极因素。"五四"新文化运动把中国的体育,特别是学校体育推到了一个新的发展阶段。在此之后,欧美教育思想,特别是美国实用主义教育思想对中国产生了较大影响。1923年公布的《新学制课程标准》中,正式将学校课程中的"体操科"改为"体育科",并在具体教学中开始废兵操而以田径、体操、球类、游戏等现代运动项目为主要内容,同时也把生理卫生和保健知识列为教学内容,扩大了学校教育中的体育之含义。

(四) 现代体育的发展趋势

探讨体育发展的未来趋势,有助于从总体上认识体育的特点及其规律性,从而能更进一步认清体育的本质。

现代体育从形成、发展到今天,已经走过了一百多年的历史,下面从宏观的视角出发,对体育发展的未来趋势进行阐述。

1. 体育进一步国际化。早在1898年,第一届现代奥林匹克运动会的奠基人顾拜旦男爵提出"体育运动国际化"的主张,这一主张曾对现代体育的迅速发展起到了较大的推动作用。今天,通讯与信息系统的发展,缩小了宇宙的空间,物质越来越丰富,改变了世人的观念,这就使不同种族和不同民族的人民更加热心于具有和平意义和公平竞争特性的文化活动,体育的国际化趋势因此更为明显。近年来,国际奥林匹克委员会会员国的不断增加,国际性体育学术研讨会的频繁举办,以及国与国之间、国家与地区之间的体育交往的加强等都证明了这一点。

2. 体育进一步社会化。物质生活条件的改善,余暇时间的增多,人们"自我完善"的意识增强,导致体育人口的增多。更多的人意识到:没有体育的生活是残缺的生活。它将遍及社会的各个角落,而社会的进步,必将为体育功能的拓展和延伸,提供更为广阔的前景和优良的环境。可以说,体育将会"无处不在"。

3. 体育更加科学化。体育由传统的注重身体,发展到今天的生物、心理、社会三大目标的并重,这固然与体育工作者的艰辛努力分不开,但更重要的是新的科学技术和理论的产生,为体育固有特性的充分展开提供了更为广阔的前景。场地设备的更新和教学方法的改进,将为体育教学效率的提高提供保证;电脑进入运动场,将会使竞技比赛中某些项目的评分工件更为公正和客观;

而新型健身器械的发明和使用，亦会使身体锻炼更加有效。不断发展的体育科学理论，必将为体育功能的充分发挥提供更大的可能。

4. 体育手段和内容多样化。体育本身的娱乐性在逐渐增强，这与它的手段和内容的不断增加有密切关系。社会生活与科学发展的多维性，必将导致体育手段和内容的多样化，而这种多样化也正符合人们的观念、生活方式和兴趣爱好等多样化发展的趋势。奥林匹克运动会的正式比赛项目和表演项目日趋增多，体育教学的内容和手段也有了更大的灵活性，身体锻炼和娱乐活动的形式和内容愈来愈丰富多彩。

5. 体育终身化。体育不仅会"无处不在"，而且也将会"无时不有"。每个人都希望自己幸福而快乐地度过一生，幸福和快乐离不开健康，而健康既包括心智，更离不开身体。早在文艺复兴时期，人们就坚信灵魂对肉体的绝对依赖性。例如：英国哲学家、教育家洛克提出"健全的精神寓于健全的身体"，而且更加注重灵魂与肉体之间的协调发展。教育界早有"活到老，学到老"的箴言，同样，对人的健康和幸福生活来说，也要活到老，锻炼身体到老。生命在于运动，健康快乐的一生离不开终身体育。

第二节　体育与人的身心发展

一、影响人的身心发展的基本因素

人的发展，包括身体和心理两方面的发展，是以一定的遗传素质为前提，以一定的生理发展为基础，并在一定的社会生活条件和教育影响下发展起来的。遗传、社会生活条件和教育以及人的本身活动是影响人发展的主要因素。

（一）遗传素质是人的身心发展的必要物质前提

遗传是指人从上代继承下来的生理解剖上的特点，如机体的结构、形态、感官和神经系统的特征等。这些遗传的生理特征，也叫遗传素质，是人发展的自然的或生理的前提条件。

　　遗传在人的发展中不可忽视。20世纪初人们发现遗传的基本单位是存在于细胞染色体上的基因，发现了染色体突变和基因突变，认识到染色体结构和数目变化会影响遗传。40年代以来，发现了遗传物质的脱氧核糖核酸（DNA），了解了它的分子结构，还了解它含有遗传信息的密码，这样就可以复制遗传物质，说明遗传并不是神秘的东西。遗传素质对人的发展的主要作用有：

　　1. 遗传素质为人的发展提供必要的生物前提。

　　人是社会实体，同时也是自然实体。人的遗传素质，特别是人的大脑神经系统特点是其他动物所不具有的。除人以外的再高等的动物，即使长期与人接触并受人的专门训练，也不可能具有人的心理发展水平。无脑畸形儿，非但不能产生心理活动，而且也存活不长。先天痴愚都是由遗传缺陷造成的，因染色体不正常，其中有一对多了一个染色体。据中国科学院心理所调查材料证明，50%的低能儿来自遗传。

　　2. 遗传素质的不同是造成儿童发展差异性的先天影响因素。

　　人的遗传素质是有差异的，这种差异不仅表现在体态、感觉器官方面，也表现在神经类型方面。遗传素质的差异，对人的发展是有影响的。因此，我们应当高度重视优生优育问题。

　　3. 遗传素质不是决定人的发展的唯一因素。

　　遗传素质只能提供最初的生物前提，遗传素质及其个别差异只是使人可能具有人的心理水平和某种个别差异，但并不能保证它一定能够实现。一个智力素质好的儿童，是否能成为一个科学家，一个运动素质好的儿童，是否能成为一个运动家，取决于一定的社会生活条件和主观努力。

　　遗传决定论者把遗传看作是固定不变的，是决定人发展的唯一因素，是一种神秘的超自然力量，他们把儿童的发展认作是由先天不变的遗传决定的,这种观点,实质上是宿命论的观点,它夸大儿童的先天素质,强调儿童本性难移。这种错误观念在教育、体育工作中还有一定影响。

(二) 社会生活条件对人的身心发展起决定性作用

马克思主义认为,人的本质并不是单个人所固有的抽象物,在其现实性上,它是一切社会关系的总和。人的生活主要是社会生活,儿童一生下来就作为一个社会成员成长,社会生活条件决定着人的身心发展。

社会生活条件包括社会物质生活条件和社会精神生活条件两个方面。社会物质生活条件包括自然环境、人口的生产和物质生活资料的生产方式,其中主要是生产方式对人的发展起决定作用。社会生活条件对人的身心发展的作用有:

1. 社会生活条件使遗传提供的发展可能性变成现实。

先天的遗传素质,是否能适时发展,以及向什么方向发展,远不是遗传本身决定的,而是由社会生活条件决定的。同卵双生子,一般说来,在遗传素质上有较多的类似点,但如果放在不同的生活条件下,可以发展成完全不同的生理特征和个性心理特征。拉斐尔是文艺复兴时期意大利杰出的画家,马克思在谈到拉斐尔这样的天才人物时曾指出:"像拉斐尔这样的个人是否能顺利地发展他的天才,这就完全取决于需要,而这种需要又取决于分工以及分工产生的人们所受教育条件。"遗传提供了可能性,没有一定社会生活条件,是不可能变为现实的。

不同社会制度,不同政治经济地位对人体发展有很大影响。在旧中国,由于人民物质生活条件极端贫困,人民体质很差,帝国主义称中国人是"东亚病夫"。新中国成立后,在党和人民政府的关怀下,人民物质生活条件不断改善,特别是改革开放的几十年里,人民的物质生活水平有明显提高,人民的体质也不断增强。据资料表明,上海市 7~18 岁儿童青少年,1989 年同 1955 年相比,男性身高平均提高了 5.17 厘米,女性提高了 5.23 厘米,人民平均寿命由旧中国 35 岁提高到 71~73 岁,足足增长一倍,这就是明显证明。

2. 社会生活条件决定人的发展方向、水平、速度和个别差异。

在不同的社会生活条件下,人的发展是不同的。原始人和现代人在发展上有很大差异,这主要取决于社会生产、科学文化发展水平。同一社会制度下,不同阶级、不同家庭、不同地区、不同教育的人发展也有差异,这主要取决于社会关系。因为人一生下来,就生活在一定的社会关系中,必然要和周围人发生各种交往。周围人的生活方式和思想、习惯、作风,必然会对他产生各种影响。马克思曾指出:"在我们时代里,甚至某一个人比另一个人先有哪种东西也是社会产物。"

3. 环境决定论和二因素论的错误。

环境决定论片面夸大和机械地对待环境和教育作用。美国行为主义心理学创始人华生(J·B·Watson)是一个环境决定论者,他在《行为主义》一书中写道:"给我 12 个健康婴儿,一个由我自己支配的环境,让我在这个环境里养育他们,不论他们祖宗的才干、爱好、倾向能力、种族如何,我保证把其中任何一个训练成任何一种人物——医生、律师、美术家、大商人,以至于乞丐或强盗。"环境决定论者看不到人既是环境的产物,但同时也通过实践活动积极地改造环境,人受环境影响不是消极和被动的,人是通过参加实践活动来对环境做出反应,是按照他们已有的知识、经验以及在这种知识经验基础上产生的需要和兴趣来对环境做出反应的。

二因素论把遗传和环境看成是两个同等的共同决定人的发展因素。如美国心理学家关伟士(R·S·Woodwopth)认为人的发展等于遗传和环境的乘积。二因素论在对待环境和遗传时,不片面强调某一方面,不用一个去否定另一个,这与遗传决定论和环境决定论来比认识较全面一些，但也没有认识到人发展中的各因素的辩证关系。

（三）教育（包括体育）对人的身心发展有重要作用

教育本身是一种社会生活条件，也受社会的制约。教育主要是以交往的形式把世代积累起来的知识、经验传递给下一代，使下一代从一开始就接近和达到上一代的水平。教育包括家庭教育、社会教育和学校教育。影响人的后天因素中，环境对人的发展起着一定的制约作用，而比起环境的自发影响来说，教育对人的发展，特别是对年轻一代的发展往往起主导作用，这是因为：

1. 教育是培养人的活动，它规定着人的发展方向。

教育不管是有组织或无组织的、系统的或零碎的，家庭或是社会、学校的，都是有目的的培养人的活动。在社会生活中，人与人之间也会产生各种影响，也会有一定教育意义，但是那些活动不是以培养人为目的。同时，环境中的自发影响是比较复杂的，它不能按照一定方向去影响人，因而不能决定人的发展方向。教育，特别是学校教育能排除和控制一些不良因素影响，给人以更多的正面教育，按照一定方向培养年轻一代。

2. 教育给人的影响比较全面、系统和深刻。

教育，特别是学校教育，是根据一定的社会要求，按照一定的目的选择适当内容，利用集中时间，有计划系统地向学生进行各种科学文化知识教育、发展体能教育、个性发展和思想品德教育。而社会环境中其他方面影响，往往是自发的、偶然的和片断的，是不能同学校教育相比拟的。

3. 学校有专门负责教育的教师。

学校教育是通过专门培训过的教师来进行的。教师受社会委托教育学生，对学生身体、学业、品德等全面关心，明确教育目的，熟悉教学内容，懂得教育方法，自觉地培养学生按照一定方向去发展；而社会环境中缺少这样的专职教育人员，一般来说，不如学校这方面条件好。

但是，我们必须明确，学校教育主导作用的实现，必须通过学生自身的积极活动，教育者应根据教育对象的身心发展规律，充分调动学生的积极性，组织学生参加一些有益于身心发展的活动，同时，还应争取学生家庭和街道、社区等社会的力量配合，协同一致地教育学生，这样才能使教育力量更大，教育效果更好。

二、体育与人的身心发展关系

体育作为一种社会现象，是人类总文化的组成部分。体育既是教育的一环，又是生活的一环，是属于人的社会生活条件，因此，它对人的身心发展起着主导作用。

（一）体育对人体发展的作用

1. 促进人脑清醒、思维敏捷。

大脑是人体的指挥部，人体的一切活动信息、指令都是由大脑发出的，大脑的重量虽然占人体重量的2%，但它的需氧量却要求心脏总血流量的20%才能满足，可见脑力劳动消耗从某种意义上说不小于体力劳动。而脑力劳动特点之一是呼吸表浅、血液循环慢、新陈代谢低下，腹腔器官及下肢部分血流滞缓。长时间脑力劳动，会感到头昏脑涨，这是由于大脑供血不足和缺氧所致。而进行体育锻炼，尤其是在大自然新鲜空气中锻炼，可使疲劳的大脑获得休息，改善大脑的供血情况，使大脑保持正常工作能力。另外，随着人的年龄增长，脑细胞会逐渐衰亡，大脑功能下降，致使人脑变得迟钝，但从事体育运动可以减缓这种衰老过程。美国斯坦福大学的医学专家对24～50岁经常跑步的人进行调查，发现他们中随着年龄的增长大脑迟钝的现象不明显，这说明锻炼身体能使年纪增大的人继续保持大脑的清醒敏捷。

体育活动能促使中枢神经系统及其主导部分大脑皮层的兴奋性增强，抑制加强，从而改善神经过程的均衡性和灵活性，提高大脑的分析综合能力。

2. 促进血液循环，提高心脏功能。

人体的心血管系统好像一个运输网，心脏是这个运输网的动力器官，血液通过运输网将养料、氧气运送全身，因此，心血管系统机能对人体健康有着举足轻重的影响。进行体育活动加速血液循环，以适应肌肉活动的需要，这样就能从结构上和功能上改善心血管系统。经常从事运动，能使心脏产生工作性肥大，心肌增厚，收缩有力，心搏徐缓，血容量增加。这就大大减轻了心脏的负担，心率和血压变化比一般人小，表现出心脏工作的"节省化"现象。

3. 改善呼吸系统功能。

呼吸是重要的生命现象，肺是呼吸系统的重要器官，具有气体交换的功能，经常运动能使呼吸肌发达，呼吸慢而深，每次吸进氧气较多，每分钟只要呼吸 8~12 次，就能满足肌体需要。运动可使更多肺泡参与工作，使肺泡富有弹性，可增加肺活量。

4. 促进骨骼肌肉的生长发育。

适当体育活动能为骨骼和肌肉提供足够的营养物质，促进肌纤维变粗，肌肉组织有力，促进骨骼生长，骨密质增厚，提高抗弯、抗压、抗折能力。

5. 调节心理，使人朝气蓬勃，充满活力。

从事体育活动，特别是从事那些自己感兴趣的运动项目，能使人产生一种非常美妙的情感体验，心情舒畅，精神愉悦。由于运动的激励还可以增强自尊心、自信心和自豪感，增添生活情趣。运动还能调整人们某些不健康心理和不良情绪，如消除情绪的沮丧。

6. 提高人体对外界环境的适应能力。

从事体育运动能提高人体应变能力，使人善于应付各种复杂多变的环境。因为经常锻炼，大脑皮层对各种刺激的分析综合能力强，感觉敏锐、视野开阔。判断空间、时间和体位能力增强，从而能判断准确，反应灵敏。同时由于经常在严寒和炎热环境中运动，可以提高机体调节体温的能力，增强身体对气温急剧变化的适应能力。

7. 增强机体免疫能力。

经常运动可使白细胞数量增加、活性增强，提高机体免疫能力，提高人体对症病的抵抗力。可以使中老年人保持充沛精力和旺盛生命力，延缓老化过程，健康长寿。

（二）体育要适应人的身心发展规律

体育只有遵循人的身心发展规律，才能充分发挥其在促进人体发展和增强体质过程中的积极作用。发展是一个复杂的过程，从哲学的意义上说，属于自然、社会、思维的范畴，是连续不断地由低级向高级的变化运动过程。在这个过程中既发生量的变化，也发生质的变化。根据生理学和心理学的研究，体育活动应遵循人的身心发展规律：

1. 要适应人的身心发展的统一性规律。

人的生理发展，包括人的机体的正常生长发育和体质增强。机体的生长是指细胞的繁殖增长，表现为身体各部分的组织器官以及身体的大小、高矮、体重增长。机体发育是指器官形态的改变和机能改善。人的机体正常生长发育才能使体质增强，体质增强又有助于机体正常生长发育。

人的心理发展，包括感觉、知觉、注意、记忆、思维、想象、情感、意志和个性等方面的发展。人的心理是人脑对客观现实的反映，脑是心理器官，心理是脑的机能，心理反应有自觉能动性，是在社会实践中，在言语参加下进行的。

人的生理和心理发展是统一的，是密切联系、相互影响的。离开了生理发展，特别是大脑发展，不可能有人的心理发展；同时，人的心理发展也必然能影响生理的健康发展。体育教育工作，必须注意学生身心发展的统一性，促使他们身心得到全面发展。

2. 要适应人的身心发展顺序性、阶段性规律，不同年龄在体育内容方法上应有所不同。

人的身心发展是一个有顺序、连续不断的发展过程。在生理方面，例如骨骼肌肉的发展，先是发展大骨骼、大肌群，随后才发展小骨骼和小肌群。神经系统结构发展是先快后慢，生殖系统发展先慢后快。儿童心理发展，总是由具体思维发展到抽象思维，从机械记忆发展到意义记忆；先有高兴、恐惧等一般情感，而后发展为理智感、道德感。这一顺序不可逆转，也不能跳跃。人的身心发展又具有年龄阶段性，一定年龄阶段的人具有某些共同的、本质的生理、心理发展特性。不同年龄阶段的人，具有不同的身心发展特点：儿童少年时期，同化作用占优势，各器官系统主要表现为生长。青壮年时期，同化作用和异化作用基本平衡，有机体处于比较稳定阶段，各器官系统生长发育已基本完成，是人一生中生命力最旺盛时期。中老年时期，有机体功能缓慢衰退。

3. 要适应人的身心发展的不均衡和个别差异规律。

在人的身心发展过程中，由于遗传、环境、教育和其自身的主观能动性不同，他们的身心发展存在着不均衡和个别差异。其不均衡性表现在两方面：

第一，在同一个方面的发展上，不同年龄阶段，发展是不均衡的。例如，身高、体重有两个增长高峰，第一个高峰在出生的第一年，第二个高峰是在青春期。在高峰期，身高体重的发展比其他年龄段更为迅速。

第二，在不同方面的发展也是不均衡的。有的方面在较早的年龄阶段就已达到较高发展水平，有的则要在较晚的年龄段才能达到较为成熟水平。人的身心发展不仅不均衡，而且在不同人之间是有差异的。表现为：在同一方面，不同人发展速度和水平是不相同的；在不同方面的相互关系上，不同人有个别差异。有的人早慧，有的人晚熟，有的儿童身高是早长，有的则晚长；有的儿童在 8 岁时，抽象思维已有很好的发展，能够接受中等教育，有的儿童抽象思维 14、15 岁时，才有显著发展。

第三节　体育与诸社会现象的关系

一、体育与社会生产力

生产力是社会生产方式的一个方面，是人们征服自然、改造自然的能力。生产力最终决定和制约着全部社会关系领域，当然也就决定和制约着社会现象的体育。体育与社会生产力之间有着密切关系，一定的体育总是以一定的生产力作为它存在和发展的基础。

（一）生产力制约着体育的规模和发展速度

任何社会，任何不同历史时期的体育，总是受生产力性质和水平所制约。这是因为，生产力的性质和发展水平决定一个社会所能够提供的剩余劳动量、多少人从事体育活动以及搞多少体育竞赛；其次，一个国家可能提供的办体育的物质条件如何，决定于体育经费的支付能力，也决定于剩余劳动量。一般来说，体育的发展规模和发展速度与社会生产力的性质和水平成正比。

国民总收入作为国家生产力发展的综合指标，代表着该国总体经济实力，在世界各国及历史发展总体上对整个高水平竞技运动发展具有根本性意义。而国家人均国民收入水平又决定着群众体育发展状况。

（二）生产力制约着体育功能、体育目的的制定和体育结构

体育功能是随着生产力的发展而变化的，现代社会体育功能从单一功能向多功能发展，这是由现代社会生产力水平决定的。体育目的也随着生产力水平而发生变化。生产力的发展也必然引起体育结构的变化，确定体育发展战略，竞技体育、群众体育、学校体育发展比例关系，体育专业以及各级各类体育学校之间比

例，都受生产力水平及产业结构制约。

（三）生产力发展促进体育的发展

生产力的发展促进科学技术的发展也必然促进体育运动技术的发展以及运动训练方法改革。随着现代科学技术发展，例如，原子物理、电子计算机、遗传工程、激光、海底开发、控制论、信息论、系统论等新兴科学的发展，必然促进体育运动技术、运动训练、教学方法及运动设施现代化的发展和改革。

（四）体育对社会生产力的促进作用

体育是增进健康、增强人体质的手段。而作为劳动力的人，是生产力中最积极因素，所以体育也是促进物质生产和劳动力再生产的重要手段之一，对生产力的发展具有积极的意义。马克思曾经说过："我们把劳动力或劳动能力，理解为人的身体即活的人体中存在的……体力和智力的总和。"劳动力的再生产，不仅要使青年一代掌握必要的生产知识和技能，而且还必须使他们具有健全的体魄，这两者是相互联系缺一不可的。现代生产劳动要求年轻一代积极参加体育锻炼，促进身体协调发展，以适应各种生产劳动的需要。对于成年劳动者来说则是通过体育来增强体质，改善他们的健康状况，调节和补偿活动不足，以保持和提高他们的工作能力。

此外，体育活动对于提高人的劳动能力，还表现在可以减少伤病，提高出勤率。原苏联经济学家 C. 奥克萨尼奇通过专门研究，把劳动者中参加体育锻炼的人和不参加体育锻炼的人工作能力做比较，证明前者生产率要比后者高 0.6% ~ 10%。在 1979 年苏联国民生产总值 4 380 亿卢布中，由于劳动者参加体育锻炼而提高了生产率所增加的产值约 40 亿卢布。体育还可训练劳动者改善运动能力，提高灵敏、协调、准确性，帮助工人掌握熟练的劳动技能。

通过专门的体育训练可以发展那些对某一劳动具有特殊意义

的身体素质，以适应专业化工作条件的需要。体育活动还可调节劳动者的生理、心理，起到积极性休息和提高劳动生产率的作用。

体育作为健康身心的手段，为一切用人领域所需要。体育支出，从主要是消费支出，转变为消费性和生产性混合支出。有些现代企业开展"职工健康就是企业健康"的职工体育活动，体育支出已转变为主要是生产性支出。

体育作为乐生手段，促进生活质量的提高和信息的传播，同体育攀亲成为扩大知名度的一个重要手段，资助体育成为许多企业的一项兴业措施。不断创新的体育项目促使不同产业部门为社会提供更多产品、服务和就业机会。体育是一项群众性的活动，一旦广泛开展，尤其大型运动会，能招来大批观众和游客，可以推动旅游、商业、服装、食品、服务行业等各行各业繁荣，从而推动社会生产力的发展。美国体育总产值1988年高达631亿美元，超过石油化工、汽车等行业，列全国第二十二位。由此可以看出，体育对于促进生产力发展，增加社会财富起着重要作用。

二、体育与社会政治、经济制度

（一）政治、经济制度对体育性质的决定性

政治、经济制度决定体育性质，是说政治经济制度决定体育为谁服务及其思想政治方向，并非决定一切。

政治经济制度决定体育领导权。在人类社会中，谁掌握了生产资料，掌握了政权，谁就支配着精神生产资料，掌握着体育的领导权。

统治阶级对体育的控制，总是通过国家机器实现的。通过国家政权颁布法律、政策、法令，规定体育宗旨、方针、政策，由专门设立的体育机构，以强制手段监督执行，并通过任命体育机构的领导人有效地掌握体育的领导权。

谁享受体育的权利，是判断和确定体育性质的标志之一。它也是由政治经济制度决定的。在资本主义社会中，表面上受教育

（包括体育）权好像是平等的，但实际上决定受教育权利的是金钱力量，劳动人民的子女，由于经济上的困难，只能进较差学校接受劳动就业训练，资产阶级子女则可进收费昂贵的学校，以便成为政治上、经济上和科学文化技术方面的统治者。只有社会主义社会，才真正为广大人民平等享受教育和体育的权利创造了条件。

当今世界，抽象的"超阶级""超政治"的体育是根本不存在的，只有具体的为一定的政治服务的体育。资产阶级政治家和学者，否认体育与政治有任何关系。前国际奥委会主席艾夫里·布伦戴奇曾在1956年墨尔本奥运会上声称"体育与政治完全没有关系"。社会发展现实证明，这种说法只不过是无稽之谈。1993年7月美国国会以人权为由反对北京申办奥运会以及美国不允许利比亚运动员参加在布法罗举行的世界大学生运动会这两件事，就充分说明"体育与政治无关"言论的虚伪性和欺骗性。

体育与政治之间存在着千丝万缕的联系，这种联系既复杂又微妙，不能用固定模式来表达。由于各国社会制度不同，就存在着体育为各种不同政治所控制和利用的问题，所以体育在政治上又表现出一定的"形式上多变性"，既可被用来宣传社会主义优越性，又可被用来鼓吹自由平等，也可用来提高国际威望，还可用来为振兴经济服务。

虽然说体育要为政治服务，但并不是说体育只能为政治服务。体育作为一种社会活动和文化，它还有为增强人民体质和丰富人民文化生活的一面，而且体育运动技术、战术、方法、手段、服装、设施和器材等，一般也不带什么政治倾向。体育作为一种永恒的社会现象，它不随着阶级的产生而产生，也不随着阶级的消亡而消亡，因此，不能把体育的政治性夸大到不适当地步，要全面地认识体育与政治经济制度间的关系。

（二）体育对政治、经济制度的影响作用

按照马克思主义观点来考察体育与政治经济制度的关系，不仅应看到政治、经济制度对体育性质的决定作用，而且还应看到体育对政治、经济制度所起的反作用。

人不仅是生产力因素，而且是一切社会关系的体现者。人的活动推动或阻碍社会政治经济制度的发展。体育是培养全面发展的人的重要手段，通过培养合格的人才而为社会政治经济制度服务。

体育通过传播思想意识、拼搏精神，影响社会舆论、道德风尚，服务于社会政治经济制度。体育是人民外交的重要手段，是外交的先行官。在国际体育实践活动中，体育受国际政治事件和政治气氛的影响，政治渗透到体育中去，体育服从政治需要，为政治服务的事例屡见不鲜。我国在国际体育活动中抵制"两个中国"，争取合法席位的斗争，一直持续了30多年，直到1979年才恢复在国际奥委会中的合法席位，这本身就是体育与政治相互渗透，体育为政治服务的例证。

三、体育与军事

（一）体育事业普遍发展是强大军事力量的基础

体育与军事从产生的时候开始，就存在着难解难分的联系。现代的许多项目正是人类的祖先用于打仗的武艺。例如，射箭、武术的拳、刀、剑等。体育与军事的密切关系，国内外著名军事家早有论述。我国朱德元帅在1945年就指出："打仗是格斗，是角力，所以体力锻炼很重要。"陈毅元帅也在1959年强调指出："强大的国防建立在全国人民体育事业普遍发展的基础上"，并且还说："严格说，体育问题即是国防问题"。

现代军事科学证明，即使在现代战争条件下，一个国家的国防力量强弱，一方面取决于武器的好坏，另一方面也取决于国民体质、军队的身体训练水平，等等。因为现代战争，尖端武器的运用受到许多因素的制约，大量的还是靠常规武器，即使是导弹、激光器也得由人操纵指挥，指战员的身体素质仍然是作战能力的重要因素。随着部队新的军事技术装备速度的加快，更加迫切地要求指战员最大限度地动员人的精神和体力。在一定期限内掌握复杂的军事技术，并能有效地运用到战斗中。同时，由于部队机动性的扩大和新的战略战术的运用，对应用于战争的专门身体训练提出了更高的要求，需要用专门的运动技能和技巧来武装部队，提高有机体在战争条件下对各种战争复杂而紧张情况的适应性和稳定性。

战争是对人们精神和体力的严酷考验。现代的新式武器装备，更需要有高度发展的智力和体力的人掌握。战争需要战士具有巨大的耐久力和力量，以及灵敏、速度等身体能力，能够操纵复杂的现代新式武器，能够胜任快速行军、连续作战、翻山渡海、白刃搏斗，能够经受住严寒高热、饥渴、震荡、风雪、冰雹以及缺氧等任何险恶艰苦环境。这就要求指战员必须有健壮的体魄、充沛的体力和旺盛的精力，否则很难适应现代战争的需要。实践证明，只有平时经过严格的体育训练，增强体质，才能适应战时的需要。

（二）体育能提高部队战斗力

1. 提高官兵身体素质和基本技能。

体育运动中的各种身体训练手段，能提高指战员的身体素质和适应能力。平时加强速度训练，战时才能速战速决，平时加强耐力训练，战时才能连续作战拖不垮，平时加强灵巧训练，提高应变能力，战时才能机智灵活地化险为夷，保存自己，消灭敌人。特别是一些实用性体育项目，如爬山、负重越野赛跑、超越障碍、举重、攀岩、爬绳、撑杆越壕沟、泅渡、滑雪等在战斗中经常运用的动作技能，善攻能守，有利于军事技术发挥，提高战斗力。

2. 培养官兵勇往直前的精神。

体育锻炼能培养指战员勇敢顽强、灵活、果断的精神，有助于适应艰苦环境的战斗体育锻炼过程中，会遇到各种各样的困难，平时进行从实战出发的身体训练，不仅可以练就战时所需的身体条件，而且可以培养吃苦耐劳的精神，平时摸、爬、滚、打，不怕流汗，战时就能冲得上、顶得住、攻得下、累不倒、拖不垮。很多人平时是体育积极分子，战时成了"战斗英雄"。

3. 国防体育广泛开展，可以培养大批现代化国防后备力量。

在国防体育项目中，例如，射击、摩托、跳伞、滑翔、航海多项、无线电、水上摩托、军事野营等，更是现代战争中的实用军事技术。国防体育的广泛开展，不仅可以普及科学技术知识，振兴科技，而且能为国家培养大批现代化国防后备力量和军事技术人员。

四、体育与社会主义精神文明

《中共中央关于社会主义精神文明建设指导方针决议》指出："人的素质是历史的产物，又给历史以巨大影响。在社会主义条件下，努力改善全体公民的素质，必将使劳动生产率不断提高，使人与人之间在公有制基础上的新型关系不断发展，使整个社会的面貌发生深刻变化。"社会主义精神文明建设的根本任务，是适应社会主义现代化建设的需要，培养有理想、有道德、有文化、有纪律的社会主义公民，提高整个中华民族的思想道德素质和科学文化素质。决议还明确指出："精神文明建设，包括思想道德建设和教育科学文化建设，渗透在物质文明建设之中，体现在经济、政治、文化、社会生活各个方面。"

作为总体文化一部分和教育一环的体育，在社会主义精神文明建设中占据十分重要地位，它不仅仅是精神文明建设不可分割的一部分，而且还在于它在培养社会主义全面发展的人，提高全民族素质方面发挥不可替代的作用。

体育对社会主义精神文明建设的作用主要有：

（一）振奋民族精神，激发爱国热情

体育在增强人民体质的同时，也可以表现和影响整个民族精神，成为时代的缩影，塑造出中华民族文明强健的形象。现代世

界,一个国家缺乏先进体育事业,是有损于民族文明形象的。

当中国女子网球选手李娜,在大满贯赛事中经过顽强拼搏,最后夺得冠军时,广大群众深切感到我们整个国家的强大,我们可以从中看到体育竞赛中所表现出来的时代精神,一旦与整个民族发展联系起来,就会成为一种巨大的精神力量。

在改造客观世界的斗争中,一个人、一个团体、一个民族、一个国家,都要有一种精神。不同时代有不同精神,在振兴中华的热潮中,为社会主义祖国争光,为实现社会主义现代化做贡献,正是我们时代的精神。几年来,我国体育健儿在国际赛场上取得的重大胜利,在振奋民族精神和激发爱国热情方面,大大超过了体育本身范畴,而成为建设社会主义精神文明,特别是激发人民爱国热情,推动四化建设的一个重要手段。

(二) 美化生活、陶冶情操,移风易俗、改造社会

体育以丰富多彩和生动活泼的形式吸引着鼓舞着千百万群众,它是寓教于体育娱乐和竞赛之中,起到了移风易俗、改造社会的作用。体育使人身心愉快,丰富业余生活,调节紧张情绪,有利于休息,消除疲劳。运动员在竞赛中所表现出的健康活泼、青春似火,奋发向上、顽强拼搏的精神给人以真实的美感。据统计,目前世界上几乎所有国家电视节目都有体育栏目,有许多国家体育栏目播出时间已超过文艺节目,特别是那些体育比赛实况转播,对动作绘声绘色的描述和对比赛情况深入浅出的剖析,对丰富人民的体育知识,培养人们的体育兴趣,都起到明显作用。

体育能培养良好的生活习惯,健康的生活方式,建立正确的审美观念。我国20世纪50年代流传一首诗:"过去不爱动,拐杖当腿用,如今勤锻炼,拐杖当宝剑。"生动地反映了一位老年人从老态龙钟到健步舞剑,生气勃勃的锻炼过程。

在农村,体育对破除封建旧传统思想有积极作用。例如,湖南新化县过去有"男不绣花、女不学打"之说,如今组成女子武

术队，有八百名队员，还发展了新拳种。这样一来，什么扯皮打架、谈神说鬼、赌博酗酒、请客送礼等现象大大减少。

（三）培养现代人社会意识和心理素质，激发聪明才智

人的现代化是国家现代化的先决条件，要使人们在身体上、心理上具备现代人的品格，这是对我国几千年来已形成的传统思维方式、价值尺度、意识观念等以有力的冲击。一些现代意识正在发展，例如，科学、开放、竞争、效率、时间、环境意识等，现代体育的竞争性是当代体育的突出特征，中国古代那种自给自足经济，人们习惯于慢节奏生活，在体育上也是技艺表演多于激烈竞争。现代体育竞争改变了人们的价值观念，形成了新的英雄观、荣誉观和人才观。在竞技场上不讲门第、不序尊卑、不论资历、最讲效率，它不承认任何除个人身体条件和心理以外的不平等。因此，在现代体育竞争中可以培养现代人养成"对人和社会充满信心""办事讲求实效""守时惜时""顽强拼搏"等思想意识和心理素质。

现代体育是一个开放系统，它不仅面向国内，为社会培养新人，而且面向国际社会，沟通世界文化。可以说，体育是一个开放的窗口。要实现内外交流，要尊重一切外来的优秀文化，也要深刻理解向世界各国传播中国文化精华的责任，这种由开放交流产生的民族自尊心和自信心，也是现代人应具备的高贵品格。

人们在体育活动中不仅锻炼了体魄，而且锻炼了思维能力，开发了智力，增长了才干。

上述可知，体育能促进社会主义精神文明，归根结底是造就一代新人。当今世界上不少国家把人力投资、提高人口质量作为发展国民经济基础工程加以重视。人的素质是历史的产物，又给历史以巨大影响。塑造全面发展的新人，提高人的素质，促进精神文明，这是我国社会主义现代化事业获得成功必不可少的条件，也是我国体育为社会主义精神文明建设服务的重要职责。

第四节 体育的概念

一、体育概念的历史演变

体育虽然有悠久历史，然而"体育"一词却出现得较晚。在体育一词出现前，世界各国对体育这一活动过程的称谓都不相同。

在古希腊时期，体育活动往往用"体操"表示。但是，古希腊词语的体操，其含义不同于现在的体操。而是包括当时进行的所有身体操练，如拳击、跳跃、奔跑、投掷和角力等。在我国古代，类似体育活动的事物用养生、导引、武术等名词标记。

据史料记载，在1760年法国的一些报刊上发表的有关文章中出现"体育"和"肉体教育"的字样。这是体育一词的首次出现。当时这两个词虽然形式不同，但都是指对儿童进行身体的养护、培养和训练，所以说它们的含义是相同的。1762年，卢梭在法国出版了《爱弥尔》一书。他也使用"体育"一词来描述对爱弥尔的身体教育过程。由于这本书激烈地批判了当时的教会教育，而在世界引起很大反响，因此"体育"一词同时也在世界各国流传开来。从这里我们可以清楚看到，"体育"一词的最初产生是起源于"教育"一词，它最早的含义是指教育过程中一个专门领域。到19世纪世界上教育发达国家普遍使用了"体育"一词。而我国由于闭关自守的封闭状态，自19世纪中叶以后，德国和瑞典体操才传入我国。随后在兴办的"洋学堂"中设置了"体操科"1902年左右，一些在日本的留学生从日本传来了"体育"这一术语。随着西方文化不断涌入我国，学校体育内容也由单一的体操向多元化发展，课堂上出现了篮球、田径、足球等。许多有识之士提出不能把学校体育课称体操课了，必须理清概念层次。1923年，在《中小学课程纲要草案》中。正式把"体操科"改为"体育课"。从此，"体育"一词成了标记学校中身体教育的专门术语。

概念是对某一事物本质认识的高度概括。而事物是不断发展变化的，人们对事物的认识也是逐步深入的。因此，概念也不会是一成不变的，而是随着事物和人们的认识的发展而发展的。概念都有内涵和外延，概念的内涵是概念本质属性的反映，概念的外延是概念范围的指定。体育概念的外延扩大，标志着体育概念的发展变化过程。

20 世纪 50 年代以后，随着世界各国经济文化、科学技术的迅速发展和人民生活水平的日益提高，体育也得到了很大的发展，而且逐渐深入到社会的各个角落，成为人们日常生活不可缺少的组成部分。体育的内容、形式以及它的影响和作用已远远超出了原来作为学校身体教育的范畴。因此，可以清楚看到，如果还用原来表示青少年身体养护、培养和训练的体育去描述如此广泛的社会活动，就会出现许多矛盾和混乱，之所以如此，是因为体育最初只是标记教育过程中一个专门领域的名词，而现在要用它同时去标记教育范围以外的事物，就要使原来的体育概念外延扩大。

围绕着什么是体育、竞技运动与体育的一系列有关体育概念的讨论，引起体育工作者的注意。自 20 世纪 60 年代起，许多国家学者从不同角度来阐述各自观点。仁者见仁，智者见智，但至今仍没有完全一致的看法。下面，我们遵照确定体育概念的三个原则，即科学性原则、同国际用语相一致原则、考虑民族习惯原则，阐述体育概念及其有关问题。

二、体育的基本概念

当今世界上许多知名学者都试图在体育的"育人机制"上探求其概念。日本学者前川峰雄认为："体育是通过可视为手段和媒介的身体活动而进行的教育。"阿布忍认为："体育是以身体活动作为媒介，并同时以培养健康的身体和良好的社会性格为目标的一种教育。"美国学者布切尔认为："体育是完整的教育过程中不可缺少的部分，这个领域的发展目的是以身体活动作为媒介去培养在身体、精神、情操等方面与社会相适应的公民。"纳西认为，"体育是整个教育过程的一个方面，它是通过一定的活动，使身体器官的适应能力、神经肌肉的支配能力和情绪的控制能力得到发展"。原苏联教育科学研究所出版的《教育科学辞典》中，对体育一词做如下定义："体育是以增进人体健康和达到身体正常发育为目的的一种教育。"《不列颠百科全书》关于"体育"一词的解释："体育是关于人体构造身体发展的教育。它包括人体生理功能、力学原理及其运用的研究。"

从以上对体育所下的定义中，可以概括出几点共同之处。首先，体育是培养和完善人的一种有意识的活动或过程；其次，体育所借助的手段一般被称为身体活动或运动；最后，体育不仅是通过身体，而且还必须是针对身体所进行的教育。"身体"一词在这里已远远超出了生物学的限定，其含义，用辩证唯物主义的"身心一元论"来解释，应该是灵魂和肉体相互作用、相互依赖和交互影响的统一整体。依据上述分析，我们对"体育"这一概念做如下定义"体育是以身体活动为媒介，以谋求个体身心健康、全面发展为直接目的，并以培养完善的社会公民为终极目标的一种社会文化现象或教育过程。"体育的这一定义既说明了它的本质属性，又指出了它的归属范畴，同时也把自身从与其邻近或相似的社会文化现象中区别出来。

第五节　体育的功能

体育的功能是指体育以其自身特点作用于人和社会所能产生的良好影响和效益。体育如果不具备自身固有特点，就不可能产生任何功能。但是，如果体育功能不被人们和社会所接受、所利用，则它的功能也不可能得到发挥并产生效益。千百年来，体育所以能得到不断发展，而且越来越受到世界各国人们的重视，正是人们对体育功能的认识和利用的结果。随着社会的发展和人们对体育功能认识的进一步深入和提高，体育的功能将会越来越多地被发现和发挥，更好地为人类的物质文明和精神文明建设服务。

体育的功能是多方面的，但归纳起来主要有以下几个方面：

一、教育功能

体育的教育功能具体表现在以下几个方面：

（一）改造经验

人类生活需要多方面的经验，经验的发展和充实，代表生活能力的提高。而人的经验绝不仅限于读、写、说、算。就品格经验而言，不懂得公平竞争，不服从法规制度，不信守诺言，不具备合作习惯等社会品质的人，无疑将被社会群体所排斥；就动作经验而言，简单的如坐立行走、举手投足；复杂的如对距离、速度、时间的判断，趋吉避凶应付突发事件的能力以及提高工作效率所必需的神经肌肉协调和维持有机体的正常功能而应有的操作等，种种动作经验，只有在实践中才能予以培养；就情绪经验而言，文明社会不允许个人的不良情绪以野蛮的原始方式发泄，以保证社会的秩序和安宁。所有上述品性和经验是一个合格公民所应必备的素质，而体育乃是对人类进行综合性生活教育的一种有效途径，它可以使个人在心智、情绪、动作经验、行为品性等方面，在以身体活动为中介的体育实践活动中得到发展。

（二）发展适应能力

体育是帮助个体适应其生活环境的一种影响或训练。虽然对不同的人要有不同的适应能力，但在今天的社会里，个人的适应能力应该是全面的，它包括身体的、心理的、社会的，缺其一就无法获得真正的幸福。作为生活教育的体育，对上述适应能力都有培养作用。

（三）改变行为

体育活动所引起的经验改造和适应能力发展，可以进一步引起行为的变化。在体育活动中，凡是合乎社会要求的行为，因被社会的认可和接受而日益加强，反之就要受到阻止。这就可以使每个人的行为趋向于符合社会道德准则和行为规范的要求。体育活动可以培养个体的机智、仁侠和勇敢的行为，并使这些行为达到一种崇高的境界……机智而不投机取巧，仁侠而非沽名钓誉，勇敢而忌恃勇斗狠。

二、健身娱乐功能

从机械学的立场来看，人体运动的高效率和精细程度，使文学家为之讴歌礼赞，使生理学家叹为观止，但却使体育家产生了重大的责任感。人体以骨骼为"框架"，以韧带为"铰链"，并以附着在骨骼上的肌肉为"动力"，进行各式各样的运动。善于利用则促其发展，反之则阻碍它的成长和完善。体育的一个重要目标正是要教会人们去合理、有效地利用、保护和促进身体发展，它是一种利用身体又去完善身体的活动过程。人体的发展遵循着"用进废退"的生物学规律，合理而科学的身体锻炼，是保障人体发挥其极限效能的有效途径。身体锻炼引起神经肌肉的活动，而神经肌肉的有效活动，既可保证人体的运动器官和其他有关器官的良好功能，又会引起多重反应。健康快乐的一生，除了求助于身体锻炼以外，还需热心于身体娱乐活动的兴趣和情绪。文明社会在时间、财力和营养方面，为人类的身体娱乐活动提供越来越优裕的条件。文明社会的人类需要娱乐，如同原始社会的人类需要饮水和食物一样。以身体活动为主要媒介的身体娱乐较其他的娱乐方式还具有"双重功效"。适度的身体娱乐活动，既健身，又悦心。

三、培养竞争意识功能

人类的生活如同竞技场上的比赛，大到与自然竞争，小到与对手竞争，无一不是在竞争中不断地寻求完善自我和超越自我。

参与竞争的人，必须创造条件充实自己。所谓条件，就是由竞争意识所支配的合理行为。无论是参观还是参赛，运动场无疑为人们在生活中即将发生的竞争提供了极佳的预演场所。许多哲学家早就把运动场当作是社会的一个缩影，运动场本身就是一个特殊的社会环境。依据迁移原则，人们在运动场上所养成的良好品性和行为习惯，可以迁移到日常行为模式之中而成为受社会所认同接纳的因素。同运动场上必有胜负一样，其他社会生活中有得意之时，也有失意之处。光荣的胜利者固然值得敬佩，而输家同样受人尊敬。胜不骄、败不馁，奋发向上，顽强拼搏绝不仅仅是运动员所独有的品质，社会上的每个成员都应具备。从公平竞争的角度而论，运动场是培养人们具有合理竞争意识的最佳场所。现代奥林匹克运动的创始人顾拜旦男爵是一位教育家而不是竞技家，他曾以极大的热情在法国宣传和提倡英国的竞技体育制度。作为现代奥林匹克运动会的奠基人，他通过奥林匹克运动，把体育同文化教育融为一体。在《奥林匹克宪章》中有这样一段话："奥林匹克主义是将身、心和精神方面的各种品质均衡地结合起来，并使之提高的一种人生哲学……奥林匹克主义所要开创的人生道路是以奋斗中所体验到的乐趣、优秀榜样的教育作用和对一般伦理基本原则的尊重为基础的。"可见，奥林匹克运动能够发展到今天并对不同国家的人们产生如此重大的影响，关键在于它对人类具有重大的教育作用。竞技体育通过运用运动中的某些内容和因素，通过以夺取金牌为手段，而最终达到教育人类不断地完善和超越自我的目的，它的意义远远超过夺取金牌。

体育除具备上述主要功能外，还有促进政治、经济发展，传递人类文化等功能。

第二章 体育竞赛与组织

第一节 体育竞赛

一、体育竞赛的意义

体育竞赛是开展体育活动，促进体育运动技术水平的全面提高，广泛推动群众性体育运动普及的重要手段。通过体育竞赛来宣传体育运动，吸引更多的人参加体育锻炼，检查教学与训练工作的质量，总结交流经验、互相学习，增进友谊，加强团结，丰富、活跃业余文化生活。

二、体育竞赛的种类

体育竞赛的种类可根据竞赛项目的数量分为综合性运动会和各种单项竞赛；按竞赛的目的任务分联赛、锦标赛、邀请赛、选拔赛、对抗赛、及格赛、达标赛、通讯赛、友谊赛、等级赛等；按训练水平或等级分为优秀运动队的竞赛（如甲级联赛、乙级联赛）和业余训练系统的竞赛；按参加的组织系统分为区域性竞赛、行业体协系统竞赛、跨系统的竞赛：按参加者的性别、年龄分为男子、女子和儿童、少年、青年、成人、老年的竞赛。

（一）综合性运动会

包括若干个运动项目的比赛，如奥林匹克运动会、亚洲运动会、全国运动会等大型运动会均属此类。它的首要任务是全面检查各项运动普及与提高的情况，广泛总结和交流经验，推动体育运动的发展。它的特点是项目多、规模大、人数多。一般大型运动会每4年举办一次。

（二）锦标赛

锦标赛是指进行一个运动项目的比赛，并确定个人或团体冠军。它的任务主要是检查某一运动项目的开展情况，总结该项运动教学与训练的经验，促进该运动技术水平的提高。国家的单项锦标赛是由主管体育运动的国家机关或各项运动的全国协会举办。省、市、地区和学校也可以组织各项运动的锦标赛。国际单项锦标赛是由各运动项目的国际联合会（联盟）定期举行。如国际业余田径联合会每4年举办一次世界田径锦标赛、国际业余篮球联合会举办的世界篮球锦标赛、国际排球联合会举办的世界排球锦标赛等。

（三）杯赛

杯赛是指以某种奖杯命名的体育竞赛，如世界杯足球赛、世界杯男子排球赛、世界杯女子排球赛、世界杯乒乓球赛，国际男、女羽毛球团体锦标赛的汤姆斯杯赛和尤伯杯赛。

（四）资格赛

资格赛是指在参加某项竞赛人数过多时，为保证如期完成比赛任务，以一定的运动成绩或入选名次为标准举行的非正式比赛。以预先规定成绩为标准举行的资格赛，须达到规定的成绩才能正式参加比赛；以预先规定人选名次为标准举行的资格赛，不论运动成绩的高低，只要达到入选名次就能获得参加正式比赛资格。

（五）等级赛

等级赛是为技术水平或年龄相近的运动队（员）举办的竞赛。它的主要任务是提高运动员训练水平或通过一定的等级，如足球的甲级联赛、乙级联赛，青年篮球比赛、少年足球比赛等。

（六）对抗赛

对抗赛由两个或两个以上的单位联合组织比赛，它可以是定期或不定期的。它的特点是规模小、人数、队数都有规定区间，并要求实力相当,如省际、市际之间的对抗赛等。学校也可进行校际、系际或班际之间的对抗赛,以促进学校体育运动技术水平的提高。

（七）选拔赛

选拔赛主要为发现和挑选作风顽强、素质较高、基本功扎实和运动技术、战术水平较高的运动员,组建或补充代表队,准备参加高一级的体育竞赛。如,大学生田径选拔赛、中学生篮球选拔赛等都属于此类。

（八）邀请赛

邀请赛由一个国家（单位）或几个国家（单位）邀请其他国家（单位）进行的比赛,如北京国际女子篮球邀请赛。

（九）表演赛

表演赛是为宣传体育运动,扩大体育影响,或为提倡某一运动项目,宣传其意义、锻炼的价值,并进行运动技术、战术的演练比赛。一般在节假日,可单独组织也可穿插在大型运动会中。它的特点主要是着重技术、战术的发挥,一般不记名次。

（十）通讯赛

通讯赛是指参加比赛者,按竞赛规程及规定的时间期限,在不同的地区进行竞赛后把运动成绩以通讯形式如期报给主办单位或承办单位评定名次。它主要适用于以时间距离、重量等客观标准评定运动成绩的项目。如田径、游泳、举重等。

（十一）友谊赛

友谊赛是为了增进相互间的友谊和团结,相互学习,共同提高技术水平而进行的竞赛,如校际、班际之间进行的非正式比赛、各种访问比赛都属友谊赛。

（十二）告别赛

告别赛是指明星运动员退役之时组织的带有宣传与表演性质的竞赛。为了表示对举世闻名的运动员的肯定和纪念,特意组织他（她）们在正式宣告退离本项目运动之前为观众做最后一次竞赛表演，以示告别赛场，并以此赛达到促进该运动继续发展的目的。如巴西著名足球运动员贝利在正式离开绿茵场之前，人们为他举行了盛况空前的告别赛，给人们留下了深刻印象。

三、体育竞赛的组织

竞赛的组织工作，是一项复杂而细致的工作，是决定竞赛能否顺利进行的关键。开展竞赛活动，首先必须做好组织工作。竞赛的组织工作，可分为三个阶段。

（一）竞赛前的准备工作

大型比赛应成立"竞赛组织委员会"，全面负责竞赛工作，讨论和决定组织方案、竞赛规程、组织机构、竞赛计划及有关事宜。

1. 成立组织机构。在主办单位领导下，由各方面代表组成，负责组织和领导全部竞赛工作。其机构的范围可根据竞赛的规模大小而定。通常全国性的组织形式为组织委员会。

2. 讨论决定组织方案。根据竞赛的任务和竞赛计划来确定组织方案。包括竞赛的规模、竞赛委员会的成员和分工。明确各组织的职责和注意事项以及要解决的主要问题。

3. 制定竞赛规程。竞赛规程主要包括下列内容：竞赛的名称、竞赛的目的和任务、主办单位、竞赛日期和地点、参加单位、各单位参加人数、运动员参赛资格、报名与报到日期、竞赛办法、竞赛规则、决定名次办法、奖励办法、抽签日期与地点、服装、交通、经费以及注意事项等。

4. 制订工作计划。根据组织委员会的组织方案，竞赛规程和比赛的主要工作日程计划，由各工作部门拟定具体工作计划，经组织委员会批准执行。

（二）竞赛期间的工作

1. 组织裁判员及时总结、改进裁判工作，提高裁判水平。
2. 经常对比赛场地、设备、器材进行检查。

3. 遇有特殊情况，需要更改比赛场地、日期和时间时，应由负责部门及时通知各队。

4. 裁判组在每天工作结束后，应及时把比赛成绩交大会宣传组，及时登记和公布。

5. 总务组应深入群众，听取对生活、交通等方面的意见，以便及时改进。

6. 医疗组应深入比赛场地，做好准备，及时处理发生的伤害事故。

7. 治安保卫组应注意住宿及比赛场所的治安工作。

8. 竞赛处与秘书处要经常和各队取得联系，定期召开领队、裁判员、教练员联席会议，及时处理比赛中发生的有关问题。

（三）竞赛结束后的工作

1. 做好裁判员工作、技术统计工作和大会各部门的工作总结。

2. 组织领队、教练员、运动员、裁判员的工作经验交流会。

3. 进行技术总结报告。

4. 必要和有需要时，可安排和组织比赛优胜队的表演赛。

5. 组织和进行大会闭幕式，做总结报告和发奖。

6. 安排和办理各队离会有关事宜。

7. 组织委员会结束工作，并向主管部门汇报工作情况。

四、体育竞赛的编排方法

体育竞赛的方法是根据体育竞赛的目的、任务、比赛的期限、比赛所用运动场馆、参赛的队数、运动员的运动技术水平等情况而决定。通常采用的是以下几种比赛方法。

（一）循环制

循环制是在全赛程中参赛队均须对赛的赛制，比赛结果能较客观地反映参赛各队水平。其不足之处是比赛场次多，赛程长。循环制又分为单循环、双循环和分组循环三种，可视参赛队的多少和比赛期限的长短而分别采用。下面分别介绍单循环和双循环。

1. 单循环。单循环是所有参加比赛的队（或个人）均要轮流相遇一次，最后根据各队胜负场次的积分多少决定名次。这种方法一般在参赛的队（人）数不多，且有足够的竞赛时间时采用。

单循环比赛的轮数，如果参赛队数是单数，轮数＝队数。如果是双数，轮数＝队数－1；比赛的场数＝队数×（队数－1）/2。例如有6队参赛，则比赛的场数＝6（6－1）/2＝15。也就是说，有6个队参赛的单循环比赛，要进行5轮15场比赛。

单循环比赛秩序的编排方法如下。

不论参加比赛的队数是偶数还是奇数，一律按偶数安排。假如是奇数，可以加一个"0"号使之成为偶数，碰到"0"的队就可以轮空一次。第二轮开始，1号位固定不变，其他数按逆时针方向轮转一个位置就可排出下一轮的比赛顺序。以此类推，排出其余各轮次的比赛表。

轮次表编排之后，召集领队会议。按参加比赛的队数，制作与队数相等的签号，由各领队抽签，然后将各队抽到的签号填写到各轮次表中。

根据轮次表编排比赛日程表，在编排比赛日程时应考虑到：各队在规定的各正式比赛场地的机会尽量均等；两次比赛之间的休息时间大体一致；白天和晚上比赛场数尽量一样；一个单位如有男女队时，尽量安排在同一场地比赛等。

2. 双循环。它是凡是参加比赛的队先后进行两次单循环的比赛。这种方法是在参赛队（人）数较少，时间充裕，又有意增加参赛者的比赛机会时采用。最后按各队在全部比赛中胜负场数的积分多少排列名次。编排方法与单循环相同。第二次循环赛的编排可以重复，也可以重新抽签编排。

（二）淘汰制

淘汰制是在参赛队（人）数较多，而赛期又较短时采用的比

37

赛方法。

这种方法有两种情况：一是按一定的顺序让参赛都一组一组地表现成绩，通过及格赛、预赛、复赛、决赛，淘汰较差的，比出优胜名次，另一种是对抗性比赛项目，一对一地按事前排好的淘汰表进行比赛，胜者进入下一轮，直到最后一对决出优胜者。

1. 单淘汰。单淘汰比赛轮数计算方法是：如参加比赛队（人）数等于2的乘方数，则比赛的轮数等于2的指数；如参加比赛的队（人）数不是2的乘方数，则比赛的轮数为略大于参加队（人）数的2的指数。例如8个队参加比赛则需三轮，14个队参加比赛，则按16个队的轮数（四轮）来计算。

单淘汰比赛总场数等于参加队（人）数减一，如8个队参加，场数则为7场。

2. 双淘汰。双淘汰赛有两种形式：一种是凡失败两场即被淘汰，最后失败一场者为亚军，不败者为冠军；另一种是凡失败两场者即被淘汰，失败一场者仍有权参加决赛，最后失败两场者为亚军，失败一场或不败者为冠军。

轮数与场数的计算方法如下。

（1）计算轮次：胜方与负方轮数应分别计算。胜方轮数为号码位置数是2的几次方即几轮。负方轮数等于胜方轮数加1。

（2）计算场数：双淘汰比赛场数为胜方与负方比赛的场数之和。把双淘汰秩序先分隔开，产生冠军的场数为"人数-1"场；而产生亚军的参加者为人数减去冠军，也就是"人数-1"，那么所进行的场次就是"人数-2"场。场数的计算公式为（人数-1）+（人数-2）或2×人数-3。

（三）混合制

1. 第一阶段分两个小组进行单循环赛并排列名次，第二阶段常用交叉赛，即A组的第一名对B组的第二名，A组的第二名对B组的第一名，两场胜者进行决赛、争夺冠亚军，两场败者进行争夺第二、第四名的比赛。各小组第三、第四名也可依上法进行交叉赛决出五至八名，或者小组三四名不再比赛，不排名次也可。

2. 同名次赛。在第一阶段中因组数不同，第二阶段可采用同名次赛进行。第一阶段两个小组第一名进行决赛，决出第一二名。小组第二名进行决赛决出三四名，其他名次则也可按上述方法进行排出所有名次。

运用混合制比赛时，也可在第一阶段用淘汰赛，第二阶段采用单循环赛。总之，混合赛制在参赛队较多的情况下，兼备了缩短赛期和较准确地反映参赛队水平的优点。

第二节 体育组织

一、国际体育组织

（一）国际奥林匹克委员会

国际奥林匹克委员会，简称国际奥委会。1894年成立后，总部设在巴黎。1914年第一次世界大战爆发，为了避免战火的洗劫，1915年4月10日总部迁入有"国际文化城"之称的瑞士洛桑。这里有奥林匹克博物馆，奥林匹克研究中心，还有以顾拜旦名字命名的大街，体育场，等等。数十年来，洛桑为奥林匹克运动的发展，做出了重大贡献，无怪乎有人将洛桑称为"奥林匹克之都"。国际奥委会也是在这个美好的城市逐渐发展、壮大而闻名于世的。

国际奥委会，是奥林匹克运动的领导机构，是一个不以营利为目的、具有法律地位和永久继承权的法人团体。根据现代奥林匹克运动创始人顾拜旦的理想，恢复奥林匹克运动的目的，在于增强各国运动员之间的友谊与团结，促进世界和平以及各国人民之间的相互了解，发展世界体育运动。《奥林匹克宪章》明文规定，国际奥委会的宗旨是：鼓励组织和发展体育运动和组织竞赛；在奥林匹克理想指导下，鼓舞和领导体育运动，从而促进和加强各国运动员之间的友谊；迄今已有近百年历史的国际奥委会，为之做出了积极努力和重大贡献。

(二) 亚洲奥林匹克理事会

亚洲奥林匹克理事会成立于 1981 年 11 月 26 日，简称"亚奥理事会"。其前身为 1949 年 2 月 13 日在新德里成立的亚洲运动会联合会。总部设在科威特。它是全面管理亚洲奥林匹克运动的唯一组织，是代表亚洲与国际奥委会和其他洲际体育组织联系的全权代表。负责协调亚洲国家和地区之间的体育活动，在亚洲宣传奥林匹克理想，保证四年一届的亚运会顺利举行。

(三) 国际大学生体育联合会

国际大学生体育联合会创建于 1919 年，当时称为大学生联盟。1949 年 9 月，国际大学生体育联合会宣告正式成立。国际大学生体联的正式用语为英、法、俄、西班牙语，工作用语为英语和法语。它是独立的综合性国际体育组织，同国际奥委会及其他国际体育组织无从属关系，但在组织各项比赛时需采用各国际单项体育组织的比赛规则，非会员国也可参加比赛。

国际大学生体育联合会的任务是在大学和体育界建立自己的声誉，加强各国已有的大学生体育组织，通过研究委员会增加大学、体育运动和学生间的联系；通过与政界、商界和新闻界接触，为发展各国大学生体育运动提供新的经济资源，通过教育确定体育发展计划，为与当代社会体育和教育有关的问题确立道德标准。国际大学生体育联合会的宗旨是加强各国大学生之间的体育交往，增进各国大学生以及运动员之间的友谊，沟通大学生体育情报信息交换并组织国际大学生体育会议，主办世界大学生运动会。

二、我国体育组织

(一) 中国奥林匹克委员会

中国奥林匹克委员会（简称中国奥委会），是中国奥林匹克运动的唯一代表机构，与国际奥委会、亚奥理事会、各国奥委会建立关系。其主要任务是在全中国宣传和发展奥林匹克运动及其理想，在同国际、亚洲及各国奥委会的关系中行使中国奥林匹克运动的代表权。在有关单位的合作下选拔运动员，组成中国奥林匹克运动队或代表团，参加奥运会和国际体育组织。

（二）国家体育总局

国家体育总局，其前身是1952年11月成立的中央人民政府体育运动委员会，1952年11月15日中央人民政府委员会第19次会议通过成立中央人民政府体育运动委员会，并任命贺龙为中央人民政府体育运动委员会主任。1954年改称为"中华人民共和国体育运动委员会"，1998年改组为国家体育总局。中央体委、国家体委及后来的国家体育总局都致力于"发展体育运动，增强人民体质"，在普及群众体育的同时，大力发展竞技体育，大大提高了我国的运动技术水平，推动了我国体育事业的蓬勃发展。国家体育总局的主要职责是：

1. 研究制定体育工作的政策法规和发展规划并监督实施。

2. 指导和推动体育体制改革，指定体育发展战略，编制体育事业的中长期发展规划，协调区域性体育发展。

3. 推行全民健身计划，指导并开展群众性体育活动，实施国家体育锻炼标准，开展国民体质监测。

4. 统筹规划竞技体育发展，研究和平衡全国性体育竞赛、竞技运动项目设置与重点布局，组织开展反兴奋剂工作。

5. 管理体育外事工作，开展国际体育合作与交流，组织参加和举办重大国际体育竞赛。

6. 组织体育领域重大科技研究的攻关和成果推广。

7. 研究拟定体育产业政策，发展体育市场；制定体育经营活动从业条件和审批程序。

8. 负责全国性体育社团的资格审查。

9. 承办国务院交办的其他事项。

（三）中华全国体育总会

中华全国体育总会（简称全国体总）。由原中华全国体育协进会改组而来，1952年在北京成立。1954年中华全国体总得到国际奥委会承认。1979年，全国体总和中国奥委会分立。中华全国体育总会是中华人民共和国全国群众性的体育组织，是党和政府联系体育工作者的纽带，是依法成立的非营利性的社团法人。

全国体总的宗旨是：联系、团结运动员和体育工作者，努力发展体育事业，普及群众体育运动，提高全民族的身体素质；不断提高运动技术水平，攀登世界体育高峰；促进社会主义物质文明和精神文明建设，为建设有中国特色的社会主义服务，为实现祖国和平统一与增进世界人民的友谊服务。中华全国体育总会同中国奥林匹克委员会密切合作，联系台湾、香港、澳门同胞及海外侨胞中的体育界人士。本会一切活动遵守中华人民共和国宪法、法律、法规和国家政策，遵守社会道德风尚，以党的基本路线为指导，按照《中华人民共和国体育法》和我国发展社会主义体育运动的方针、政策开展工作。

第三章　体育保健

第一节　体育锻炼的卫生常识

一、合理的呼吸方法

对体育爱好者来说，掌握合理的呼吸方法应注意以下几方面的问题。

（一）口鼻呼吸法，减小呼吸道阻力

人体在进行体育锻炼时，会需要更多的氧气，仅靠鼻实现通气已不能满足机体的需要。因此，人们常常采用口鼻同用的呼吸方法，即用鼻吸气，用口呼气。活动量较大时，可同时用口鼻吸气，口鼻呼气，这样一方面可以减小肺通气阻力，增加通气；另一方面通过口腔增加体内散热。在严冬进行体育锻炼时，开口不要过大，以免冷空气直接刺激口腔黏膜和呼吸道而产生各种疾病。

（二）加大呼吸深度，提高换气效率

人体在刚开始进行体育活动时往往有这种体会，即运动中虽然呼吸频率很快，但仍有种呼不出、吸不足、胸闷、呼吸困难的感觉。这主要是由于呼吸频率过快，造成呼吸深度明显下降，使得肺实际进行气体交换的量减少，肺换气效率下降。所以，进行体育锻炼时要有意识地控制呼吸频率，呼吸频率最好不要超过25~30次/分钟，加大呼吸深度，使进入肺内进行有效气体交换的量增加。过快的呼吸频率会导致呼吸肌的疲劳而造成全身性的疲劳反应，影响锻炼效果。

(三) 呼吸方式与特殊运动形式结合

不同的体育锻炼方式对人体的呼吸形式有不同的要求，人体的呼吸形式可分为胸式呼吸、腹式呼吸和混合呼吸，在运动中呼吸的形式、速率、深度以及节奏等，必须随技术运动进行自如的调整，这不仅能保证动作质量，同时还能推迟疲劳的出现。

在进行跑步运动时，易采用富有节奏性的、混合型的呼吸，每跑2~4个单步一吸、2~4个单步一呼。在进行其他的运动中，应根据关节的运动学特征调节呼吸，在完成前臂前屈、外展、屈体等运动时，进行吸气比较有利，而在进行屈体等运动时，呼气效果更好，在进行气功练习时，采用以膈肌收缩为主的胸式呼吸方式，效果较好；在进行太极拳、健美操等运动时，呼吸的节奏和方式应与动作的结构和节奏相协调。因此，在进行体育锻炼时，切勿忽视呼吸的作用。掌握合理的呼吸方法，可以有效地提高锻炼效果。

二、体育锻炼的时间选择

选择体育锻炼的时间主要根据个人习惯、身体状况或工作性质而定，一般很难统一。但就多数体育锻炼者来说，体育锻炼的时间多安排在清晨、下午和傍晚。不同的锻炼时间有不同的特点，练习者可根据自己的实际情况选择。

(一) 清晨锻炼

首先，清晨的空气新鲜，有助于体内的二氧化碳排出，吸入较多的氧气，有利于体内的新陈代谢加快，提高锻炼的效果；其次，清晨起床后大脑皮层处于抑制状态，通过一定时间的体育锻炼，可适度提高大脑皮层的兴奋度，从而有利于一天的学习与工作。经常参加体育锻炼的人多有这样的体会，如果清晨不进行体育锻炼，一天都觉得无精打采，提不起精神；最后，早晨锻炼时，凉爽的空气刺激呼吸道黏膜可增强机体的抵抗力，以适应外界环境的变化，不易发生感冒等病症。所以有人说，早晨动一动，少闹一场病。对于清晨时间较宽松的离退休老同志来说，清晨不失为理想的锻炼时间。

注意：清晨锻炼多在空腹情况下进行，所以运动量不要太大，时间也不宜过长。否则，长时间的运动会造成低血糖，不仅影响锻炼效果，而且会使身体产生不适应。

（二）下午锻炼

下午锻炼主要适合有一定空余时间的人，特别适合学校的师生，经过一天紧张的工作或学习，下午进行一定强度的体育锻炼，不仅可以增强体质，而且可使身心得到调整。下午进行体育锻炼时，运动强度可大一些，青年学生可打球、做游戏，老年人可打门球、跑步。对心血管病人来说，下午运动最安全。

（三）傍晚锻炼

晚饭后也是体育锻炼的大好时机，特别是对那些清晨和白天工作、学习十分忙的人来说尤其如此。傍晚进行适当的体育锻炼，既可以健身强体，又可以帮助机体消化吸收。傍晚进行体育活动的时间可长可短，但一般不要超过1小时，运动强度也不可过大，心率应控制在120次/分。

注意：强度过大的运动会影响胃肠道的消化吸收，同时，傍晚锻炼结束与睡觉的间隔时间要在1小时以上，否则，会影响夜间的休息。

三、做好准备活动与整理活动

（一）准备活动

体育锻炼前进行充分的准备活动对体育锻炼者采说是非常重要的，有些体育活动爱好者就是由于不重视锻炼前的准备活动而导致各种运动损伤，不仅影响锻炼效果，而且影响锻炼兴趣，对体育活动产生畏惧感。因此，每个体育活动爱好者在每次锻炼前都必须做好充分的准备活动。

准备活动的主要作用：克服机体的生理惰性；加速肌肉组织

的新陈代谢，提高氧的利用率；调节心理状态，提高神经系统的兴奋性；防止运动损伤。

（二）整理活动

整理活动是人体由运动状态平稳过渡到安静状态的活动过程，它是促进体力恢复的一种有效手段。其作用一是有助于人体机能尽快恢复平时安静状态；二是有助于偿还氧债。整理活动应该侧重于全身性放松。特别是在紧张剧烈的运动之后，一定要进行全身性的放松，以免身体受到损伤。整理活动之后，还要注意保暖，防止着凉、感冒。

第二节 运动损伤

体育运动过程中发生的各种运动器官的损伤就是运动损伤。它的发生与运动安排、运动项目和技术动作、运动水平、场地环境及条件等因素有关。运动损伤所造成的影响是严重的，损伤使运动员不能参加正常的训练和比赛，妨碍成绩提高，缩短运动寿命，严重者还能导致残疾，甚至死亡。对一般体育爱好者来说，运动损伤将影响健康、学习和工作，给伤者造成不良的心理影响，妨碍体育运动在大众中推广。

一、运动损伤的分类

运动损伤的分类方法很多，归纳起来有四种。

（一）按损伤的组织结构分类

按损伤的组织结构可分为皮肤损伤、肌肉与肌腱损伤、关节韧带损伤、骨损伤、神经损伤、血管损伤和内脏器官损伤等。

（二）按损伤组织创口界面分类

1. 开放性损伤。

损伤的组织有裂口与外界空气相通，例如，擦伤、刺伤、切伤与开放性骨折等。

2. 闭合性损伤。

损伤的组织无裂口与外界空气相通,例如,挫伤、肌肉韧带损伤与闭合性骨折等。

(三) 按伤后运动能力丧失的程度分类

伤后能按教学计划进行训练的为轻度伤;伤后不能按教学计划进行训练,需要停止患部练习或减少患部活动的为中度伤;伤后需要完全停止训练的为重度伤。

(四) 按损伤病程分类

1. 急性损伤。

人体在一瞬间遭受直接暴力或间接暴力的损伤。

2. 慢性损伤。

包括劳损和陈旧性损伤。劳损是因局部负荷过劳或多次微细损伤积累而成,陈旧性损伤常因急性损伤处理不当转变而成。

二、运动损伤的原因

在几乎所有的体育运动中都有可能发生损伤。无论是竞技比赛还是业余体育运动,随着参加次数的增加,受伤的频率也会随之提高。因此,不论以什么形式参加体育运动,对引起损伤的原因及预防方法进行一定的了解是非常必要的。

发生运动损伤的直接原因有:

(一) 缺乏必要的运动损伤知识

运动员的训练包括一般身体训练(力量、速度、灵巧、耐力)、专项技术训练、战术训练以及道德品质和心理素质训练等。忽略了任何一方面或训练不当都会发生运动损伤。

(二) 不遵守训练原则

目前最易犯的错误是不顾年龄、性别、伤病情况和运动水平的差别,盲目过量运动。

(三) 场地器材不符合卫生要求

运动场馆通风差、粉尘浓度超标,游泳池清洁度差,场馆光线不符合要求等，都可引起伤病。

（四）运动中缺乏保护与帮助

运动中有效的保护可以增强学生的自信心，避免一些不必要的意外事故发生。反之常会在运动中带来一些本可以避免的运动损伤。

（五）缺乏自我医务监督

参加运动的人必须进行体检及运动功能评定，以便科学地安排运动。缺乏医务监督是发生运动损伤最重要的原因。

（六）环境因素

海拔高度、气候条件、污染状况等，都影响运动者的健康与成绩。

（七）运动参加者自身状态不良

疲劳、疾病、恐惧及心理状态不良等，都容易发生外伤。

三、运动损伤的预防

事实证明，人为因素是发生伤害事故的根本原因，预防运动损伤首先要解决思想认识问题，采取切实有效的综合措施，努力消除各种致伤因素，才能达到以防为主，防患于未然的目的。

（一）加强思想教育

在教学、训练中，教师必须把安全教育放在首位，安全教育既可以通过室内课，也可以通过课前的导语进行，还可以通过典型事例、黑板报等方式进行。对预防运动损伤工作做得好的单位和个人应及时给予表扬，对平时缺乏组织性、纪律性的学生或运动员要加强思想教育，培养他们遵守纪律，关心他人的良好品格，使他们认识到预防运动损伤的重要性。

（二）合理安排教学、训练和比赛

制订合理的学期、学年教学工作计划，根据学生的年龄、性别、健康状况和运动技术水平等具体情况，安排教学训练内容、方法和组织措施，充分了解教材中的重点难点，对那些不易掌握和容易发生错误动作或运动损伤的动作与环节，事先做好预防损伤的准备，保证教学安全具有重要意义。

教师对新难动作应进行正确的讲解示范，使学生在对每个技术动作有正确概念的前提下再进行练习，便于正确掌握。同时要合理安排运动量，防止局部负担过重，注意伤后训练问题。教育运动员遵守比赛规则，加强裁判工作。

（三）做好准备活动

参加体育活动前要做好准备活动。准备活动的内容、运动量应根据教学，训练和比赛内容、个人的身体功能状况以及气象条件等具体情况而定，对运动中负担较大和易伤部位要特别做好针对性的准备活动。对年龄小、训练水平差的学生和对专项训练或比赛项目持续时间较长的运动项目以及在夏季，准备活动强度可小些、时间宜短些。相反，训练水平较高、专项训练或比赛项目持续时间较短或在冬季，准备活动强度可大些、时间可长些。一般认为，准备活动后要以身体感到发热，微微出汗；为宜。

（四）加强保护、帮助与自我保护能力的培养

复杂、多变、难度大、空间动作较多的运动项目和器械练习，容易发生技术动作上的错误，如果运动时稍有疏忽或保护不当，就容易发生运动损伤。因此，在进行上述运动项目时教师要重点加强保护与帮助。

在教学过程中，教师要加强指导学生互相保护、帮助和自我保护的方法。如摔倒时应立即低头、屈肘团身、以肩背着地顺势滚翻，切忌直臂撑地，以防手腕部或前臂骨折，脱位等损伤，从高处跳下时要用前脚掌着地，同时屈膝以增加缓冲作用。

（五）加强身体的全面训练

学生身体素质的全面增强，可使肌肉的力量、弹性、关节的灵活性和稳定性获得相应的提高，防止在运动中造成损伤。一般情况下青少年儿童身体素质的发展往往落后于身体形态的发展。

如果忽视体育活动,将会造成学生身体素质发展缓慢甚至下降,健康状况也随之下降,不能承担相应的运动负荷,致使出现运动损伤。故提高学生身体素质,是预防中学体育运动损伤的一个重要方面。

(六)加强医务监督和注意场地设备卫生

对参加体育锻炼的人,平时要加强医务监督,以观察了解体育锻炼或比赛前后的身体反应以及功能变化。对患有各种慢性病的人,更应加强医务监督,进行定期的或不定期的身体检查,根据具体情况,采取针对性医务监督措施。参加体育锻炼的人在运动过程中,要学会自我监督,随时注意身体功能状况变化,若有不良反应时要及时向教师反映情况,分析原因并采取必要的保健措施。如果发现自己已有伤病,应先调养好或遵照医嘱参加与自己身体相适应的锻炼,禁止患病带伤参加剧烈的运动。

运动场地设备是保证顺利进行教学、训练的必要条件,教师要经常检查场地器材是否符合教学要求,对损伤和残存器械要及时修理或拆除。跑道、沙坑、踏跳板、单双杠、跳箱和山羊应列为重点检查对象,建立专门的定期检查制度。教育学生不穿皮鞋或塑料底鞋上课。

四、运动损伤的一般处理方法

(一)冷敷法

冷敷法能起到血管收缩,减轻局部充血,降低组织温度,暂时抑制神经感觉,止血、镇痛、退热、麻醉和防肿的作用。

1. 使用方法。

四肢受伤一般可将伤肢浸泡在冷水中或用自来水冲淋,冬天时间可短些,夏天应先把伤肢加压包扎后再浸泡或冲淋效果更好,时间要长些。头与躯干部损伤,可将毛巾浸透冷水后放在伤部,2分钟左右更换一次,或将冰块装入塑料袋内,局部进行外敷,时间约15分钟左右。

2. 适应症。

急性闭合性软组织损伤（如挫伤、关节韧带扭伤、肌肉拉伤等）的早期在冬季使用冷敷法时，对非损伤部位要注意保暖，以防受凉感冒。

（二）热敷法

热敷法能使局部血管扩张，改善血液和淋巴循环，提高组织新陈代谢，缓解肌肉痉挛，促进瘀血和渗出液的吸收，因而具有消肿、散瘀、解痉、镇痛、减少粘连和促进损伤愈合作用。

1. 使用方法。

将伤肢浸泡在温水中，或将毛巾浸透热水放于伤部，无热感时应立即更换，每次30分钟左右，每天1~2次。此外，还可用热水袋进行热敷。

2. 适应症。

急性闭合性软组织损伤的中期和后期、慢性损伤。热敷时要防止烫伤，对瘫痪的部位和小儿治疗温度要稍降低，并要随时观察。

（三）药物疗法

1. 常用的外用西药

红药水　为2%红汞溶液，消毒防腐作用较弱，对组织刺激性小，常用于皮肤擦伤。

紫药水　为1%甲紫溶液，消毒作用比红药水强，对组织无刺激性、无毒，常用于皮肤及黏膜损伤。紫药水收敛作用较强，涂后伤口结痂较快，不宜用在关节部位。

碘酒　为2%碘酊，消毒作用强，对组织刺激性大，不宜直接涂在伤口上，常用于皮肤消毒，如，未破的疖子、虫咬伤部位的消毒。

酒精　消毒用的酒精为70%~75%的乙醇溶液，浓度过低或过高，消毒作用都会减弱。酒精对伤口有刺激性，只做伤口周围消毒。

　　生理盐水　为0.9%食盐溶液，对组织没有刺激性，有抑制细菌和促使肉芽组织生长的作用，适用于清洗伤口。

　　双氧水　为3%的溶液，与组织或脓液接触后，能分解成水及新生氧，有较强的杀菌作用，适用于清洁感染的伤口和厌氧细菌感染的伤口换药。

　　消炎粉（磺胺结晶）有杀菌作用，用于较深的伤口和感染的创面上，有预防和治疗感染的作用。

　　樟脑酊、舒活酒、麝香风湿油常作为闭合性软组织表皮的涂擦介质，有加强血液、淋巴循环和止痛的作用。

　　镇痛药运动损伤后，产生剧烈疼痛时，可内服去痛片，每次1~2片，必要时可日服三次。

　　2．外用中药。

　　新伤药　新伤药由黄檗一两，延胡索、木通各四钱，羌活、独活、白芷、木香各三钱，血竭一钱复配而成。具有退热、消肿、止痛的功效。主治闭合性软组织损伤初期，伤部有红肿者。用法：以上药研末，取适量药末加水或蜂蜜调和，摊在油纸或纱布上，敷于伤处，每日更换一次。

　　旧伤药　旧伤药山续断、土鳖各五钱，紫荆皮、白芨、儿茶，羌活、独活、木通、木香、松节各三钱，檀香、乳香、关桂各二钱复配而成。具有舒筋，消肿止痛，续继生新的功效。主治闭合性软组织损伤后期及慢性损伤。用法同新伤药。

　　膏药　有伤湿止痛膏、关节镇痛膏、狗皮膏等。一般都有祛风散淤、活血止痛的作用。用于闭合性损伤和风湿疼痛。同时用温水洗净患处周围皮肤，将膏药敷贴于患处即可。

　　3．内服中药。

　　有云南白药、七厘散、跌打丸、三七片等，适宜较严重损伤的早期或中期服用。大、小活络丸宜用于损伤后期及慢性损伤。

详细用法见各药说明。

（四）绷带包扎法

绷带包扎法是运动损伤急救中重要的技术之一。常用的绷带为卷带和三角巾，也可用毛巾、布料等代替。

1. 绷带包扎的作用。

固定敷料、夹板、防止脱落和移位，限制受伤肢体的活动，保护伤口，防止或减少感染，压迫止血，减轻肿胀和支持伤肢的作用。

采用绷带包扎时应注意动作要轻柔、熟练、松紧合适，过松失去包扎的作用，过紧则会妨碍血液循环。包扎时一般应从伤处远端开始，包扎结束后，末端用胶布或别针固定，或将卷带末端留下一段，纵行剪开，缚结固定，缚结不要打在伤口上。

2. 卷带包扎法。

环形包扎法为包扎法中最简单的一种，多用于包扎肢体粗细均匀的部位，如额部、手腕和小腿部。其他包扎法的开始和结束，也采用环形包扎法。包扎时张开卷带把带头斜放在受伤部位，然后用左手拇指压住带头右手放出卷带，将卷带绕肢体包扎一圈后将带头小角反折，然后继续绕圈包扎，第二圈盖住第一圈包扎 3~4 圈即可，最后固定卷带末端。

螺旋形包扎法用以包扎粗细均匀的肢体，如上臂、大腿下部和手指等。包扎时以环形包扎法开始，然后将卷带向上斜行缠绕，后一圈须盖住前一圈的 1/2~2/3，以环形包扎法结束。

转折形包扎法亦名反折螺旋形包扎法。适用于包扎粗细不匀的肢体，如前臂、大腿和小腿等处。包扎时以环形包扎法开始，然后用左手拇指压住卷带，将其上端反折，避开伤口，压住前一圈的 1/2~2/3，每圈转折线应互相平行。

"8"字形包扎法适用于包扎关节部位，包扎方法有两种：

（1）从关节远端开始，先做环形包扎，然后由下而上，由上而下地来回做"8"字形缠绕，最后在肢体上部以环形包扎结束。

（2）从关节正中开始，先做环形包扎法，然后将卷带斜行缠绕一圈在关节上方，一圈在关节下方，两圈在关节凹面交叉，反复进行逐渐离开关节，最后在关节的上方或下方做环形包扎结束。

3. 三角巾包扎法。

三角巾的制作是用 1 米见方的白细布对角剪开即成两块大三角巾。小三角巾比大三角巾小一半。三角巾包扎法操作简便比较实用，适用于全身各部位的包扎。

头部包扎法　用于固定头顶部或上额部。包扎时将大三角巾底边折叠成 3~4 厘米宽，底边正中放在前额眉上，然后把两底角经两耳上方分别绕至枕后交叉，压住顶角再绕至前额缚结，最后把枕后部顶角拉平塞入半结内。

肩部包扎法　用于固定肩部，包扎时用大三角巾的顶角与底边对折成宽带，腋部放一棉垫，再将宽带中部放在腋上，最后在对侧腋下做结。

肘部包扎法　用于包扎肘部损伤。包扎时，伤员肘关节屈曲，将小三角巾顶角向上放在上背后面，然后把两底角于前面成交叉再绕向上臂后面做结，最后将顶角反折塞入结内。

腕部、手背、手掌部包扎法　用于包扎手背或手掌部损伤。包扎时手掌向下平放于小三角巾中央，掌指关节要与底边平齐，两底角在手背处交叉，再绕至腕掌面做个结，再绕至腕背部做结，最后将顶角拉平塞入半结内。

用于包扎手（或足）部损伤。包扎时，手指对向小三角巾的顶角，手放在中央，然后把三角巾顶角向手背反折，再将三角巾两底角在手背部交叉绕至腕掌面，再绕到腕背部做结。

前臂悬挂法　受伤上肢常用悬挂法。主要分大悬臂带和小悬臂带两种。大悬臂带包扎时，伤员肘关节屈曲 90 度，将大三角巾顶角放在肘后，一底角置于健侧肩上，下方底角上折，包住前臂，在颈后与上方底角做结,最后把顶角折在前面,用胶布或别针固定。用小悬臂带包扎时,先将大三角巾折叠成四横指宽的宽带,令伤员屈曲肘关节,宽带中央放在伤侧前臂的1/3处,然后将两端在颈后打结。

五、常见运动损伤的处理

(一) 擦伤

人体皮肤与地面或粗糙表面摩擦,引起皮肤损害称为擦伤。面积小而浅的擦伤,清洗伤口后无须进一步处理;面积大而深的擦伤容易受到污染,需要用2.5%碘酒和75%酒精在伤口周围消毒,用生理盐水清除伤口异物,再用绷带包扎。感染的伤口应每日或隔日更换一次绷带。

(二) 刺伤、切伤和撕裂伤

刺伤、切伤和撕裂伤轻者可以先用碘酒、酒精对伤口周围皮肤消毒,再用消毒纱布覆盖,加压包扎。伤口大而深,污染较重的应及时送医院做清创术,彻底止血后缝合伤口。之后还要口服或注射破伤风抗毒血清。

严重的刺伤、切伤和撕裂伤可能会伤及机体深处的血管、神经和肌腱,处理时要仔细检查。

(三) 挫伤

篮球、足球等身体直接接触对抗的运动项目中,运动者可能相互碰撞或被对方踢伤;有器械的运动中可能被器械撞伤。

大腿前面肌肉及小腿都是容易受挫伤的部位。头部和躯干部位的挫伤可能并发脑组织和内脏器官损伤。

单纯性挫伤在局部冷敷后外敷中药,加压包扎,抬高伤肢,有肌肉、肌腱断裂者,应该将伤者肢体包扎固定后送医院治疗。

(四) 肌肉拉伤

在运动过程中,肌肉猛烈收缩超过自身的负担能力,或突然被动过度拉长,超过其伸展性,均可发生拉伤。大腿后群肌肉拉伤最常见。大腿前后群肌肉力量不平衡，或左右两侧同名肌肉力量不平衡，力量弱的一侧容易受伤。

肌纤维轻度拉伤及肌肉痉挛者，用针刺疗法效果显著。肌纤维如果部分断裂，应该冷敷后加压包扎，还要把受伤肢体放在肌肉松弛的位置以减轻疼痛。

怀疑肌肉、肌腱完全断裂的情况下，应立即送医院就诊，接受进一步治疗。

（五）掌指关节、指间关节扭伤

手指受到侧面外力冲击导致掌指关节、指间关节扭伤，在篮球和排球运动中最常见。受伤关节会产生疼痛、肿胀。

受伤较轻者可以外敷舒活酒，然后用粘膏将靠近伤侧的手指同伤指固定在一起。手指扭伤后有明显异常活动或"锤状指"的患者，应及时去骨科做进一步处理。

（六）踝关节韧带扭伤

踝关节外侧韧带是最容易受伤的，受伤后外侧出现疼痛、肿胀；如果伤后活动范围过大，说明踝关节外侧韧带已完全断裂。

受伤后应该立即用拇指按压疼痛点止血，并进行抽屉试验检查，即前后移动足部，检查踝关节是否有异常。

之后将伤足固定在外翻位置，进行压迫包扎，抬高伤肢休息。伤情减轻后去除包扎，继续用托板固定，配合按摩、外敷中药与内服消炎活血的药物。受伤较重的，固定时间约 3 周；解除固定后要积极进行功能锻炼，如走路、屈伸踝关节等，直到完全康复。

（七）急性腰部扭伤

人体在负重活动或体位变换时，使腰部的肌肉、韧带、筋膜和滑膜等受到牵扯、扭转；或者使少数肌纤维被拉断、扭转；或者小关节微微错缝，称为急性腰扭伤。

受伤后应卧床休息数天，可以同时进行穴位按摩，按摩人中、扭伤、肾俞、委中等穴位。理疗、针灸、局部封闭针、外敷等疗法均有比较好的治疗效果。

（八）髌骨劳损

髌骨与股骨关节面相互接触部位为软骨，膝关节做屈伸运动时，两个软骨面之间相互滑行、撞击、挤压，长期作用下使软骨细胞变性甚至坏死，失去正常代谢功能，从而导致该部位软骨软化。篮球运动可以导致膝关节的髌骨劳损。

按摩疗法效果比较好，按摩股四头肌和血海、梁丘等穴位。针灸、理疗、外敷中药以及局部封闭针都有一定的疗效。

热敷法的效果也很显著。

六、大学生常见的运动损伤

（一）球类运动常见损伤

1. 篮球运动常见损伤。

篮球运动是较激烈的对抗性项目，相互冲撞时非常容易受伤。慢性损伤最常见的是髌骨软骨软化症及踝骨关节炎。其发生主要是由于滑步进攻或防守、急停与踏跳上篮过多等所致，应引起注意。急性伤最常见的是膝内侧韧带、交叉韧带断裂及半月板撕裂。踝关节韧带断裂也较常见。

2. 足球运动常见损伤。

国外报道，足球运动是急性损伤发生率最高的运动项目。外伤程度最轻的是皮肤擦伤，重的有骨折、脱位及内脏破裂。损伤中除一般常见的擦伤及挫伤外，踝关节扭伤最为常见，其次是大腿前后的肌肉拉伤、挫伤，膝关节损伤又次之。足球运动的慢性损伤公认的是"足球踝"（实际是骨关节炎），其发生率在专业队中约为90%。守门员因为经常扑球摔倒，容易发生手腕（舟状骨骨折）及肘的损伤（鹰嘴皮下滑囊炎及血肿）。所以，运动时都应着线衣、护肘及手套。发生这些外伤的主要原因首先是身体素质水平不够，技术不正确和运动者的犯规动作，其次是不遵守运动原则、场地不好和忽视使用各类护具和保护装置。

3. 排球运动常见损伤。

排球运动最常见的损伤部位是肩、膝和腰。肩以肩袖损伤、肱二头肌腱腱鞘炎最多，多因肩无力、扣空球或扣球技术错误，一次或多次逐渐引起。

膝伤以髌骨软骨病，股外侧头末端病最常见，起因是救球时跪地髌骨受撞击致伤。急性损伤以半月板撕裂及踝韧带伤较多。腰伤应特别注意因扣球时腰过伸引起的椎板疲劳骨折、腰椎间盘突出、腰肌劳损和棘突骨膜炎。另外，防守中拦网时，手指关节扭伤、骨折及脱位也不少见。这类损伤的预防除加强身体素质锻炼、遵守运动原则外，应特别注意肩带、腰及膝的肌力练习。运动时必须使用厚护膝及护腰带以防膝盖的跪撞软骨伤及椎板骨折。

除上述三大球之外，棒球、垒球运动易伤肩及肘（投掷肘）。

羽毛球应特别注意预防跟腱断裂及因跳起扣球时腰反复过伸引起的椎板疲劳骨折。

乒乓球运动者，应特别注意预防"扣杀"过劳引起的肩过度外展综合征、髌骨软骨病及网球肘（横拍反手攻球过劳伤）。

（二）水上运动常见损伤

游泳与跳水都可发生损伤，其中最严重的是溺亡，特别是在初学阶段极易发生。跳水常可发生严重的颈椎损伤（骨折脱位甚者四肢瘫痪），多系在不合规格的池塘或河流中跳水，水浅头撞池底突然屈颈造成的。

预防水上运动损伤的关键在于卫生宣传，其次是卫生，场地必须符合卫生要求。如水深，3米跳板不少于3米。室内自然光线不少于1∶4。室温及水温不低于22℃~26℃。

跳水运动的参加者最容易发生眼底视网膜剥离和出血，重者影响视力。

（三）冰雪运动常见损伤

1. 滑冰运动伤。

组织不当、场地、冰鞋不合卫生要求都能致伤。其中冲撞致伤者最多。预防的关键是冰场要有严格的规则。例如，必须逆时针方向滑行，严格划分练习区与比赛区。如果冰场建在河上，必须注意冰厚只有达到 25 厘米才可使用，以免陷入河水中溺亡。在严寒季节，还必须注意保暖以防冻伤。

2. 滑雪运动。

滑雪运动多在高低不平的山地上进行，又有速滑及跳板滑雪等难度较大的各种复杂动作，因此很容易发生严重损伤。其中膝踝关节的韧带损伤最多，其次是胫腓骨骨折与踝关节骨折。膝损伤的主要机制是滑板受树木阻挡或雪沟障碍，滑雪板突然旋转造成膝扭伤（侧副韧带及交叉韧带断裂）。近年来有报道证明，高山跳板滑雪落地时，股四头肌的突然收缩，胫骨平台向前错动可造成前交叉韧带断裂。

此外，滑雪运动还常常发生冻伤，有时甚至在较高温度（$-2℃\sim 3℃$）时因风速较大也会发生冻伤。因此，除注意保暖外，各滑雪场还应制定适宜的温度和风速标准以防冻伤。

（四）自行车运动常见损伤

最常见的是擦伤、裂伤、脑震荡、锁骨骨折及肩锁关节脱位。场地不平或公路车辆行人太多发生冲撞，或与牲畜冲撞，也是重要的致伤原因。此外，车辆质量不好，如脱胎、掉链、断把等，也易致伤。运动量过大，车座大小或高低不合适，或座把间距调理不当等，也会引起一些慢性损伤和劳损，如腰肌劳损、尺神经麻痹（手窦骨部在车把上压迫过久）、腓神经麻痹等，但较少见。

第四章　体育锻炼与营养

随着我国经济的飞速发展和全面建设小康社会的进程加快，大学生对营养与营养教育日益关注。营养状况是影响大学生身体素质的重要因素，直接影响他们的体能与智力发展，关系到 21 世纪我国高素质人才的培养。大学生处于生长发育的重要时期，其机体的新陈代谢比较旺盛，脑力和体力活动比较多。因此，大学生了解营养的基本知识和自身的生理需要，科学地安排饮食，自我调节营养素的摄入，对保证其身体健康、充沛精力、提高学习效率具有重要意义。

第一节　体育锻炼与营养素

运动和营养是高质量生活的两个基本要素，合理的膳食和营养的补充加以科学的锻炼方式将会使人更强壮、更健康、更有活力。近 20 年，随着我国科学技术的进步，社会经济的快速发展，人们的膳食质量与结构发生了重大的变化，但人们的体质却没有随着社会的进步、生活水平的提高而提高，肥胖综合征不仅困扰着幼儿、青少年、中老年，并且也是众多大学生为之心碎却又无能为力的"心病"。很多大学生平时忽视体育锻炼却沉迷于游戏、网络，还染上吸烟、喝酒、熬夜泡吧等恶习，此外多数学生也忽视了饮食营养的知识，大量的膨化零食、肉类制品、外来快餐破坏了身体所需的营养平衡，导致体质下降，肥胖增多。良好的身体是学习、工作、实现个人价值的根本，没有健康的身体，个人的宏图伟业很难实现。只重视身体锻炼而忽视营养也达不到运动健身的目的，甚至适得其反，损害健康。实践证明：适量的运动和全面、均衡、适量的饮食补充对于增肌、减脂、提高全民健康水平及预防疾病是有效的。

　　大学生在加强身体锻炼的同时必须了解基本的营养学知识，这样才能更好地增强体质，创造健康人生。营养素是维持生命的物质基础，人体所需的营养素大体可分为蛋白质、脂肪、碳水化合物、维生素、矿物质和水六大类。这些营养素的功能各不相同，既不能缺乏，也不能过剩，缺乏某种营养素会引起某些营养缺乏的疾病，如缺铁会引起贫血；缺乏维生素A会引起夜盲症，患者在傍晚就开始看不清东西，室外活动受到很大限制；缺乏维生素B会引起口角炎、唇炎、舌炎等。相反营养物质摄入过多也会危害身体健康。如脂肪、糖类物质摄入过多会引起肥胖症、糖尿病、高血压等"富贵病"。因此大学生需要了解一些基本营养素方面的知识，能够对自己及家人的饮食、身体状况、运动锻炼等有更全面地了解，才能更好地保持身体健康，追求更健康的生活方式。

一、蛋白质

　　蛋白质是细胞组织的重要组成部分，是生命的物质基础，其营养状况直接影响到人体正常生理功能及抵御疾病的能力。如果长时间蛋白质摄入不足不仅正常的生理代谢和身体发育无法进行，而且轻者发生疾病，重者导致死亡。肉、蛋、奶、豆类都含有丰富的蛋白质。

（一）蛋白质的功能

1. 构成和修补人体组织的蛋白质是一切生命的物质基础。

人体的各种组织如神经、内脏、肌肉、血液、骨骼、皮肤以及毛发、指甲等都是由蛋白质组成的。一切肌体的组织细胞都处于不断地衰老和新生的平衡中，蛋白质是维持组织修复与新生的原材料。因此，每天合理地摄入蛋白质对人体尤为重要，特别是处于生长发育阶段的大学生。

2. 调节肌体的生理功能。

人体内各种代谢过程中的化学、生物反应过程都需在各种具有催化活性的酶作用下才能完成，而这些具有特殊作用的酶都是由蛋白质组成的。氨基酸是由蛋白质构成的，是蛋白质被消化吸收的产物。氨基酸与氮结合可构成上千种蛋白质，目前为人类所知的主要有22种氨基酸，其中有8种人体不能自行合成，必须摄入特定的食物才能维持人体代谢的正常运行。例如，赖氨酸可以促进大脑发育，增加食欲，促进骨骼生长，可以作为利尿剂来治疗铅中毒，缺乏赖氨酸会造成营养性贫血、头晕、恶心等。蛋氨酸有促进脾脏、胰脏及淋巴活性的功能，可防止动脉硬化、高血脂等疾病。青少年、中老年以及体质虚弱者、大病初愈者应注意补充蛋氨酸。色氨酸有改善睡眠，促进胃液及胰液产生的功能，缺乏色氨酸会出现神经错乱的幻觉以及失眠等症状。亮氨酸有促进皮肤、伤口以及骨头愈合，降低血糖值的功能。心脏病、高血压和糖尿病人补充亮氨酸可以减轻病症。

3. 维持各种机体生理平衡。

合理摄入蛋白质可确保机体渗透压、酸碱度保持平衡。体内缺乏血浆蛋白会造成血液内的水分过多地渗透到周围组织，造成临床上的营养性水肿。体内酸碱度不平衡会出现代谢性酸中毒或碱中毒，引起肺、肾功能的疾病，血浆pH值超出$7.0 \sim 7.8$的范围即会危及人的生命。

4. 运输氧气，参与供能。

血液中的血红蛋白可以输送氧气到身体的各个部位，供组织代谢使用；体内营养物质的运输、储藏、吸收都需要各种血红蛋白、钙结合蛋白等。营养素只有通过蛋白质转化成各种物质供肌体使用，才能保证人体的正常运转。

（二）蛋白质的来源

蛋白质主要存在于动物性食物和植物性食物中，动物性食物如肉、鱼、蛋、奶其蛋白质质量优、利用率高。植物性食物如薯类、豆类等均含有蛋白质,而大豆的蛋白质含量较高,是唯一能够代替动物性蛋白的植物蛋白,属优质蛋白质。在蛋白质的摄取过程中应兼顾各种蛋白质的营养特性,扬长避短、合理搭配,尤其应注意蛋白质的互补作用。运动后迅速补充蛋白质有助于受伤肌肉和组织的修复和疲劳、肌肉酸痛等症状的减轻。常用食物蛋白质含量如表4-1所示。

表4-1 常用食物蛋白质含量

食物名称(100g)	蛋白质含量/g	食物名称(100g)	蛋白质含/g
牛 肉	15.8~21.7	稻 米	8.5
羊 肉	14.3~18.7	粉	11
猪 肉	13.8~18.5	小 米	9.7
鸡 肉	21.5	大 豆	11
青 鱼	19.5	红 薯	1.3
鸡 蛋	13.4	花 生	25.8
牛 奶	3.3	香 蕉	0.2

二、脂肪

(一)脂肪的组成

脂肪,俗称油脂,由碳、氢和氧元素组成。它既是人体组织的重要组成部分,又是提供热量的主要物质之一。脂肪是我们的能量储备物质,每克脂肪在体内完全氧化释放的能量是等量糖或蛋白质氧化所提供能量的两倍多。脂肪按不同的构成常分为单纯脂、复合脂和类脂三大类。不同的地区由于经济发展水平和饮食习惯的不同,脂肪的摄入量有很大的差异。通过膳食脂肪提供的能量应占每日能量摄入总量的25%~30%。过多地摄入高脂肪的食物可能引起心脏病、癌症、糖尿病和肥胖症等疾病。脂肪是长时间低强度运动的主要能量来源。在长时间的耐力运动中脂肪供能可降低蛋白质的消耗。保护肌细胞免受破坏,同时可降低糖的消耗，提高耐力。

（二）脂肪的来源

脂肪的主要来源是烹调用油脂和食物本身所含的油脂。表4-2所示的是几种食物中的脂肪含量。从表内的数字可见，肥肉、果仁脂肪含量最高，米、面、蔬菜、水果中含量很少。

表4-2 常用食物脂肪含量

食物名称（100 g）	脂肪含量/g	食物名称（100 g）	脂肪含量/g
肥猪肉	90.4	花生	25.4
瘦猪肉	6.2	奶油	78.6
肥牛肉	13.4	巧克力	30
瘦牛肉	2.3	米饭	0.3
烤鸭	38.4	鱼	1.3
肥羊	24.5	鸡肉	4.5
牛奶	3.3	香蕉	0.2

三、碳水化合物

（一）碳水化合物的组成

碳水化合物俗称糖，是人体内的主要能源物质，是机体生存的主要燃料。是各种器官的主要能源物质。糖可分为单糖、多糖、淀粉、果糖、纤维素等。它与蛋白质、脂肪构成生物界三大基础物质，为生物的生长、运动、繁殖提供主要能源，是人类生存发展必不可少的重要物质之一。膳食中缺乏碳水化合物将导致疲劳、头晕，血糖含量降低，产生心悸、脑功能障碍等；膳食中碳水化合物过多会转化成脂肪储存于体内，使人过于肥胖而导致各类疾病，如高血压、糖尿病、高血脂等疾病。

（二）碳水化合物的功能

1. 糖可提供运动所需要的能量。

糖在无氧的条件下进行糖酵解供能，也可以在有氧的条件下在细胞液和线粒体内氧化进行有氧供能,糖不仅是健身运动者的主要能量来源,还是运动员的主要食物,有助于运动员发挥最佳运动能力。

2. 构成细胞组织,维持大脑供能。

碳水化合物主要以糖脂、糖蛋白和蛋白多糖的形式存在,分布在细胞膜、细胞器膜、细胞质以及细胞间质中。不同组织对糖的依赖性有所不同,大脑主要依靠血糖氧化供能来维持正常的生理活动,因而当血糖浓度降低时会出现头晕、疲劳等现象。

3. 糖具有节约蛋白质的作用。

食物中糖不足或体内糖储量降低,机体则需要用蛋白质来满足活动所需的能量,这将影响机体用蛋白质维持和修复组织的功能。因此,完全不吃主食,只吃肉类是不适宜的。因肉类中含碳水化合物很少,这样机体组织将用蛋白质产热,对机体没有好处。

4. 糖能加快运动后体力的恢复。

在运动健身,特别是大强度运动后及时服用含糖丰富的运动饮料可以明显缩短机体恢复期,加快体力的恢复。

表4-3 常用食物含糖量

食 物	含糖的量/(%)
蔗 糖	100
谷 类	65~78
水 果	5~14
蔬 菜	2~3
蛋、肉、鱼等	0~1
牛 奶	2~5

(三)碳水化合物的来源

食物中糖的来源主要是谷类(如水稻、小麦、玉米、大麦、燕麦、高粱)、薯类、蔬菜和水果。根据我国膳食摄入情况,居民膳食糖应提供 55%~65% 的膳食总量。常用食物含糖量如表 4-3 所示。

四、维生素

维生素是一些有机化合物，在人体内含量极少，但功能重大，是人体正常组织发育以及健康、成长所必需的营养物质。维生素在身体里不能合成，或者合成量极少，必须依赖食物补充。缺乏维生素或摄入量不够，会导致人体产生各种缺乏症或综合征。

（一）维生素的种类

维生素种类很多，目前为止已发现有 30 多种，根据溶解性可分为两大类：脂溶性维生素和水溶性维生素。脂溶性维生素包括维生素 A、D、E、K，水溶性维生素包括维生素 B、维生素 C。维生素含量极少但它却是人体内必不可少的调节剂，对人体有着非常重要的作用。维生素 A 可以保护眼睛，促进人体骨骼生长，增强人的免疫力，尤其素食主义者、孕妇、处于环境污染中的人群更需要补充维生素 A。维生素 D 具有促进骨骼发育、保护婴儿健康的功能，发育中的青少年、老年人、饮食无规律者应该补充维生素 D。维生素 E 具有保护心血管、延缓衰老，美容养颜的功效，淤血性心脏功能不全及心绞痛者、严重外伤患者、气喘、肺气肿患者应该补充维生素 E。维生素 K 具有抗出血、防治骨质疏松症和偏头痛的作用，尤其是脂肪不吸收者、长期服用抗生素者、新生儿、肝功能差者、痔疮患者需要及时补充维生素 K。水溶性维生素具有治疗脚气、缓解肌肉疼痛、抗疲劳、增加体力的功效，长期缺乏维生素 B1 会出现忧郁、焦躁、易怒、记忆力严重衰退等症状。消化不良者、孕妇、老年人、经常喝酒者应及时补充维生素 B1。维生素 B2 又称核黄素，对保护视力、保持皮肤健康和预防心脏病、动脉硬化方面有很好的疗效。含维生素 B2 的蔬菜有豌豆、深绿色蔬菜等。维生素 C 又称抗坏血酸，它是维生素中作用最大、知名度最高的营养素。维生素 C 具有预防胆结石、增强人体免疫力、美容、保护皮肤等功能，长期吸烟者、牙龈出血者、精神压力大者需要及时补充维生素 C。

（二）维生素的来源

维生素主要来源各种蔬菜、水果、谷类食物。市场上也有大量维生素保健品，但是维生素补充过量也会出现许多不良反应。例如，食用太多的维生素 C 可以引起胃痛和肠功能失调，还可影响红细胞的产生，使人身体虚弱；维生素 D 服用过多则表现为口渴、眼睛发炎、皮肤瘙痒、呕吐、腹泻、尿频等症状。目前还没有权威部门发布与之相关的摄取建议，每日合理摄入量尚无具体标准。

五、矿物质

矿物质又称无机盐，目前发现的有 90 多种，几乎都能在人体内找到，根据人体每天需要量的多少，矿物质可分为常量元素和微量元素。常见的矿物质包括钾、钠、钙、镁、磷和微量元素铁、锌、碘、铜、铬、硒，矿物质可维持人体细胞内外酸碱平衡，维持肌肉、神经兴奋性的功能。人体每天都有一定量的矿物质流失，所以人们只能从食物中摄取足够的矿物质来满足机体的需求。矿物质缺乏或者摄入过多对身体也会产生一定的危害。如缺钙会导致婴儿佝偻病、软骨病。人体缺钙会引起肌肉痉挛、抽筋，还会引起某些消化、神经系统疾病；缺锌会导致食欲不振、动脉硬化、前列腺肥大等症状；缺铁会引起贫血、晕厥、人体免疫力降低等症状；缺碘常出现大脖子病（甲状腺炎）。

六、水

水是生命之源，同时水也是身体的主要组成部分，人体的呼吸、消化、吸收、代谢、排泄、调节体温等功能只在有水的情况下才能完成。人体中的水一部分与蛋白质、脂类、糖结合参与构成器官组织，另一部分在人体内流动参与各种循环。人体中的水可以调节体温，参与物质运输及新陈代谢和润滑关节。每天应从饮料、食物中摄取1 200~2 200mL的水才能满足机体需求。人体缺水会出现口干舌燥、头晕目眩、血液黏稠、便秘等症状，严重缺水甚至会威胁生命安全。

第二节　体育锻炼与膳食平衡

为了满足身体营养需要，促进健康，预防疾病，人们应该根据个人的实际情况（年龄、性别、体力、身体状态）来制订适合自己的膳食营养计划。很多人不了解营养方面的知识，这样容易造成营养不良，出现许多身体瘦长体重偏轻的"豆芽菜"；另一方面，"葫芦""梨"状的胖墩也急剧增加。《中国膳食营养指南》结合我国饮食的习惯、特点和营养学原则对合理摄取营养、平衡膳食提出了一些值得借鉴的饮食意见。"食物多样、合理为主；多吃蔬菜、水果和薯类；每天吃豆、奶类或其制品；经常吃适量的鱼、瘦肉、禽类，少吃肥肉和荤油；食量和体重要平衡，保持适宜体重；吃清淡少盐的膳食；吃清洁卫生不变质的食品。"

一、膳食平衡的含义

膳食平衡是指膳食中的食物种类齐全、数量适当、营养素比例合理。只有合理的比例和丰富种类的饮食才能使营养更加均衡全面。

食物主要包括以下五大类。

一是谷类。包括米、面和杂粮，是能量和膳食纤维、维生素B的主要来源，也是最经济的能源食物。

二是动物性食物。包括肉、禽、鱼、奶、蛋等，主要提供优质蛋白质、脂肪、矿物质、维生素A和维生素B，营养价值较高，但食用过量会增加患心脏病、脑血管病、糖尿病、动脉硬化等各种疾病的概率。

三是豆类及其制品。富含优质蛋白、脂肪酸、B族维生素和膳食纤维,质优价廉。是与肉类蛋白互补的理想食品,对预防冠心病、动脉粥样硬化等疾病具有重要作用。

四是果蔬类。富含维生素、矿物质和膳食纤维,能保持肠道功能正常。提高免疫力,对降低患肥胖症、糖尿病、高血压等慢性疾病风险具有重要作用。

五是油脂类。不仅可以改善食物口味、促进食欲,而且有利于脂溶性维生素的消化吸收,做到膳食均衡首先要保证三大营养素均衡。

蛋白质、脂肪、糖产生的能量占身体总能量的百分比应分别为:蛋白质为12%~15%,脂肪为20%~30%,碳水化合物为55%~65%。早、中、晚三餐的能量分配也要合理,三餐大致可遵循3∶4∶3的比例。其次食物种类要均衡、每顿饭都有主食、蔬菜以及一些肉类、蛋类、豆制品,才能使人体获得均衡的蛋白质、脂肪、糖类、维生素、矿物质等营养成分,少食、偏食、暴饮暴食等不科学的膳食习惯对人体危害巨大。

各种食物的营养成分不尽相同,没有一种食物能提供人体所需的全部营养素,因此每天所吃的食物必须种类多样,而且要搭配合理。

(一)不同的运动项目营养补充

不同的运动项目和锻炼者的年龄、性别、比赛方式的膳食平衡和营养补充各不相同,这样就需要制订科学的膳食计划来保证锻炼者的日常摄入要求。大学生的营养补充应结合不同的运动项目对营养的要求来指导体育锻炼。

1. 篮球运动营养补充。

篮球运动时间长、密度高,强度大,应该加强糖类、水,维生素和电解质的营养强化。篮球比赛前可以吃一点含糖高的食品,赛前应补充200~300mL的水,中场休息时再喝200~300mL的饮料，比赛半小时后尽早补充 500mL 左右的运动饮料。篮球运动员平时的主食应以含糖高的谷类、粗粮、面食为主，主食在运动中的供能占全部供能的 50% 左右，所以每天主食应保证摄入 500g 以上。还应选择低脂的牛肉或羊肉，多吃水果、蔬菜以增加维生素和矿物质的补充。

2. 游泳运动的营养补充。

游泳运动时应加强面食、蜂蜜、蛋白质（鸡蛋、瘦肉等）、油桃和胡萝卜等的补充。游泳运动克服水的阻力与保持体温需要大量的能量，所以必须摄入足够的热量。游泳运动除了必须摄入优质蛋白质（牛、羊、禽、蛋、奶以及豆制品）外，还需补充矿物质（钙、钾）预防抽筋等意外。

3. 乒乓球、羽毛球运动营养补充。

这类运动主要在室内的封闭环境进行，运动时高度紧张，对视力要求高，除了补充足够的主食和蛋白质类食品外，还应该注意补充维生素 A 和维生素 C。维生素 A 可以防止视力疲劳，提高运动员在赛场上的注意力。维生素 C 有利于缩短恢复过程，具有延缓机体疲劳的作用。动物的肝脏、深色蔬菜、水果等含有丰富的维生素。

4. 户外运动营养补充。

户外运动包括划船、攀岩、钓鱼、定向越野等。这些运动对缓解压力、调节情绪、增强身体协调能力与适应能力都有十分独到的作用。户外运动是一项耗能比较大的运动，而且受天气、温差的影响较大，在饮食补充上蛋白质、脂肪、糖应该均衡，此外还需要及时补充水分，特别是天气干燥、气温过高的情况下每天必须保证 3L 以上的饮水。

（二）在运动过程中的注意事项

1. 不宜过量运动。

运动量要有度，运动量太小达不到锻炼的效果；运动量过大会造成运动性贫血、抽筋,甚至心脏病突发、猝死等严重症状。因此,应根据个人体力、生活、精神状态来选择最合理、最有效的运动。饱腹后不宜运动,运动应在饭后1.5~2h后进行,运动后最好在30~40min后进食。

2. 运动中不宜喝可乐。

可乐中的二氧化碳会刺激人体的消化系统、引发运动中的腹痛、胃胀气等。运动前可喝适量的咖啡,促进体内的碳水化合物迅速转化为能量。

3. 运动后不宜大量喝水,不宜立即吃冷饮。

大量喝水会导致血液中钠离子含量偏低,引起钠代谢失衡,出现抽筋、水中毒等症状。运动后立即吃冷饮会刺激胃肠道,引起腹痛、腹泻等。

4. 酒后不宜运动,运动后不宜立即抽烟。

酒精具有抑制心肌收缩功能,酒后运动会使心脏负担过重,会危害肝的解毒功能,也有损于胃肠的消化功能。烟中的焦油、尼古丁会使血液中的游离脂肪酸上升,容易诱发高血压、心脏病等。

二、平衡膳食的原则

学生普遍缺乏营养学知识,其饮食基本处于盲目状态。学生营养不良与营养过剩现象普遍存在,常见的有营养失调肥胖症、节制饮食厌食症、长期素食引起的营养缺乏症、暴饮暴食过盛证、挑肥拣瘦的偏食症等。因此要懂得营养,讲究平衡膳食,科学配食,使饮食更符合健康要求。

(一) 平衡性原则

平衡是指人所摄取的各种营养成分与身体的生理需要之间形成相对平衡,反之则称为营养失调。营养失调的一个方面是营养不良,另一个方面是营养过剩。因此人体营养需求与补充之间应保持相对的平衡。

（二）适当性原则

适当是指人所摄取的各种营养成分之间的配比要合理，即在全面和均衡的基础上进行适当的饮食搭配。人体元素组成与人体在不同状况下对各种营养的需要量是有一定比例的，只有合理搭配营养，尤其是热量中蛋白质、脂肪和碳水化合物三者的比例合理，才有利于人体更好地吸收与利用营养成分。

（三）全面性原则

全面是指人所摄取的各种营养成分要全面，不能偏食。没有任何一种天然食物能够包括人体所需的各种营养素，也没有单一营养素能够具备全部的营养功能。因此，无论哪一种食物的营养有多丰富，都不可能完全满足人体健康的需要，只有摄取多种食物中包含的各类营养成分，才能确保人的健康需要。

（四）针对性原则

每个人的遗传因素、身体状况、所处年龄阶段、生活环境、营养状态等各方面的条件均不相同，因此，在营养摄入和补充方面应区别对待。当生活和工作环境、生理条件改变时，营养素的供给应予以适当调整。此外，为了保证身体健康，应随四季变化，合理安排膳食。

总之，营养维持生命，生命在于运动，人们对营养与运动的认识过程就是人类健康不断增进的过程，也是人寿命不断延长的过程。由于人体需要的是合理而平衡的营养，因此"合理的营养"和"科学营养"知识的掌握是必不可少的。

三、大学生的科学营养膳食

目前大学生有很多不良的饮食习惯，如不吃早餐、挑食、偏食、平时少吃等到星期天饱食一顿等，致使大学生普遍营养不良。当前对大学生健康威胁最大的营养性缺乏病有四种：蛋白质即热能营养不良、维生素 A 缺乏症、缺铁性贫血、钙的摄入量不足。据调查，大学生蛋白质摄入量仅为标准供给量的 65.5% ~ 74.8%，其中优质蛋白质仅为总蛋白质的15%左右。膳食营养价值不高,肉、蛋、奶、蔬菜摄入较少,各种食物搭配不当,比例不合理。三餐食量分配也存在一定的问题,如大约70%的学生不吃早餐或只吃一点。维生素缺乏的出现率男生为12.5%,女生为34.4%。主要表现为牙龈肿胀易出血的占12%~18%,毛囊角化、皮肤干燥、舌裂、口角烂、暗适应降低的占16.3%。根据血红蛋白的测定,男性大学生贫血患病率为25.9%,女性为51.4%,这表明大学生膳食中优质蛋白质和维生素C严重不足,影响了铁的吸收和利用。

(一)合理营养能促进身体发育

营养是大学生生长发育最主要的物质基础。有机体的生长发育、生命活动及脑力劳动和体力劳动的进行,都有赖于体内的物质代谢。体内在进行物质代谢的过程中必须不断地从外界摄取一定数量的食物,才能促进生长发育、增强体质、增加免疫功能、预防疾病、提高工作效率和运动能力等。合理的营养意味着机体能够摄入保持身体健康所必需的营养成分,并且各种营养素的比例符合人体的需要。营养素缺乏或各种营养素摄入不均衡、膳食结构不合理等,不但会引起生长发育迟缓,而且会导致各种急、慢性营养不良和各种营养缺乏症。因此,合理营养与膳食平衡能够更好地促进大学生健康成长。

(二)合理营养能改善记忆力与提高学习效率

合理营养,能够提高人脑的活动能力,增强人的计算能力、记忆能力、判断能力、行动能力和视力等。脑是人体最活跃的器官,虽然其重量只有人体的2%左右,但脑消耗的能量却占全身总耗能量的20%。因此,合理营养对于大脑保健具有重要的作用。

1. 大脑对糖的需要。

大学生智力活动效率的高低取决于大脑细胞能否获得稳定的血糖供应。正常情况下人脑几乎完全依赖血糖(血中的葡萄糖)氧化供给能量,每天大约需要116~145g。血糖供应不足时,脑的耗氧量就下降,轻者感到疲倦、思维迟缓和记忆力降低,重者可发生休克等。

2. 大脑对蛋白质的需要。

大脑在代谢过程中需要一定数量的蛋白质更新自己,摄入含量不同的蛋白质食物,对大脑的活动有不同的影响。增加食物中蛋白质的含量,就能增强大脑皮质的功能。人的智力活动需要的活性化学物质,如乙酰胆碱、去甲肾上腺素、多巴胺、5-羟色胺等,都是由蛋白质分解生成的氨基酸合成的。脑神经元与神经胶质细胞的成熟和代谢也依赖于许多必需氨基酸。其中谷氨酸可纠正脑细胞的生化缺陷,酪氨酸直接参与脑细胞功能的演进和神经环路的构成,色氨酸是5-羟色胺的前体,能促进注意力、记忆功能的改善等。

3. 大脑对脂肪的需要。

大脑细胞的功能还需要脂肪酸参与,尤其是亚油酸、亚麻酸和花生四烯酸等多种不饱和脂肪酸的参与。这些脂肪酸人体不能自行合成,必须从食物中摄取。缺乏这些脂肪酸,不仅影响大脑的正常发育,而且会阻碍其他各种功能的发挥。许多食物中都含有这些脂肪酸,含量较高的食物有豆油、菜油、植物油以及冷水性海洋鱼油等。

4. 大脑对维生素的需要。

各种维生素是大脑正常发挥作用不可缺少的,尤其是维生素B(硫胺素和烟酸)可促进神经系统发育、神经传递介质的合成和增强记忆。维生素C和维生素E能延缓脑细胞老化,而维生素D能提高神经细胞反应的灵敏性。

"民以食为天"。人类文明发展到今天,吃饭已不仅仅只是出于求生的本能,更多的是为了从食物中获得合理的营养,从而使身心更加健康。现代营养科学研究表明,营养科学与人的健康,尤其是与人的寿命密切相关。讲究科学的食物营养摄取,注意合理的体育运动锻炼,已成为生活的一个重要组成部分。

第三节 健康减肥与运动营养

一、肥胖的概念

(一) 体重

1. 体重的含义。

体重是人体各部分重量之和,包括骨骼、肌肉、血液、水分等各种成分的重量。在一个体型正常的成年人身体里,水分大约占体重的60%,脂肪大约占10%~30%,其余为存在于肌肉、组织器官、血液以及骨骼中的蛋白质和矿物质元素。

从体重的含义中我们可以知道,体重并不仅仅代表脂肪。体重的增加与减少也并不只是体内脂肪的增加与减少。但可以确定的一点是,相同基础条件的人群中,肥胖者的体重一定超过正常人的体重,所以体重是判断肥胖最简单和最常用的方法。但这句话不能反过来说:体重超过正常人,一定都是肥胖者。

医学研究指出,人体健康的变化经常反映在体重上,体重过重或过轻都表示机体可能有潜在或正在发生健康问题。一个人如果能够把体重长期保持在标准体重范围内,维持一种相对稳定的状态,那么人体各种生理活动和代谢过程将处于最佳状态,这对维护自己的身体健康将会产生极大的帮助。

2. 体重的测量。

体重的波动受很多因素影响,同一个人的体重在一天之内不同时刻可以相差 1 kg 以上,如吃饭或喝水前后、睡觉前后、大小便前后所称量的体重就会有所差异。但这种差异只在一定范围内有规律地上下波动,就属于一种正常的现象。

为了避免这种差异带来的误差,在测量体重时,应选择在每日、每周或每月的相同时间以及相似条件下进行。最好选择在清晨起床排便后、早餐前，或沐浴后赤脚穿内衣裤时进行称量，并记录下当时的实际体重，然后再和以往的记录进行比较。

值得注意的是，当你清早起床去称体重的时候，由于昨晚进食的食物已经消化了。你的体重可能会显得"轻"一些；当你进食后去称体重的时候，体重可能又回升了。同样的道理，你穿着厚厚的毛衣裤和皮鞋去称体重，与你只穿内衣裤和光脚去称所得到的结果也会有所差异。虽然有人认为这种误差微不足道，但通过观察发现，这种误差有时可高达 2～3kg。称量体重的时间间隔，则要根据个人的不同情况来决定。如果生活十分规律，每天的饮食和运动没有太大的变化，则可以选择 1～3 个月称量一次。如果你正在"发福"，或者最近一段时间生活、饮食、起居等情况变化较大，再或者你正在选择饮食控制和运动疗法控制体重，则可以每周或每两周称量一次。

另外，选择一个准确的称量仪器也很重要。为了能准确地测出体重，称量仪器的敏感度要小于 0.1kg，并且测量前还要进行校准。

定期称量体重并将测量的数据记录下来，然后和以前的记录进行对比，这样便可观察出体重的变化。体重变化一方面用来判断自己的体重是否符合标准。另一方面可以协助医生发现病情。如果在饮食和运动没有明显变化的情况下，体重突然增加或减少，则往往预示可能存在某种疾病。

（二）肥胖

1. 肥胖的含义。

很多人认为，肥胖只不过是体重超标、脂肪过多，但事实并非如此。人们了解和看到的多是肥胖者一副体态臃肿的表象，而对于肥胖给身体内部带来的那些看不到、摸不着的损害并不完全了解。肥胖不仅仅使身体形态发生改变而影响美观，更严重的是它打乱了我们身体内部的代谢环境，使原有的和谐有序的状态变得杂乱无章,最终导致多种慢性疾病发生而危害健康甚至生命。

世界卫生组织(WHO)认为,肥胖是人体过剩的热量转化为多余脂肪并积聚在体内的一种状态。人体脂肪堆积过多,超出正常比例,会使人的健康、形体和正常生活受到影响,因此,肥胖是脂肪过多的一种慢性疾病。

从综合诱发肥胖的各种因素来看,肥胖实质上是人体由于各种原因导致热量摄入超过消耗,即热量"收大于支",多余热量便转化为脂肪囤积于体内,使体内脂肪细胞增殖(对儿童而言)或体积增大(对成年人而言),进而导致体重超标,影响形体美观和身体健康。

需要强调的是,肥胖并不是一种单纯的体态上的变化,而是一种真正意义上的疾病,一种能促使多种慢性疾病发生的疾病。早在1948年,世界卫生组织就已经把肥胖正式列入了疾病分类的名单当中。

2. 肥胖的标准。

一般用来衡量肥胖的指标及标准主要有以下几种。

(1)体重指数(BMl)。

体重指数是人体身高与体重之间的比值。

1997年6月,在日内瓦召开的世界卫生组织专家会议上,专家们把肥胖界定为疾病,《世界健康报告2002:减少风险,促进健康生活》把肥胖列为十大健康风险之一。同时,专家们提出了测量体重超标和肥胖的国际标准 BMI,即:

体重指数(BMl) = 体重/身高^2

公式中,体重的值取单位为 kg 时的数值,身高的值取单位为 m 时的数值。

根据这一标准,当 BMI ≥ 25.0 属体重过(超)重;BMI 在 25.0~29.9 为预胖(临界)型肥胖;BMI ≥ 30 的为肥胖。肥胖又分为三个级别:BMI 在 30~34.9 之间称为 I 级肥胖;BMI 在

35.0~39.9的称为Ⅱ级肥胖；BMI≥40的为Ⅲ级肥胖。

由于不同国家和地区人群的体质并不完全相同，一些国家又根据自己国家人群的特点，在流行病学调查的基础上提出适合本国人群的体重指数分类标准。2003年，我国肥胖工作组汇集了1990年以来我国13项大规模的流行病学调查，总计24万人的健康数据分析，制定出我国的肥胖标准：BMI在18.5~23.9的为正常，BMI在24.0~27.9的为过重，BMI>28的为肥胖。

需要强调的是，BMI适用于体格发育基本稳定以后（18岁以上）的成年人，

例如，某成年男子体重为85kg，身高为1.70m，那么其体重指数为：

$BMI = 85 \div 1.70^2 = 29.4$

根据体重指数对照表可知，该成年男子身体属于预胖型肥胖。

再如，某成年女子体重为80kg，身高为1.60m，那么其体重指数为：

$BMI = 80 \div 1.60^2 = 80 \div 2.56 = 31.25$

根据体重指数对照表可知，该成年女子身体属于Ⅰ级肥胖。

通常情况下，BMI能够反映出身体的肥胖程度。但值得注意的是，在某些特殊群体中，应用BMI时存在一定的局限性。比如肌肉很发达的运动员用BMI标准衡量可能属于肥胖，但实际上并不肥胖；而对于处在衰老时期的老年人来说，由于他们的肌肉组织不断减少，而脂肪组织不断增加，即使他们的BMI在正常范围内，也有可能属于肥胖。所以，这样的特殊群体不能单纯依靠BMI来确定他们的肥胖程度，选择测定身体脂肪含量的方法会更为准确。

（2）腰围。

腰围（WC）是反映脂肪总量和脂肪分布的综合指标，常用来衡量腹部肥胖程度。特别是用于衡量那些体重指数虽然正常，但

腹部脂肪多的人。腰围超标可以作为独立诊断肥胖的指标，也就是说，只要你的腰围超过正常标准，即使你的体重正常，也一样视为肥胖。

专家们指出，当一个人腰围超过 63.5cm 时，可以认定其体重超重，健康可能会出现问题。此时应提高警惕，避免肥胖症的发生。当腰围达 76cm 或以上，可以判断这个人已经发生肥胖。当男性腰围达 102cm 或以上，女性腰围达 89cm 或以上，可以诊断为中、重度肥胖。

专家们建议，肥胖者最少每天应运动 30min 以上，健康的减肥速度是每周减少 0.5~1kg 体重。绝大多数的肥胖者只要将体重减轻 10%，健康状态就会有较大的改善。

(3) 腰臀比。

腰围与臀围长之比，即腰臀比（WHR）也是检测肥胖的指标。腰臀比作为评价肥胖的方法源自国外，评价标准的制定基于对白种人调查的数据，当腰臀比男性大于 0.9，女性大于 0.85，就可视为"中心型肥胖"，也称"腹型肥胖"。

关于腰围、臀围的测量部位，目前还没有完全标准化，比较常用的方法有以下两种。

在清晨未进食条件下，保持直立体位，用力将肺中的空气呼出后屏气进行测量。腰围的水平位置为脐线（UMB），臀围为臀部的最高点（最大围，GL）。中华医学会糖尿病学会在糖尿病流行病调查方案中提出的腰围测量点是自肋骨下缘和髂嵴连线中点（AB-AB），臀围则自股骨大粗隆水平进行测量。

(4) 腰围与身高之比。

日本虎之门医院研究小组公布了一个简单计算肥胖程度的新指标。根据这一标准，腰围和身高比在 0.5 以上者易患一些常见病。

这一标准是根据虎之门医院就医的 850 名患者的实际情况制定

的。医生们对患者腰围和身高逐个测量,然后再进行综合数据分析。结果发现,腰围和身高比超过 0.5 以上者,其高血糖患者比例为 10.5%,高血脂患者比例为 25.7%,腰围和身高比低于 0.5 者,其高血糖患者比例为 5.9%,高血脂患者比例为 13.4%。专家指出,这些标准对那些腹部肥胖,使用正常标准不太适用者最为有效,而且计算方法简单,便于普及。

(5) 标准体重简易计算法。

成年男性标准体重(kg)=(身高-80)×0.7

成年女性标准体重=(kg)(身高-70)×0.6

儿童标准体重(kg)=年龄×2+8

标准体重±10%属于正常范围,超重20%属轻度肥胖,超重50%属重度肥胖。

二、肥胖的分类及危害

(一)肥胖的分类

近年来,随着生活水平的提高,肥胖现象越来越普遍。所谓肥胖就是体内热量的摄入大于消耗,脂肪堆积过多或分布不均匀,体重增加。肥胖是一种社会性的慢性疾病,一般超过标准体重20%的就算是肥胖。肥胖有多种不同的分类方式,按照患者有无明显的内分泌与代谢性疾病,可以将其分为单纯性肥胖、继发性肥胖和药源性肥胖三类。

1. 单纯性肥胖。

单纯性肥胖也叫原发性肥胖,是能量摄取过多而消耗太少所致,因此又叫膳食性肥胖。它在所有肥胖类型中占的比例最大,大约95%的肥胖患者都属于这种类型。

单纯性肥胖一般是由遗传因素、营养过剩和缺乏运动引起的,具有全身脂肪分布比较均匀、家族中肥胖者较多、找不出可能引起肥胖的特殊病因等特点。

单纯性肥胖是独立于继发性肥胖之外的一种特殊疾病。这种肥胖的确切发病机制还不十分清楚，但可以肯定的是，任何因素，只要能够使能量摄入多于能量消耗，都有可能引起单纯性肥胖。这些因素包括进食过多、体力活动过少、社会心理因素、遗传因素、神经内分泌因素等。

2. 继发性肥胖。

继发性肥胖是由内分泌或代谢障碍性疾病以及遗传性疾病引起体内新陈代谢紊乱而导致的。肥胖仅仅是患者出现的一种临床症、状表现，仔细检查就可以发现患者除了肥胖症状之外，同时还会有其他各种各样的临床表现，如皮质醇增多症，甲状腺功能减退症、胰岛 β 细胞瘤、性腺功能减退、多囊卵巢综合征、颅骨内板增生症等多种病变。

对于继发性肥胖患者来说，如果原发疾病得不到有效治疗，肥胖症状往往也不能得到明显改善，因此继发性肥胖的治疗主要以治疗原发疾病为主，运动及控制饮食等减肥方法均不宜采用。

继发性肥胖又可再分为下丘脑性肥胖、垂体性肥胖、胰腺性肥胖、甲状腺功能减退性肥胖、肾上腺功能减退性肥胖，性腺功能减退性肥胖等不同类型。

3. 药源性肥胖。

临床上有时为了治疗疾病，医生可能会给患者长期使用某些药物，稍有不慎很容易导致患者发生肥胖。比如，应用肾上腺皮质激素类药物（如泼尼松、地塞米松、氢化可的松等）治疗过敏性疾病、类风湿性关节炎、支气管哮喘等病症，也可使患者身体发胖；治疗精神病的吩噻嗪类药物，也能使患者产生性机能障碍及肥胖。这类肥胖患者约占肥胖病的 2% 左右。一般来说，在患者停止使用这类药物后，肥胖情况可自行消失，但也有些药源性肥胖发展成为"顽固性肥胖"。也有人将药源性肥胖归入继发性肥胖的范围。

（二）肥胖对人体健康的危害

1. 肥胖影响美观、生活与工作，对健康具有一定的危害性。

肥胖容易形成"西洋梨"身材、"苹果形"身材、"将军肚"，尤其是女性常常为身材肥胖而苦恼。肥胖者动作不灵活，关节容易受伤，工作受到限制。

2. 肥胖会诱发诸多疾病。

肥胖会直接或间接地引起糖尿病、脂肪肝、高血压、动脉硬化、心肌梗死、心脏病等疾病。美国生命保险协会调查显示：以标准死亡率为100%。则超重20%的肥胖患者死亡率为128%，超重30%~40%的死亡率为151%，肥胖程度越严重死亡率越高。

3. 肥胖可能引起心理疾病。

肥胖患者心理多数不稳定，存在不同程度的心理缺陷，会产生自卑、懦弱、孤僻、忧郁等心理疾病。

三、运动与减肥

想要减重，最健康最有效的方法就是控制饮食和运动。目前常见的减肥方法有食疗、药物疗法、手术疗法与运动疗法。各种治疗肥胖的方法都是以减少热量为基础，控制热量的摄入同时增加热量的消耗。饮食加运动是最有效、最经济也是最健康的减肥方法。

（一）大学生不良饮食习惯

目前在校的大学生中有许多肥胖者和许多有瘦身想法的同学为没有合适的瘦身方法而苦恼。现在的大学生学习任务重，就业压力大，课余活动多，缺乏足够的体育锻炼或瘦身运动坚持不下来。大学生进行瘦身、减肥运动，首先要改变不良的饮食习惯，这样瘦身减肥计划才能有保证。

大学生不良的饮食习惯有食量大、挑食、只吃自己喜欢吃的食物；喜欢快餐食品；平常不喝白开水，爱喝饮料；喜欢吃各种零食不吃正餐；经常专注于某件事情顾不上吃饭；经常因为某些事情放弃运动；通常晚睡，常吃夜宵。

这些饮食习惯不利于身体健康，要想减肥瘦身成功，必须改变这些不良的习惯。对瘦身饮食的控制，应该循序渐进，要根据瘦身计划、运动的特点、瘦身的时段来安排饮食。首先要均衡三大营养素；其次应注意补充矿物质与维生素，多吃新鲜水果与蔬菜；再次可以搭配一些健康无副作用的减肥制剂来配合减肥计划。

(二) 大学生的瘦身减肥方法

1. 跑步。

没有什么运动比慢跑和散步更大众化了，它不需要太大的投入，却可以有很大的收益。对心脏和血液循环系统都有很大的好处，每天保持一定时间的锻炼（30min 以上），有利于减肥，最好的方式是跑走结合。

2. 跳绳。

跳绳花样繁多，可简可繁，随时可做，一学就会，特别适宜在气温较低的季节作为健身运动，而且对女性尤为适宜。从运动量来说，持续跳绳 10min，与慢跑 30min 或跳健身舞 20min 相差无几，可谓耗时少，耗能大的有氧运动。

3. 健美操。

其特点是强度低、密度大，运动量可大可小，容易控制，而健美操作为一项体育运动，以其动作优美、协调、全面锻炼身体，同时有节奏强烈的音乐伴奏，是缓解精神压力的一剂良方。

4. 骑自行车。

骑自行车是一种很好的运动方式，可获得意想不到的效果，既锻炼身体又愉悦精神。由于自行车运动是需要大量氧气的运动，使得血液循环加速，大脑摄入更多的氧气，再加上吸入大量新鲜空气，会觉得大脑更清醒。骑自行车不再只是一种代步的方式，更是愉悦心灵的方式。每次骑车以至少 30min 以上且不超过 60min

为宜,中等速度即可。运动前30min消耗的是糖,30min后才开始消耗脂肪,因此减肥的朋友不能"半途而废"。

5. 游泳。

游泳是一种全身性运动,不但可以减肥,还可提升你的心肺功能。游泳是一项激烈的运动,而且水的传热速度比空气要快,也就是说人在水中丧失热量的速度会很快,大量的热量会在游泳当中消耗掉。游泳时人的新陈代谢速度很快,30min就可以消耗约255cal的热量,而且这样的代谢速度在你离开水以后还能保持一段时间,所以游泳是非常理想的减肥方法。

(三) 减肥的误区

1. 多吃主食会发胖。

我们平常所说的主食,包括米饭、馒头、面条等。现在许多人认为主食是引起肥胖的元凶之一,因此想通过不吃主食来达到减肥或保持体形的目的。糖、蛋白质、脂肪三大营养素是维持人体正常代谢的主要营养物质,缺乏必需的营养身体就无法保持正常运行,健康也无法得到保证。因此在减肥节食的过程中要控制食物的总摄入量,尤其是减少一些高脂肪的食物,不可过分限制主食的摄入。

2. 大量节食就能减肥。

适当地控制饮食对减肥是有很大帮助的,但节食必须有限度,并不是吃得越少越好。能量不足会导致低血糖,严重者会引起大脑细胞损害。

3. 哪儿肥减哪儿。

腹部赘肉堆积的确影响美观,但不是拼命做仰卧起坐就可以见效的,要想减少局部脂肪,必须在全身锻炼的基础上再进行局部锻炼才能达到更好的效果。

4. 吃药物,不运动可减肥。

药物减肥只能作为肥胖治疗的辅助手段,肥胖者不应以此作为主要手段,一般仅在患有严重肥胖症时才给予药物治疗。从理论上讲各种减肥药都有不良反应,长期使用会造成人体对药物有依赖性,会对身体造成不可挽回的损害。

第五章 田径运动

第一节 短距离跑

一、短跑的基本技术

短跑技术可分为起跑、起跑后的加速跑、途中跑和终点跑四个部分。100米跑的技术有以下三点。

（一）起跑

起跑的任务是使身体迅速摆脱静止状态，获得最大的向前冲力，为起跑后的加速跑创造有利条件。

短跑起跑，一般都采用蹲踞式起跑，并使用起跑器。常采用的起跑器安装方法有"拉长式"和"普通式"两种（如图5-1所示）。前后起跑器的支撑面与地面分别成40~50度角和70~80度角。

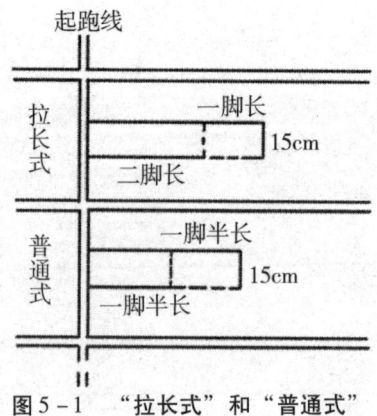

图5-1 "拉长式"和"普通式"

起跑器的安装，应根据自己的身高、体型、训练程度、技术水平、个人习惯等具体条件进行，并使之符合下列要求：①在预备姿势时，身体感到舒适而放松；②在蹬离起跑器时，能充分发挥腿部肌肉的最大力量；③起跑后身体能保持较大的前倾。起跑动作包括"各就位""预备""鸣枪"三个过程。在所有国际运动会中，400米以下（包括4×200米、4×400米）的各项径赛，发令员应用本国语言或英语和法语中的一种语言发令。

1."各就位"。听到"各就位"口令后，走到起跑器前，两脚依次踏在起跑器的抵足板上，后膝跪地，两手四指并拢，与拇指成八字形，靠起跑线后沿撑地，两臂伸直，与肩同宽或略宽于肩，两脚依次踏在起跑器上，颈与躯干保持放松姿势，两眼视前下方约40~50厘米处（如图5-2所示），调整呼吸，注意听"预备"口令。

图5-2 蹲踞式起跑动作图

2."预备"。听到"预备"口令时，臀部从容抬起，稍高于肩，两肩与起跑线齐平或稍前，前膝角约为90~100度，后膝角约为110~130度。颈部自然放松，两脚掌紧贴起跑器，静听枪声。

3.鸣枪。听到枪声，两手迅速离地，两臂积极有力地前后摆动，两脚用力蹬离起跑器。后腿蹬离起跑器后以膝领先迅速向前摆出（脚的移动接近地面），前腿充分蹬直，上体保持较大前倾向

87

前跑出(如图5-2之3)。此时,前腿的后蹬角度约为42~45度,上体前倾与地面的夹角约为15~20度。

(二)起跑后的加速跑

起跑后的加速跑是从后腿蹬离起跑器,到途中跑开始的一个跑段。其任务是:在最短时间内发挥出最大的速度。起跑时,前脚蹬离起跑器即转入加速跑阶段。躯干有较大的前倾,两臂用力前后摆动,摆动腿迅速向前摆出,支撑腿积极蹬伸,前脚掌积极扒地、蹬地。随着步幅的增加,上体逐渐抬起,当身体达到正常姿势并发挥到最大速度时,即转入途中跑(如图5-3所示)。

图5-3 起跑后的加速跑动作图

(三)途中跑

途中跑是短跑全程中距离最长,速度最快的阶段,也是短跑最重要的部分。其任务是继续发挥和保持最高速度跑向终点(如图5-4所示)。

图 5-4 途中跑动作图

1. 上体姿势。

在摆臂时,两手半握拳、肘关节自然弯曲约成90度。后摆时,肘关节稍向外,大臂不超过肩(如图5-4之4、11)。摆臂动作与腿部动作应相适应。

2. 下肢动作。

(1)前摆与后蹬:当身体重心移过支点垂直面后,即开始了摆动腿的前摆和支撑腿的后蹬。摆动腿大腿摆至最高时,大腿与水平面平行。支撑腿在摆动腿快速有力前摆配合下,迅速地伸展髋、膝、踝三关节,最后用脚趾末节用力形成支撑腿与摆动腿协调的蹬摆动作。

(2)腾空与着地缓冲:支撑脚蹬离地面进入腾空阶段。腾空后,原摆动腿以髋关节为轴,大腿积极下压,膝关节放松,小腿随摆动腿大腿下压的惯性自然向前下伸展,准备着地。当脚掌着地瞬间,迅速向后下方扒地动作。支撑腿蹬离地面后,小腿顺惯性向大腿靠拢,形成折叠边向前摆动的动作,直至摆过支撑腿的膝关节稍前部位，后摆结束。这时大小腿折叠角度最小，脚跟几乎触及臀部（如图5-4之4~9）。

（四）终点跑

终点跑的任务是尽力保持途中跑的正确技术，以高速度跑过终点。终点跑包括终点跑技术和撞线技术。它一般始于距终点15~20米处。其技术基本上与途中跑相似。但要加快两臂的摆动速度和蹬地力量，并尽量高抬大腿。接近终点线前的几步，身体逐渐前倾，在距离终点线一步时，上体急速前倾，两臂后伸，维持身体平衡，用胸部和肩部撞终点线，并跑过终点。然后，逐渐减慢速度。

二、短跑的练习方法

（一）直道途中跑技术练习

1. 原地摆臂练习。摆臂应由慢而快，动作自然、放松、协调，摆臂幅度要大。

2. 在直道上做前脚掌地和富有弹性的加速跑，以后逐渐增大步幅，过渡到中速跑要求脚掌离地较高，大小腿充分折叠，大胆向前抬摆。

3. 中等速度加速跑50~60米，动作要放松自然，步幅开阔，并要求逐渐加速。

4. 跑的专门练习：小步跑、高抬腿、后蹬跑和车轮跑。

（二）弯道途中跑技术的练习

1. 沿半径为15~20米的圆圈跑，体会弯道跑技术。

2. 从直道进入弯道跑60~80米。要求在进入弯道前两三步，有意识地加大右腿的蹬地力量和摆动幅度，使身体逐渐向左倾斜。

3. 从弯道转入直道跑80~120米。要求在跑出弯道的前几步，身体逐渐正直，跑出时应有几步放松惯性跑。

（三）起跑和起跑后的加速跑技术的练习

1. 反复练习"各就位""预备""跑"的动作，目的是学习掌握蹲踞式起跑姿势。

2. 从蹬离起跑器进入起跑后加速跑，让学生按起跑要求加速跑出 20～30 米。

3. 学习起跑、起跑后加速跑与途中跑衔接技术。让学生接口令完成起跑，并加速 40～60 米。体会在加速跑后的两三步自然跑转入途中跑。

4. 弯道起跑后加速跑 20～30 米。要求按弯道起跑器安装方法实行练习。

（四）终点跑技术的练习

1. 在慢跑中，上体前倾，用胸部做撞线动作，然后用中等速度跑，做胸部撞线动作。完成动作后应顺势向前跑几步。

2. 用快速跑 40～50 米，直接跑过终点（不做撞线动作）。在离终点前 20 米处加快步频和增大身体前倾角度，同时加快摆臂，迅速通过终点。

三、短跑的简要规则

1. 正规比赛时，运动员必须使用起跑器，采用蹲踞式起跑。

2. 400 米和 400 米以下（包括 4×200 米和 4×400 米接力的第一棒）径赛项目，每名运动员应有一条分道，并始终跑自己的道，即必须是分道比赛。

3. 对第一次起跑犯规的运动员应给予警告，之后每次起跑犯规的运动员均应被取消该项目的比赛资格（在全能比赛中，如果一名运动员两次起跑犯规，将被取消比赛资格）。

4. 弯道跑时不得踏在内侧跑道线上。

第二节　接力跑

一、接力跑的基本技术

正式的接力比赛项目有 4×100 米和 4×400 米接力跑。接力跑技术包括短跑技术和传接棒技术。它要求各棒之间协调配合，保证在快速跑进行中完成传递动作。这里对 4×100 米接力跑技术进行分析。

（一）起跑

1. 持棒人起跑。采用蹲踞式起跑（如图 5—5 所示），其技术与弯道起跑技术相同。运动员用右手的中指、无名指和小指握住棒的末端，第一棒用大拇指和食指分开撑地，接力棒不得触及起跑线或起跑线前的地面。

图 5-5 持棒起跑动作图

2. 接棒人起跑。第二三四棒的起跑常采用站立或半蹲踞式（如图 5—6 所示）。起跑时，站在接力区后端或预跑线内，两脚前后开立，两膝弯曲，主体前倾。由于第二棒运动员站在跑道外侧，所以都把左腿放在前面，右手撑地，身体重心稍向右偏，头转向左后方，目视跑来的同队队员和启动标志线。第三棒运动员站在跑道的内侧，右脚在前，左手撑地，身体重心稍左偏，头转向右后方，注视跑来的同队队员和肩动标志线，当传棒人到启动标志线时，接捧人迅速跑。

（二）传接棒的方法

传接棒的方法一般采用以下两种：上挑式、下压式。

1. 上挑式。接棒人的手臂自然向后下方伸出，四指并拢，拇指分开，掌心向下，供棒人将棒由下向上挑送接棒人手中（如图 5-7所示）。

图 5-6 接棒起跑动作图

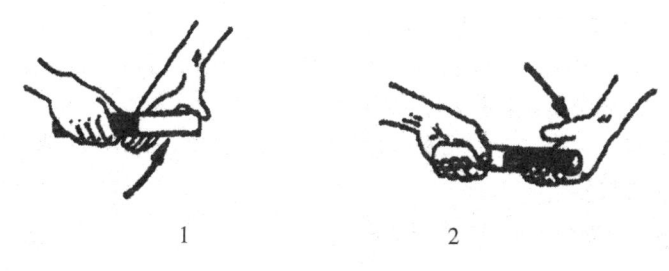

图 5-7 上挑式

这种方法的优点是接棒人向后伸手的动作比较自然，缺点是不换手接棒时要求手挨手传棒，因而影响动作的协调性和跑的速度，容易掉棒。

2. 下压式。接棒人的手臂后伸，掌心向上，虎口张开朝后，拇指向内，其余指并拢向外，传棒人将棒的前端由上向前下方递入接棒人手中（图5-7之2）。

这种方法的优点是不换手，接棒人握住棒的一端，在下一次传棒时，就便于把棒的另一端送到接棒人的手中，缺点是接棒人的手腕动作紧张。

传接棒还要注意下面两点。

（1）传接棒的位置时机。接棒人一般站在预跑线内或接力区后端，当传棒人跑到起动标志线时，开始迅速起动加速。当离接棒人1.5~2米处时，传棒人发出"接"的信号，接棒人迅速后伸手臂，共同完成传接棒。

（2）接力跑战术。一般是将起跑好的、变道技术好的队员安排在第一棒。二棒应由速度耐力好的和传、接棒技术好的队员担任。三棒除了具备二棒的条件外，还要善于跑弯道。第四棒要安排速度好，意志顽强，冲线好的队员。

二、接力跑练习方法

1. 由原地→走→慢跑→中速跑的传、接棒练习，主要体会"上挑式和下压式"传接棒方法。

2. 采用中速跑在接力区内进行传、接棒练习，目的是学习掌握在接力区内传、接棒配合技术。

3. 四人一组进行4×50米或4×100米接力，目的是学习掌握全程接力技术。

三、接力跑的简要规则

1. 接力跑时，运动员必须持棒跑完全程，如果中途掉棒，必须由本人拾起后再跑。

2. 传接棒须在接力区内进行和完成。判罚犯规的依据是以棒的位置而不是运动员身体的位置。

3. 递棒运动员如有推或其他任何方式助力援助，应取消该队比赛资格。

4. 递棒后，跑出分道而阻碍其他队队员接棒或跑，都将取消这个队的比赛资格。

第三节 中、长距离跑

一、中、长距离跑的基本技术

（一）起跑和起跑后的加速跑

中距离跑大多采用半蹲踞式起跑，长距离跑多采用站立式起跑。800米以上距离跑是按两个信号完成起跑动作的,即"各就位"和"鸣枪"。

站立式起跑。动作顺序是听到"各就位"口令后,慢跑到起跑线,两脚前后开立,有力的脚在前,紧靠起跑线的后沿,前脚跟和后脚尖之间的距离约为一脚长,体重大部分落在前脚上,后脚用前脚掌支撑站立。两腿弯曲,上体前倾,眼向前看3~5米处,身体保持稳定姿势,集中注意力听枪声。两臂的姿势有两种:一种是一臂在前,一臂在后;另一种是双臂在体前自然下垂。运动员多采用第一种(如图5-8所示)。听到枪声时,两脚用力蹬地,后腿迅速前摆,前腿充分蹬直,在短时间内获得较快的跑速。起跑后加速跑时,上体前倾稍摆臂、摆腿和后蹬的动作都应迅速而积极。这段加速跑的距离,根据项目、个人特点与比赛情况而定。一般,中距离跑的加速跑距离较长,跑速较快,起跑后应跑向能发挥个人跑速与战术的位置,然后进入匀速有节奏的途中跑。

图5-8 站立式起跑动作图

半蹲踞式起跑。一手的拇指与其他四指成"人"字形撑于起跑线后,另一臂在体侧,体重主要落在前腿和支撑臂上(如图5-9所示)。

(二)途中跑

中长跑的强度小于短跑,后蹬用力比短跑小,后蹬角度比短

图5-9　半蹲踞式起跑动作图

跑大，约为50~55度。后蹬效果的好坏，取决于蹬地的力量、速度以及腿的积极前摆的协调配合。脚着地时，要柔和而有弹性，两脚要落在一条直线上。

臂的摆动幅度要小于短跑，大小臂弯曲角度较小，肩关节放松，两臂协调配合下肢动作实行前后摆动。头部要自然放松，眼平视，面、颈部肌肉放松。上体保持正直或前倾8度左右。中长跑动作技术如图5-10和图5-11所示。

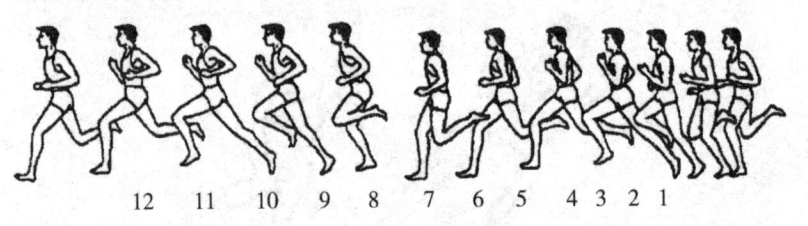

图5-10　中跑途中跑动作图

图5-11　长跑途中跑动作图

（三）终点跑

动作要领基本上和短跑相同，只是距离长一些，什么时间开始加速跑，须根据比赛的距离、个人训练水平和战术需要决定。一般情况下，800 米跑可在最后 150～200 米开始冲刺跑，3 000 米以上距离可在最后 300 米或 400 米开始冲刺跑。

（四）中、长距离跑的呼吸

中、长距离跑的呼吸应和步频配合，有节奏地用鼻和口呼吸，一般是两三步一呼，两三步一吸。呼吸应自然，而且有适宜的深度。

二、中、长距离跑的练习方法

1. 原地两脚前后开立，做摆臂练习，其目的是提高摆臂技术。

2. 慢跑 200 米 2～3 次。要求在跑进中体会上体姿势和两腿的蹬摆动作。

3. 站立式跑 80～120 米，目的是学习起跑和起跑后加速跑技术。

4. 中速跑 800 米，体会呼吸节奏。

5. 通过越野跑、爬山等强度较小的练习来发展中、长距离跑的一般耐力。

6. 男子 1 500 米、女子 800 米计时跑，目的是要学习和改进中、长距离的全程技术。

三、中、长距离跑的简要规则

1. 在田径场地跑道上进行的中、长距离跑项目，以时间来计算成绩。

2. 4×100 米以上的项目，发令员只喊"各就位"，待运动员稳定站好后即鸣枪。800 米比赛时，起跑是分道次的，但当跑过一个弯道后便开始进行抢道。800 米以上的项目，是不分道次的。起点线应呈弧形，不管起点线在跑道哪个位置，都必须使所有的运动员从起点到终点的距离相等。起跑前，运动员必须集合在起跑线后 3 米的集合线上。另外，在长跑比赛中，为了使裁判员更好地判断名次，运动员必须佩带号码。

3. 运动员在比赛中不得挤撞阻碍别人，否则，取消其比赛资格。

第四节 跳 远

一、跳远的基本技术

跳远技术是由快速的助跑、准确有力的起跳、平稳的腾空动作和合理的落地动作这四个相互紧密联系的部分组成。

（一）助跑

助跑是为了获得最大的水平速度，为准确踏板和强有力的起跳创造有利条件。助跑的距离要根据个人速度发挥情况来确定。速度发挥快者，可以短些；相反，则可长些。优秀男运动员的助跑距离约为 40~50 米。但新规则规定，跳远运动员必须在 40~45 米长的助跑道上发挥速度。助跑用站立式起跑的方法。助跑一开始，后蹬就要充分有力，并逐渐加速，跑的动作要放松自然，基本上与短跑的途中跑相同。但节奏性更强，步频要快，富有弹性，同时要保持身体重心平稳。跑到最后几步，要发挥最快的速度。最后一步应比倒数第二步小些，这样有利于快速有力的起跳。为了使助跑准确。提高踏跳效果，应确定助跑的距离和步数，并在助跑道上设置标记以检查助跑的起点，从第一个标记到第二个标记约 8~12 步，第二个标记与踏跳板之间约 6~8 步。全程助跑一般采用双数步。

（二）起跳

在助跑的最后一步用摆动腿支撑时，上体保持正直，起跳腿屈膝并以大腿带动向前摆。当摆动腿刚蹬离地面时，起跳腿大腿积极下压，以全脚掌踏板并迅速过渡到前脚掌，髋关节前送。当起跳腿短暂地屈膝缓冲后即刻快速蹬直髋、膝、踝关节，充分伸展，摆动腿积极前摆，两臂配合腿的动作有力地向前方摆动。当两臂的肘关节摆至与肩同高时，应突然停止，起跳脚脚掌蹬离起跳板，完成起跳动作。

（三）腾空

起跳腾空后，踏跳腿留在身体后面，摆动腿和两臂保持踏跳时的姿势，形成腾空步。这时，上体应保持稳定，不要过分前倾和后仰。腾空动作主要是保持身体在空中的平衡，为合理的落地动作创造有利条件。

1. 蹲踞式跳远。起跳腾空成腾空步姿势后，上体保持正直，起跳腿迅速屈膝向前上方与摆动腿靠拢，两腿继续屈膝上提靠拢胸部。上体前倾，两臂下摆，在空中成蹲踞姿势（如图 5-12 所示）。将要落地时，向前伸小腿，同时两臂继续向后摆动，准备落地。

图 5-12 蹲踞式跳远动作图

2. 挺身式跳远。起跳腾空后，起跳腿放松地放在体后，摆动腿自然下落；两臂向侧下摆动，同时挺身，然后用力收腹，上体前倾，双腿迅速充分前伸；双臂由侧后经上方向前回环，准备落地（如图 5-13 所示）。

二、跳远的练习方法

1. 上 1 步或 3 步起跳。目的是体会后两步助跑的节奏和正确的起跳技术。

　　　　1　　2　　3　　4　　5　　6　7　8　　9　　10　11

图 5-13　挺身式跳远动作图

　　2. 连续 3 步助跑起跳练习，用摆动腿着地，连跳之间用中速跑来调整。目的是学习和掌握助跑与起跳相结合技术。

　　3. 用 5~7 步助跑起跳做腾空步，然后两腿前举落地。目的是提高起跳能力，学习落地动作。

　　4. 原地做收腹跳。要求大腿尽量触到胸部，然后做短、中程及全程助跑蹲踞式跳远。

　　5. 原地做挺身式的模仿练习。然后做 5~7 步助跑起跳成腾空步后，挺身，最后两腿前举落地。目的是学习挺身和落地动作。

　　6. 半程及全程助跑挺身式跳远。

三、跳远的简要规则

1. 运动员的试跳顺序由技术代表抽签排定。

2. 参加比赛的运动员超过 8 名时，每人可先试跳 3 次，成绩最好的前 8 名运动员再试跳 3 次。如果只有 8 名或不足 8 名运动员参赛，则每人均可跳 6 次。

3. 每名运动员应以其最好的一次试跳成绩作为最后决定名次的成绩。

4. 丈量成绩时，须从运动员身体任何部分着地的最近点至起跳线或其延长线成直角丈量。丈量的最小单位为1厘米，不足1厘米不计。

5. 比赛中，有下列情况之一者，则判作试跳失败：

（1）在未做起跳的助跑中或在跳跃中，运动员以身体任何部位触及起跳线以前的地面；

（2）从起跳板两端之外起跳，无论是否超过起跳线的延长线；

（3）触及起跳线和落地区之间的地面；

（4）在助跑或跳跃中采用任何空翻姿势；

（5）在落地过程中触及落地区以外地面，而落地区外的触地点较落地区内的最近触地点更靠近起跳线；

（6）离开落地区时，运动员在落地区外地面的第一触地点较落地区内最近触地点和在落地区内因身体失去平衡而留下的任何痕迹更靠近起跳点。

第五节　推铅球

一、推铅球的基本技术

现代的推铅球技术有：背向滑步和旋转推两种。背向滑步推铅球技术为广大铅球运动员所普遍采用。

推铅球技术是一个连贯的、完整的技术动作，可分为握球和持球、预备姿势、滑步、最后用力和维持身体平衡五个部分。

（一）握球和持球（以右手投掷为例）

右手五指自然分开，手腕背屈，球体置食指可分握球和持球，预备姿势，滑步，最后中指和无名指的指根部，拇指和小指扶在球体的两侧，维持平衡（如图5-14所示）。握好球后置于锁骨窝处，贴靠颈部，右肘自然下垂（如图5-15所示）。

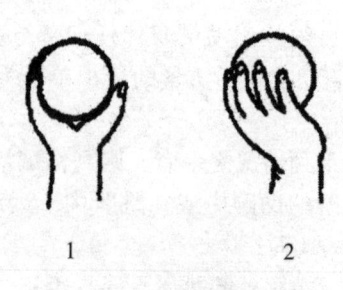

图 5–14　铅球握法示意图

图 5–15　铅球持球动作示意图

（二）预备姿势

1. 高姿势。持球后，背对投掷方向，右脚尖抵住投掷圈后沿内侧，两脚前后自然站立相距 20～30 厘米左右，重心落在右腿上，左脚掌或脚尖着地，上体自然放松，并保持正直左臂自然上举，目视前下方 4～5 米处（如图 5–16 所示）。

2. 低姿势。持球后，背对投掷方向。右脚尖靠近投掷圈后内沿，右腿弯曲支持体重。左脚在后，以前脚掌或脚尖着地，两脚相距 50～60 厘米左右（根据身高和下蹲程度而定）上体前屈探出圈外，持球臂的肘自然下垂或大臂稍外展，铅球的投影点往右脚尖的右侧前左臂自然下垂或前伸，左肩稍向内扣（如图 5–17 所示）。

图 5-16 高姿势预备姿势

图 5-17 低姿势预备姿势

（三）滑步（以背向滑步为例）

滑步是为了使铅球获得预先的加速度，为最后用力创造条件。实践证明，滑步推铅球比原地推铅球远推 1.50~2.50 米。

滑步前，左腿可做 1~2 次预摆。当左腿向上方摆起，左臂前伸，接着左腿回收靠近右腿时，右腿弯曲，上体前俯形成屈体团身姿势（如图 5-18 之 1~4 所示）。接着左腿向投掷方向迅速有力摆出并带动身体，同时右脚积极蹬地，并迅速收拉小腿，以前脚掌向投掷方向滑动，在滑动过程中，右膝和右脚向内转动，前脚掌着地于圆心附近。同时，左脚积极下压，自脚掌内侧落在靠近抵趾板处，并稍在投掷中线的左侧。此时，上体仍保持滑步开始时的姿势。在整个滑步过程中和滑步结束的瞬间，左臂要保持内扣，不使左肩转向投掷方向，右髋处于封闭状态，使曲轴为肩轴成扭紧状态，重心落在右腿部。

图5-18 背向滑步推铅球动作图

（四）最后用力

最后用力是在左脚着地的一刹那开始的。当左脚一着地，首先是右腿右脚向投掷方向蹬转，推动右髋向投掷方向转动。这时，左臂和左肩向左上方牵引，上体随之抬起，身体几乎是左侧对着投掷方向，上体向右倾斜。左肩高于右肩，形成推球前最有力的姿势（如图5-18之10所示）。由于右腿急速而有力地蹬转，右髋不断向投掷方向转动，头和胸部也转至投掷方向，身体重心由右腿逐渐向左腿移动，左腿有些弯曲，形成有力的支撑，同时左臂从上摆至体侧并制动，右臂准备做推出动作（如图5-18之11所示）。此时，上体和头稍向后（由于髋部快速转动形成的）。两腿屈膝，身体重心大部分在右腿上。在两腿继续用力时，仰头、挺胸，右肩前送，右臂快速而有力地向前上方推球，最后以手腕、手指拨球，将球推出（如图 5 – 18 之 12、13、14 所示）。出手角度一般为 38~42 度左右，球离手的瞬间，要使两腿充分蹬直，右肩高于左肩，右臂伸直，手心向外，头后仰。

（五）维持身体平衡

球离手后，为克服向前产生的惯性冲力，避免身体出圈造成犯规，应迅速交换两腿，将右腿换到前面并屈膝，降低重心，左腿后伸，维持身体平衡（如图 5 – 18 之 15 所示）。

二、推铅球的练习方法

（一）原地推铅球技术的练习方法

1. 握球和持球。动作要领同基本技术。
2. 向上推球练习。着重体会手指手腕的拨球动作。
3. 两腿分立，身体重心落在微屈的后腿上，上体向右后转并前倾，左臂放松地屈在胸前。右腿向前旋转，躯干转向前并挺直，两腿蹬直，将铅球推出。目的是学习最后用力动作。
4. 侧向原地推铅球。动作方法基本同上，只是侧对投掷方向，将铅球掷出后，做一换脚动作。目的是学习出球后的缓冲动作。
5. 原地背向推铅球练习。背对投掷方向，右脚在前，重心在右腿上，左脚尖在后轻轻点地，左右脚几乎在一条线上，左臂自然向上伸，使髋、腰、背肌拉紧，然后利用蹬转送髋，挺胸，抬头，将球向前上方推出。目的主要体会蹬转送髋动作。

（二）背向滑步推铅球技术的练习方法

1. 手扶肋木做屈体团身摆、蹬练习。
2. 圈外徒手滑步练习。先做分解练习，再做完整动作练习，反复多练，体会动作要领。滑步速度由慢逐渐加快，注意动作的连贯性。
3. 持球滑步练习。为了保证动作的协调性，开始可采用持碎砖头或实心球，逐渐过渡到持轻铅球、标准重量的铅球。
4. 背向滑步推铅球的完整技术练习。动作要领同基本技术。

三、推铅球的简要规则

1. 运动员试掷顺序由技术代表抽签排定。
2. 参加比赛的运动员超过 8 名时,每人可先试掷 3 次,成绩最好的前 8 名运动员再试掷 3 次。试掷顺序与前 3 次试掷后的排名相反。如果只有 8 名或不足 8 名运动员参加比赛,则每人均可掷 6 次。
3. 比赛开始前,运动员可在比赛场地练习试掷,练习时应按抽签排定的顺序进行,并始终在裁判员的监督之下。
4. 一旦比赛开始,运动员不得持器械练习,无论持器械与否,均不得使用投掷圈或落地区以内地面练习试掷。
5. 应从投掷圈内将铅球投出。
6. 比赛时,运动员应在投掷圈内从静止状态开始试投。铅球落地之前,不得离开投掷圈。投掷后,必须从投掷圈中线后半部走出。
7. 球应放在锁骨窝处。推球时,用单手从肩上推出。不得将球移至肩下或肩后抛掷。
8. 运动员走进投掷圈开始试掷后,身体任何部位不得触及铁圈、抵趾板上沿或铁圈以外地面。例如:踏在抵趾板上面或器械脱手等,都判作一次试掷失败。
9. 推出的铅球必须落在 34.92 度的扇形区内才算有效。
10. 丈量成绩时,须从器械着地最近点取直线通过投掷圈至圆心,以着地最近点至投掷圈内沿(或抵趾板内沿)为准,以 0.01 米为单位进行丈量,不足 1 厘米不计。

第六节 掷标枪

一、概述

掷标枪是投掷者以一手握持器械,经直线助跑和投掷步后,充分发挥全身的力量,以最快的出手速度和最适宜的出手角度,将标枪从体后经肩上向前掷出并尽可能获得远度的投掷项目。

掷标枪的运动形式是一种具有较大实用意义的人体自然的基本活动技能。在原始社会,人们就用"标枪"作为狩猎、获取生活资料的工具和保护自身安全的武器。在古代,掷标枪不仅是古希腊奥运会五项运动的比赛项目之一,而且是各国统治者对国民进行身体训练和军事训练的一种手段。经常练习掷标枪,能有效地发展力量、速度、柔韧和灵敏等身体素质,提高身体的协调性和投掷能力,并能培养勇敢、顽强、刚毅、果断等优良品质。

现代掷标枪比赛开始于19世纪末,并于1908年被列入第四届奥运会男子比赛项目。

在漫长的历史发展中,掷标枪的技术、标枪的构造和规格以及比赛规则等都在不断发展和变化。目前,田径竞赛规则规定了比赛用枪需用金属制作,规定了各组比赛标枪的重量。比赛时运动员需在4米宽的跑道上助跑,标枪出手后,枪尖须早于枪身落在约29度角的扇形落地区内方为试掷成功。

二、掷标枪的技术

掷标枪的完整技术是一个连续过程,为了便于分析,将分为握枪与持枪、助跑、最后用力和标枪出手后维持身体平衡四个部分。

(一)握枪与持枪(以右手掷标枪为例)

1. 握枪。常用的握枪方法有现代式握法和普通式握法两种。

(1)现代式握法(拇指和中指握法)。将标枪斜放在右手掌心上,用拇指和中指握在缠绳把手末端上沿,食指自然弯曲斜放在枪身上,无名指和小指自然地握在缠绳把手上(如图5-19之1所示)。

(2)普通式握法(拇指和食指握法)。将标枪斜放在右手掌心上,用拇指和食指握在缠绳把手末端上沿,其余手指依次握在缠绳把手上（如图 5–19 之 2 所示）。

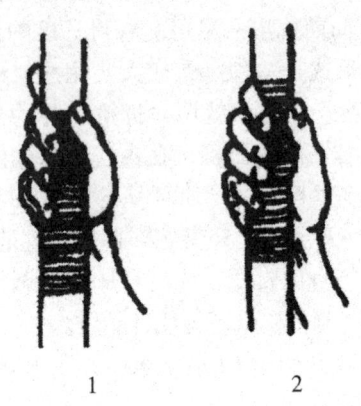

图 5–19　握枪方法

目前广泛采用现代式握法，其优点是在标枪出手瞬间能充分利用长而有力的中指对标枪施力，有利于增加最后用力工作距离，提高标枪出手初速度，并使标枪产生绕纵轴的旋转，保持空中飞行的稳定性。

2. 持枪。常见的持枪方法有肩上持枪和先肩下后肩上持枪法两种。

（1）肩上持枪法（如图 5–20 所示）。右手持枪于右肩上，右臂弯曲，上臂与前臂的夹角约为 90 度，肘关节稍向外，根据个人习惯，持枪手稍高于头或头侧。

（2）先肩下后肩上持枪法。在预备姿势和预跑的前半段，右臂自然下垂，右手持枪于髋侧或腰间，枪尾向前，随着向前的跑进动作两臂自然前后摆动。在预跑的后半段，右臂举起成肩上持枪姿势。

目前，大多数人采用肩上持枪法，这种方法动作简单，有利于控制标枪，使持枪助跑角能平稳地转入引枪。

图 5-20　肩上持枪方法

（二）助跑

助跑的任务是使人体和标枪获得一定的预先速度，完成引枪和超越器械动作，为最后用力创造良好的条件。

助跑包括预先助跑和投掷步两个阶段。通常在助跑距离内设置两个标志，第一标志点是预跑的开始点，第二标志点是投掷步的开始点。助跑距离一般在 22~35 米之间，女子稍短一些。预跑距离从第一标志点起到第二标志点止，一般长 12~21 米，通常跑 8~14 步。投掷步距离从第二标志点起到投掷步最后一步左脚着地处止，长约 8~12 米，用 4~6 步完成。此外，标枪出手后的缓冲距离在 2 米左右（如图 5-21 所示）。

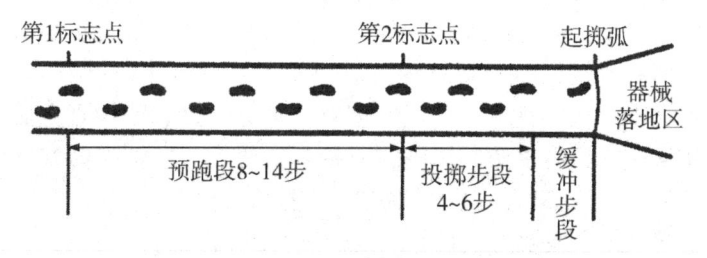

图 5-21　助跑阶段划分示意图

1. 预跑阶段。预跑前，通常是面对投掷方向原地两脚前后站立。左脚在前踏在第一标志点上，迈右腿开始助跑。这种方法助跑步点稳定，有利于准确踏上第二标志点；也可以持枪向前走或小步慢跑几步，以左脚踏上第一标志点后开始进入预跑，这种方法易使跑的动作放松，有利于发挥助跑速度。

预跑是周期性动作。预跑时，下肢动作和加速跑动作基本相同，要求跑的动作放松自然，富有弹性和节奏，保持助跑的直线性。步点稳定，控制好标枪，持枪臂随跑的节奏自然小幅度前后摆动，与下肢动作协调配合，在逐渐加速中流畅地进入投掷步阶段。

2. 投掷步阶段。投掷步是掷标枪的专门助跑阶段，不但要保持较高的助跑速度，完成引枪交叉步和超越器械等动作，还要实现由助跑向最后用力动作的过渡和衔接。投掷步的步数一般是4步或6步，用2步完成引枪动作；也有采用5步的，通常用3步完成引枪动作。当采用偶数步时，以左脚踏上第二标志点，迈右腿开始投掷步；当采用奇数步时则反之。下面介绍4步投掷步和直接向后引枪的技术。

第一步：左脚踏上第二标志点，右腿积极前摆，同时上体向右转动，右肩后撤，持枪臂开始向后引枪，左肩向标枪靠拢，左臂自然摆向胸前，目视前方。右脚着地时，髋部正对投掷方向，躯干基本与地面垂直，右臂尚未伸直，标枪靠近身体（如图5–22所示）。

第二步：右脚落地后，左腿积极前摆，同时右腿蹬地，上体继续向右转动，持枪臂继续向后引枪，左臂自然摆向身体左侧。随着左脚着地，身体已转至左侧对投掷方向，右臂伸直完成引枪动作。这时，右手约同肩高在肩轴延长线上，标枪与前臂之间的夹角较小，枪头靠近右眉，眼睛注视投掷方向。

第三步（交叉步）：这是投掷步中关键的一步。当第二步左脚一着地，右腿自然屈膝，以大腿带动小腿快速前摆靠近左腿；当身体重心移过左脚支撑点时，左腿积极蹬地，在左腿蹬伸的配合

第五章 田径运动

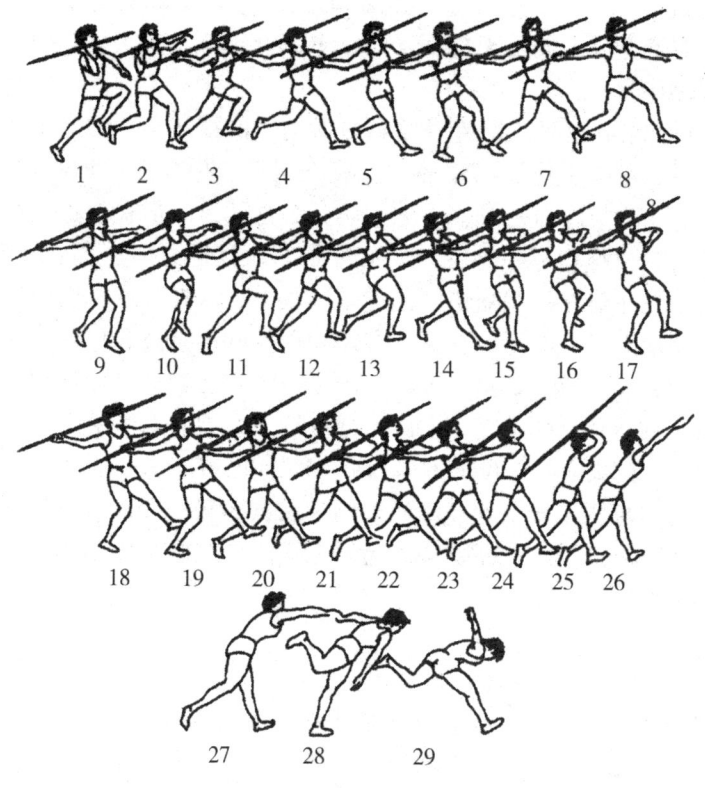

图 5-22 掷标枪投掷步阶段技术图

下，右大腿加速向前摆动并与左腿成交叉姿势，同时左臂自然摆至胸前，帮助左肩内扣和加大躯干向右的扭转幅度，使肩轴与髋轴形成交叉状态。由于两腿快速有力地向前蹬摆，促使髋部加速向前，超过肩部前移速度，使躯干后倾逐渐加大；紧接着左脚蹬离地面，在人体处于低腾空（短暂的无支撑）阶段，左腿快速低平前摆并超过右腿，为左脚快速支撑创造条件；随之以右脚跟外侧先着地并迅速过渡到全脚掌支撑，右脚尖外展与投掷方向约成45度角。这时右肩、右髋和右脚几乎成一直线，身体向后倾斜与

111

垂直面构成一定的夹角（躯体后倾角），形成良好的超越器械动作，右臂充分后伸位于肩轴延长线上，枪尖不高过头部，肩、臂肌肉保持放松。

第四步：这是从助跑过渡到最后用力的衔接步。交叉步右脚着地后，右腿迅速屈膝缓冲，以减小制动和加快身体重心前移，并使右小腿与地面构成较小的夹角；当身体重心前移超过右脚支撑点时，右腿积极用力蹬地，推进髋部向投掷方向前移和转动，已摆至右腿前方的左腿快速向前下方插去，以脚跟或脚内侧先着地，完成强有力的制动支撑。在左腿前摆和落地过程中，膝关节几乎伸直，大腿不要抬得过高，防止身体重心起伏，以加快投掷步第三四步的动作节奏。左脚着地位置在右脚前方偏左约20~30厘米处，脚尖内扣与投掷方向约成20度角。随着左腿前摆，左臂从胸前向身体左侧摆动，标枪控制在投掷步第三步时的状态，上体仍保持向后倾斜的姿势，为最后用力创造条件（图5-22之15-22）。

（三）最后用力

最后用力的任务是尽量利用助跑速度和超越器械的身体姿势，连贯完成由助跑向最后用力过渡，充分发挥人体各部分肌肉力量并通过投掷臂集中作用于标枪上，以获得最大的出手初速度和适宜的出手角度，使标枪飞行得更远。

最后用力从投掷步第三步右脚着地，身体重心前移超过支撑点垂直面，右腿转入蹬地动作时开始，这是一个由投掷步向最后用力的过渡性动作，随着第四步左脚着地形成双脚支撑，为人体肌肉收缩发挥强大力量和最大速度提供了条件。因此，双脚支撑阶段是最后用力的最有效阶段。

右腿继续蹬地，推动右髋向投掷方向加速运动，使髋轴超越肩轴并牵引着肩轴向投掷方向转动。左脚着地形成的制动与支撑，为上体向投掷方向运动创造了条件。左臂屈肘积极摆向身体左下方，左肩适当压低并有效制动，形成了从左脚到左肩的左侧支撑轴，从而加快右肩向投掷方方向的转动。右胸前挺带动投掷臂向上转动，前臂和手腕向上翻转，当上体转至正对投掷方向时，形成了"满弓"姿势（如图 5 - 22 之 23、24 所示）。这时，投掷臂伸直留在身后，与肩同高、与躯干几乎成直角，右腿、右髋、右胸和右臂的连线像"弓"一样向反张。

"满弓"姿势形成后，立即转入屈体挥臂的"鞭打"动作。由于上述动作的作用以及向前的惯性，身体重心逐渐移向左腿，迫使左腿微屈支撑。胸部继续前挺带动投掷臂的上臂向前，上臂又带动前臂向前，使肘关节被动弯曲。当上臂移至肩关节垂直上方时，上臂与前臂之间的夹角约为 90 度，前臂与标枪之间的夹角保持在 25 度左右。紧接着微屈的左腿快速有力地蹬伸，被拉长的腹部肌肉强有力地收缩，胸部和右肩带动上臂向前并快速完成伸肘、挥前臂和甩腕的掷枪动作，使全身力量通过投掷臂、手腕和手指作用于标枪的纵轴上（如图 5 - 22 之 25、26 所示）。标枪离手瞬间，手腕和手指要积极甩动，使出手后的标枪沿纵轴按顺时针方向自转飞进，提高飞行的稳定性。标枪出手的适宜角度约为 29 ~ 36 度。

（四）标枪出手后维持身体平衡

维持身体平衡是掷标枪的结束动作。为了防止由于惯性作用使人体继续向前运动而造成犯规，在标枪出手后，右腿应及时向前跨出一大步，上体前倾并稍向后左转，屈膝降低身体重心，两臂配合自然摆动，以缓冲人体向前的冲力，维持身体平衡。

三、标枪技术特点与分析

（一）助跑

1. 助跑速度。

目前，世界优秀男子运动员预跑结束时的速度可达到 6.5 ~ 8 米/秒，女子稍低于男子。由于个体差异，不同运动员掷标枪的助跑距离、加速形式、助跑最大速度及其出现时段等，都有各自的特点。预跑段结束，应在继续加速中进入投掷步阶段。由于投掷步已转为非周期性运动，并且采用身体侧对投掷方向的助跑方法来完成引枪和超越器械等动作，容易造成减速，尤其是变叉步右脚落地时产生的制动会使身体水平运动速度有所下降，紧接着左脚落地支撑再次使身体水平速度减小。我国优秀男子运动员右脚落地瞬间与左脚落地瞬间身体重心水平速度分别为 5.72 米/秒和 4.27 米/秒。助跑进入最后用力时身体水平运动速度下降，这是由掷标枪技术特点决定的，尽管不同水平的运动员速度下降幅度各不相同，但力求减少最后用力前助跑速度的损失，保持较高速度进入最后用力是掷标枪技术的共同要求。

适宜的助跑速度十分重要，助跑过快会影响最后用力技术的完成质量，甚至出现助跑与最后用力动作的脱节；助跑过慢则不利动能的增加，发挥不了助跑的作用。优秀运动员的助跑速度一般控制在本人平跑最高速度的70%左右。

加快助跑速度是提高掷标枪成绩的一个重要手段。标枪出手速度是一种合成速度，助跑速度为提高标枪出手速度创造了条件。优秀运动员标枪出手速度的 20%~30% 来自助跑产生的作用，这种作用可称为助跑贡献率。助跑投掷与原地投掷的成绩差是衡量助跑贡献率的指标。

运动员应在不断熟练基本技术和提高身体素质的基础上逐步提高助跑速度。提高助跑速度必须与快速准确地完成最后用力技术相结合，才能获得良好成绩。助跑是为最后用力服务的，提高助跑速度应以不失去对投掷动作的控制和保证最后用力获得最大速度并有效传递到标枪纵轴上为原则，任何运动员都应科学确定适合本人技术水平和身体素质特点并能表现最佳成绩的助跑速度。在训练中，加强青少年标枪运动员加速助跑意识的培养，对掌握技术和提高成绩极为有利。

2. 引枪。

引枪主要有直线引枪和弧形引枪两种，大多数运动员采用直接向后引枪的方法，这种方法动作简单、引枪自然、连贯性好、容易控制标枪。直线引枪时，两腿要积极前迈，减小身体重心的上下起伏，保持投掷步速度，引枪结束，肩轴与投掷方向平行，右臂自然伸直拉于肩轴延长线上，标枪靠近身体，标枪纵轴与前臂的夹角较小（15~20度），以便更好地控制标枪，为完成投掷步后两步动作和最后用力创造条件。

3. 投掷步。

（1）投掷步第一步、第二步：为了保持预跑段获得的速度，投掷步第一步、第二步结束时，躯干应与地面接近垂直，躯干后倾角度不宜过大。世界优秀运动员此时躯干后倾角一般不超过10度。如果躯干后倾角过大，会加大身体重心与支撑点之间的距离而产生较大制动，影响投掷步水平速度的发挥和第三步动作的正确完成。

（2）投掷步第三步（交叉步）：交叉步是投掷步最关键的一步，对保持人体快速向前运动，形成超越器械姿势，加大掷标枪工作距离，创造良好的发力条件和实现助跑与最后用力衔接起着重要的作用。在完成交叉步动作过程中，应强调右腿摆动和左腿蹬伸动作协调配合、加大髋轴超越肩轴和躯干扭紧的程度、做好右脚着地后的缓冲动作、形成一定的躯干后倾角等技术要求。

投掷步第三步中保持适宜的右腿摆出方向和左腿蹬地角度非常重要。左腿蹬地角是指交叉步离地瞬间身体重心和支撑点连线与地面的夹角。左腿蹬地角直接反映人体运动方向，世界优秀运动员平均约为72.89度。左腿蹬地角越大，交叉步离地瞬间身体重心的垂直速度也越大。运动员会因为交叉步腾空过高和交叉步步长过大等错误，而导致身体重心上下起伏，破坏人体向前运动速度，并增加右脚着地时承受的冲力和完成动作的难度。由于交叉步两腿的积极动作，特别是右腿前摆带髋，使髋轴加速转向投掷方向，左臂摆动帮助左肩内扣和躯干右转；在右脚着地时，世界优秀运动员的髋轴与投掷方向的夹角通常在 140~158 度，平均约为 146 度；肩轴与投掷方向的夹角平均约为 181 度；躯干形成扭紧状态，充分拉长躯干肌群，为快速收缩用力做好准备。由于交叉步右脚着地点在身体重心投影点前，右脚支撑承受的垂直冲力和水平冲力都较大，因此，右脚着地后右膝应及时弯曲，通过有弹性的缓冲，促使身体重心尽快移过支撑点，以减小制动，保持水平速度和人体在高速运动中的平衡，拉长腿部工作肌群，为紧接着的蹬伸动作创造有利条件。世界优秀运动员膝关节弯曲角一般在 145 度左右，缓冲时间为 0.08~0.12 秒。右膝弯曲角度和缓冲时间与右脚着地时的位置以及运动员训练水平有关。

交叉步右脚落地瞬间的躯干后倾角，是反映运动员最后用力前身体位置合理程度的重要指标。世界优秀运动员此时躯干后倾角约为 20~26 度。后倾角过大，虽然可获得较长的最后用力工作距离，但易造成身体后倒，使右脚单支撑时间加长，从而影响动作的连贯性；后倾角过小，会导致上体过早前移，影响最后用力动作幅度和肌肉能量的发挥。

（3）投掷步第四步（助跑与最后用力的衔接）：第四步是助跑中唯一没有腾空的一步。

其任务是左脚主动快落，做好左侧支撑动作，实现助跑向最后用力的连贯过渡，使助跑获得的速度有效地传递到最后用力中去，提高标枪的出手速度。因此，这一步动作直接影响着最后用力的效果，是掷标枪较难掌握的技术环节，也是评价掷标枪技术质量的重要指标。

实现助跑与最后用力衔接时应注意以下技术特点。

①第四步。左腿前摆低平、快速并及时超越右腿。即第三步右脚一着地，左腿已摆至右腿前方，为左脚的快落支撑做好准备。

②第三步。右脚着地屈膝缓冲后尽快转入右腿蹬地动作。右腿以较小的角度蹬地,既可防止身体重心过早上移,加快髋部向投掷方向移动的水平速度,又可为左脚快落支撑创造条件,缩短由单脚支撑过渡到双脚支撑的时间。

③在右腿蹬伸动作配合下,左脚沿地面快速下插着地。左腿强有力地制动支撑,不仅保证了右腿继续正确用力,而且使动量不失时机地由下肢传递给上体和标枪。

④第四步的步长合理。步长过大会增加将身体重心推向左腿的难度,并影响出手动作的完成;步长过小则不能有效地完成推后用力动作。第四步所用时间要短,世界优秀运动员约为 0.16～0.20 秒。在第四步左脚即将落地时,仍要保持一定的躯干后倾角,为加大最后用力工作距离创造条件。

4. 投掷步的形式与节奏。

投掷步形式有三种:跳跃式、跑步式和混合式。

(1) 跳跃式:跳跃式投掷步像跑跳步,摆动腿抬得较高,后蹬有力。特点是节奏感较强,腾空时间长,有利于完成引枪和超越器械动作,但易造成身体重心起伏而损失助跑速度。

(2) 跑步式:跑步式投掷步像平跑一样,特点是步幅较小,动作自然连贯,能较好地保持水平速度,但引枪时间短,交叉步时较难完成超越器械动作。

(3) 混合式:混合式投掷步结合上述两种形式的特点,在引枪结束前采用跑步式,交叉步采用跳跃式,特点是身体重心运动轨迹较平,节奏性强,动作放松,易发挥较快的助跑速度。

投掷步应表现良好的动作节奏,这种节奏是掷标枪助跑的显著特点。投掷步节奏不仅体现在完成各步动作的时间和技术的准确性以及两腿加速等方面,而且与各步的步长密切相关。在尽量保持预跑段已获得速度的基础上,投掷步节奏各步有所不同,优秀运动员通常表现出第一步、第二步较快,第三步稍慢,第四步最快的节奏特点。尽管优秀运动员投掷步各步步长分配存在着差异，但也呈现出一定的规律。通常是第一步长，便于完成引枪动作；第二步较长，为过渡到交叉步创造条件；第三步最长，保证有充足的时间形成超越器械姿势，为最后用力做好准备；第四步最短，有利于实现助跑与最后用力的衔接。

（二）最后用力

最后用力是增大标枪出手速度的主要阶段，器械在这一阶段获得的速度占出手速度的 70% ~ 80%。在最后用力阶段，运动员应以最短的时间在尽可能长的工作距离内将最大的力作用于标枪纵轴，使标枪在出手瞬间达到最高速度并以适宜的出手角度掷出。

最后用力过程包括满弓、鞭打和标枪出手与飞行 3 个动作阶段。

1."满弓"动作。"满弓"动作是顺利完成"鞭打"动作的前提和保证。在"满弓"动作形成过程中，两腿协调配合用力十分重要。右腿蹬地推送右髋加速前移，左脚着地制动支撑使下肢运动突停而产生动量转移，加之左脚制动点处于身体的旁侧部位形成了旋转力，从而提高了右髋向投掷方向运动的速度和幅度，不仅使"满弓"动作得以形成，并且为髋轴领先肩轴运动并带动躯干充分转动创造了条件。因此，右腿积极蹬地是实现"满弓"的基础，左腿制动支撑是形成"满弓"的保证。

"满弓"动作结束瞬间，投掷臂在肩上伸直，躯干与上臂之间形成的拉引角是衡量"满弓"动作质量的一个重要指标，优秀运动员拉引角通常在 90 度左右。此时，枪尖稍高于头顶。前臂与标枪保持较小的夹角，为增加"鞭打"用力的工作距离和发挥胸、肩、臂肌肉的收缩力量创造条件：左腿微屈支撑，左膝关节达到最大弯曲角度，优秀运动员约为 150 ~ 160 度，为紧接着的左腿充分蹬伸用力，提高标枪出手速度做好了准备。

2."鞭打"动作。形成"满弓"后，应刻不容缓地转入"鞭打"动作。"鞭打"动作是掷标枪的重要技术特征，是取得最后用力良好效果的关键技术动作。做"鞭打"动作时，身体各环节用力顺序和速度变化要符合人体运动链的原理。人体参与用力的各环节肌肉群自下而上按严格的顺序依次用力，使人体各环节相继加速运动，然后依次减速，能量从质量较大的躯干依次向胸、肩、上臂、前臂、手腕、手指等环节传递，并不断得到积累、补充和合成，最后传到器械上，大大提高了标枪的出手速度。身体各环节的依次加速运动，造成相邻环节肌肉依次快速拉长，引起肌肉的有力收缩。因此，前一环节加速的结束是最后一环节加速的开始，不仅体现了身体各环节合理的用力顺序，而且形成了身体各环节的速度变化曲线（如图5-23所示）。

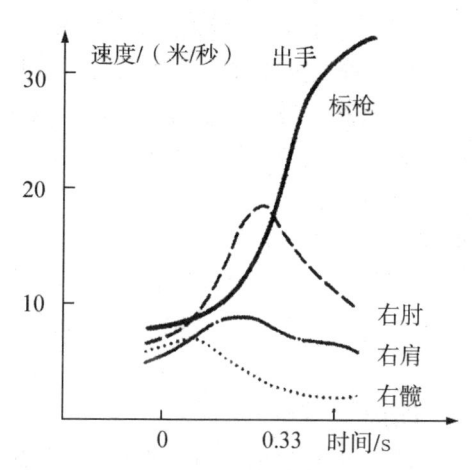

图5-23 最后用力身体各环节的速度变化

"鞭打"时，左腿支撑十分重要。左腿的支撑与蹬伸是实现动量传递和增加器械出手速度的重要技术，对"鞭打"时上体积极前移，保证身体重心升高，使人体和标枪进一步加速具有很大作用。左腿强有力的支撑还有助于配合完成挺胸动作，弥补因胸部前挺方向偏下而造成的不良影响，使"以胸带臂鞭打"动作能够正确完成。

躯干用力角是运动员从最后用力开始至标枪出手时躯干转动的角度。优秀运动员躯干用力角通常为20度左右。

3. 标枪的出手与飞行。在最后用力阶段，加大作用于标枪纵轴的力、增加用力工作距离和缩短用力时间是提高标枪出手速度的重要方面。准确沿标枪纵轴用力体现了最后用力的合理性，是加大对标枪作用力的主要方面。最后用力阶段，优秀运动员对标枪的施力距离可达 2.10~2.30 米，而时间仅在 0.12~0.15 秒之间。

标枪出手时，不仅要获得适宜的出手角度，还应考虑倾角和冲击角。倾角是指出手瞬间标枪纵轴与水平面的夹角。在不同的风向投掷时，应适当改变出手角和标枪倾角。研究证明，逆风投掷时应适当减小倾角，顺风投掷时则反之，以便合理地利用空气升力，减小空气阻力，因此，提高运动员出手瞬间的控制力量十分重要。目前一些研究认为，掷标枪合理的冲击角应为接近零度的负角。

由于运动员在标枪出手时的甩腕拨枪动作，使出手后的标枪沿纵轴旋转向前飞进，这种自转对提高标枪飞行的稳定性有利；在有些情况下还会产生一定的空气升力，起到延长标枪落地时间的作用。

四、掷标枪的简要规则

1. 标枪有三部分，枪身、枪头和握柄。枪身是光滑的金属杆，两端逐渐变细。枪头是固定在枪身前端的锋利金属尖。握柄包住了整个枪身的重心。男子标枪大约 2.6~2.7 米长，至少 800 克重；女子标枪大约 2.2~2.3 米长，至少 600 克重。

2. 投掷者要在投枪前跑 30~36.5 米长的一段距离。在助跑的跑道两边有两条边界线，边界线的顶端是一个金属或者木质的弧形，投掷者必须在弧形后面将标枪投出。比赛时，运动员必须单手将标枪从肩上方掷出。

3. 着陆区是由煤渣、草坪或者其他能留下印记的物质构成的平坦区域。每一个扇区由5厘米宽的白线分开。标枪比赛着陆区的扇面角度是29度。

4. 标枪比赛由六轮组成，只记录运动员在比赛中最好的一个成绩。三轮过后，每个项目的前8名进入决赛，比赛顺序由前三轮的比赛名次反序排列而成。

5. 如果出现平局，就比较运动员们第二好的成绩；如果还是一样，就比较第三好的成绩。以此类推。如果平局还存在，两名运动员就是并列第一。如果必须决出胜负，那么运动员就继续比赛直到分出胜负。在所有的投掷项目上，如果出现分数，就将这一距离四舍五入到离测量距离最小的厘米数。

6. 裁判可以判运动员在投掷时的"无理"拖延，处罚方式是减少投掷一次。但是如果运动员在时间用尽前将物体投出，那么成绩予以保留。投掷比赛的时间限制一般是一分钟。

7. 参赛者可以在动作中途放弃并重新开始，前提是运动员没有将投掷物投出或者把脚踏出投掷圈、跑道以外。如果运动员在投掷过程中受阻，裁判应当判阻碍并给予第二次投掷机会。参赛者可以在比赛期间离开比赛区域，但必须由裁判许可并由裁判陪伴。比赛进行过程中，运动员不能接受协助，除非是经过裁判允许的医疗检查，也不能与赛场外的人交谈或者通讯。标枪运动员不能在投掷后转身完全背对其投出的标枪。

第七节 跳 高

一、概述

跳高是人体通过快速地助跑和有力地起跳，采用合理的过杆姿势，使身体腾越尽可能高的垂直障碍的运动项目。

1864年，跳高首次被英国作为一项竞技运动项目列入田径比赛。在跳高技术发展的100多年里，曾经出现过跨越式、剪式、滚式、俯卧式和背越式5种姿势。目前，背越式是跳高竞技场上最流行的姿势。

跳高作为一种健身手段有着悠久的历史。18世纪时德国一些学校就曾用跳高来锻炼学生的身体。练习跳高能有效地增强下肢力量，提高弹跳力，发展速度、灵敏等身体素质，培养勇敢、顽强、果断等优良品质和积极进取、奋发向上的精神。通过跳高教学，能有效地促进学生的身心健康。因此，跳高是我国各级各类学校体育课的教材和《国家体育锻炼标准》《全国田径业余锻炼等级标准》规定的锻炼和测验项目之一。作为锻炼学生身体的手段，跨越式跳高在学校体育教学和课外体育锻炼中占有重要地位。

二、背越式跳高技术的基本因素

背越式跳高是由人体经过一段直线与弧度助跑之后，以远离横杆的脚起跳，摆侧手臂、头、肩、腰、髋、两大腿、小腿依次仰卧旋转过杆，用肩、背上部着海绵堆的一种跳高技术。背越式跳高技术是由助跑、过渡阶段、起跳、过杆和落地4个部分组成的有机整体（如图5-24所示）。

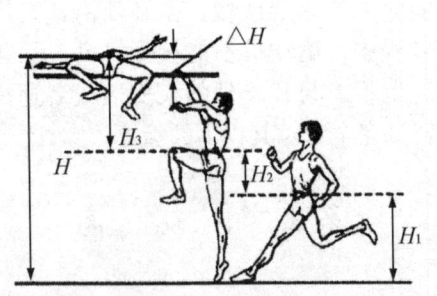

图5-24　决定跳高有效过杆高度的基本因素

运动员越过横杆时的高度（H）是由起跳脚着地瞬间身体重心

的高度（H1）、身体重心从 H1 腾起的高度（H2）、身体重心从 H2 腾起的高度（H3）、过杆瞬间身体重心腾起的高度与横杆的高度差（△H）决定的。而 H1、H2、H3，及△H 又与运动员的各项身体素质和运动技术有关（如图 5-25 所示）。

图 5-25　背越式跳高技术

（一）背越式跳高技术的组成

跳高过程中由于各技术阶段任务的不同，为了便于进行技术分析，我们把跳高技术这个有机的整体分为如下四个部分。

1. 助跑。

（1）预先助跑：从起动至正式助跑（第一标志线）。

（2）助跑：从第一标志线到倒数第二步脚着地。

（3）过渡阶段：从倒数第二步摆动腿的脚着地至倒数第一步起跳脚着地。

2. 起跳。

从抬起跳脚至起跳脚离地。

3. 过杆。

从起跳脚离地至起跳腿过杆。

4. 落地。

从起跳腿过杆至身体着地。

(二) 背越式跳高技术分析

1. 助跑。

(1) 预先助跑。

预先助跑的任务是使运动员摆脱静止状态,在助跑前获得一定的适宜速度,为运动员全程助跑建立合理的节奏。合理的预先助跑对运动员踏准起跳点有重要作用。预先助跑的形式概括起来有三种:①走几步踏上第一标志线开始正式助跑;②走几步后,加一小跳步踏上第一标志线开始正式助跑;③慢跑几步踏上第一标志线开始正式助跑。

(2) 助跑。

①助跑的任务是为了使运动员获得适合自己力量与技术的理想速度,获得良好的助跑节奏,使运动员进入适宜的起跳位置,为起跳做好准备。

②背越式跳高运动员采用曲线助跑,大多数运动员跑 8~12 步,少数运动员跑 6~17 步。助跑的长度为 16~30 米。起动时助跑方向在 70~90 度之间,在开始进入弧线时的助跑方向在 25~35 度之间,放脚方向在 15~35 度之间或与横杆平行。

③助跑的分类。由于技术、目的的不同又分为"助跑第一阶段"和"助跑第二阶段"。

运动员踏上第一标志线开始,助跑到倒数第四步为助跑第一阶段。这一阶段为直线助跑,任务是使运动员获得适合自己力量与技术并符合助跑第二阶段要求的理想速度,获得良好的助跑节奏,为进入助跑第二阶段取得适宜的位置,并为第二阶段助跑做好准备。

各种姿势的跳高对助跑第一阶段的动作形态和技术要求区别不大，可以说是一般加速跑的技术。步伐要有弹性，动作幅度逐渐加大，上体保持前倾，身体重心波动较小。

运动员助跑的倒数第四步到倒数第二步摆动腿的脚着地为助跑第二阶段。这一阶段的任务是使运动员在过渡阶段前获得适合自己力量与技术的理想的起跳前的速度并获得良好的助跑节奏，使运动员获得适宜的起跳位置，为起跳做好准备。

背越式跳高助跑第二阶段采用的是弧线助跑，以外侧脚的前脚掌内侧、内侧脚的前脚掌外侧着地，脚着地点离身体重心投影点较近，后蹬角度较大，摆侧髋高于并领先于跳侧髋，摆侧肩高于并领先于跳侧肩，身体重心较高，整个身体内倾。助跑最后一步的步频一般为4.5~5.14步/秒，起跳前的助跑最高速度为7.5~8.2米/秒。

背越式弧线助跑主要利用弧线跑中身体内倾自然降低身体重心，来达到降低H1、增加起跳时身体重心垂直工作距离的目的。在弧线跑中支撑腿支撑时膝关节弯曲比较小。最后，步支撑时膝关节角度在120度左右。弧线跑时运动员必须向弧线中心倾斜，运动员跑的速度越快，或助跑弧线半径越小，运动员内倾就越大。不管哪个运动员，倒数第二步结束时，身体内倾最大，测量值如下：儿童20~25度，少年和女子是25~30度，男子约为30度。当运动员身体内倾30度时，身体重心下降约12厘米。

（3）背越式跳高弧线助跑的作用。

由于背越式跳高助跑时身体重心较高，肢体处于相对游离状态，对两腿的摆动有利，因而有利于加快助跑的速度；采用弧线助跑可使运动员由助跑开始时的面对横杆转到起跳时的侧对横杆；同时可以利用弧线助跑时身体的内倾动作达到自然降低身体重心高度的目的；利用弧线助跑使运动员在起跳离地瞬间获得沿切线方向运动的切线速度，解决运动员水平过杆运动速度问题，便于运动员集中精力和肌肉力量垂直起跳,有利于取得身体腾起高度;弧线助跑也是运动员由起跳时的侧对横杆转到过杆时背对横杆的旋转力的来源。

2. 过渡阶段。

(1) 过渡阶段的位置:从倒数第二步摆动腿脚着地至最后一步起跳脚着地。

(2) 过渡阶段的任务:使运动员获得理想的起跳垂直速度,使运动员从水平位移转变为垂直位移并获得良好和适宜的起跳位置,为运动员起跳做好准备。

(3) 过渡阶段的动作结构:背越式跳高倒数第二步摆动腿采用"硬撑式"的快速摆动,膝关节弯曲度小,以摆动脚前脚掌内侧着地,后蹬角度较大,有利于起跳腿的快速踏跳动作。

过渡阶段中起跳脚着地的方法是以起跳脚距地面较近地向前插出,脚跟外侧着地,迅速沿外侧滚动到前脚掌,膝关节角度大约为155~169度,小腿与地面夹角为59~69度,脚着地点离身体重心投影点较近,起跳脚方向是助跑弧线的切线方向,摆髋领先并高于跳髋,上体与起跳腿夹角为140~150度,躯干后倾角度为78~88度,摆肩领先并高于跳肩,眼看斜上前方,整个身体内倾。

3. 起跳。

(1) 起跳的任务:起跳的任务是使运动员获得适宜的身体重心腾起角,在起跳离地瞬间使运动员获得最高的身体重心高度,并获得最快的起跳垂直速度,以便获得最高的身体重心腾起高度。

(2) 起跳动作结构。①起跳脚着地瞬间动作结构(过渡阶段中起跳腿脚着地瞬间的动作结构)。②起跳腿垂直支撑瞬间动作结构。背越式起跳在垂直支撑瞬间起跳腿的膝关节角度为140~148度,摆动腿弯曲大,未超过起跳腿大腿,上体稍在起跳腿的内侧,髋关节夹角为130~140度,摆髋仍领先并高于跳髋,摆肩仍领先并高于跳肩,身体重心基本在支撑点上面稍偏内,整个身体内倾。

③起跳腿离地瞬间动作结构。背越式跳高起跳腿离地瞬间起跳腿的3个关节充分蹬直,蹬地角为87.44度±41.6度。摆动腿向上稍内屈摆动,膝在踝的里面,摆侧髋高于跳侧髋,髋侧背对横杆(髋轴角70度±10度),摆侧肩高于跳侧肩,肩侧背对横杆(肩轴角73度±5~8度),眼看弧内斜上前方,腾空角为47~62度(54度±3度为宜)。

(3)起跳时间:背越式跳高的起跳时间为0.14~0.22秒。

(4)起跳垂直速度:背越式跳高起跳的垂直速度大于4.30米/秒,最大可达4.90米/秒。

(5)摆动:分为腿和两臂的摆动。

①摆动腿的摆动。背越式跳高采用的是屈腿或折叠式的摆动方法。摆动的最大垂直速度是2.6米/秒。直腿摆动的惯性力可占体重的137%~148.5%。屈腿摆动的惯性力可占体重的70.6%。在起跳缓冲阶段运动员应尽力加速摆动,在最大缓冲瞬间加速度值达到最大。

在起跳蹬伸阶段要采用减速制动动作。摆动动作在蹬伸阶段减速到接近最高点时的制动动作,可造成身体重心加速向上运动,这样就减少了起跳腿的负荷,达到提高起跳蹬伸动作速度的目的。另外,摆动腿的摆动动作还可以提高 H 的高度和为过杆提供旋转力。

②两臂的摆动。摆臂的方法有交叉双臂摆动和交叉单臂摆动两种。前者有利于加大摆动力量,后者由于积极快速,则有利于迅速完成起跳动作。

交叉双臂摆动的方法是:在起跳放腿阶段,随着起跳腿的前倾,起跳腿同侧臂交叉后引,而异侧臂像自然跑进一样向前摆出,但保持在相对较低的位置。当起跳腿同侧臂屈肘前摆时,双臂同时向前上方摆起,带动躯干伸展。为了加速身体围绕纵轴旋转和防止上体过早倒向横杆,摆动腿同侧臂最后一摆应略高于另一臂,并带动肩部超越横杆。

交叉单臂摆动的方法是：当起跳腿踏向起跳点时，两臂仍然自然地做前后摆动，随着摆动腿的摆动，起跳腿的同侧臂顺势迅速上举。

无论是哪种摆臂方法都应与摆动腿摆动一样，在起跳蹬伸结束阶段与摆动腿相配合，采用制动动作，以增加起跳的蹬地力量。

(三) 过杆

1. 过杆指从起跳脚离地至两小腿过杆。

2. 过杆技术的阶段划分如下：

(1) 攻杆阶段。攻杆是起跳结束后身体向横杆上方腾起的过程。起跳结束后身体在摆侧臂的引导下，保持起跳结束时的身体姿势（此时身体的倾角为 94 度 ±1.49 度），以头顶部和脊椎为冲击轴向横杆上方腾起并完成背对横杆的旋转动作。

(2) 过杆阶段。过杆是指运动员身体越过横杆的过程。当运动员的头部超越横杆后，两肩开始放松，头部积极后仰，两臂也由肩上方开始向身体两侧下放，当运动员的胸部越过横杆后积极向上顶髋，头和两肩继续后仰，两大腿下放，两小腿放松下垂完成杆上"桥"的动作。

3. 过杆旋转力。包括直接旋转和间接旋转：

(1) 直接旋转。是运动员与地面接触时的旋转，称之为直接旋转也称地面旋转或有支点无固定轴的旋转。直接旋转的旋转力来自：①偏心推力；②线制动原理；③摆动动作。

(2) 间接旋转。角动量矩守衡，即肢体变化。为使运动员在空中完成正确的肩轴、髋轴与横杆平行背对横杆姿势，有效地越过横杆，取得更好的运动成绩，运动员除可以通过控制身体的环节变化外，还必须在弧线助跑阶段、过渡阶段和起跳阶段中为使身体在过杆时肩轴、髋轴平行横杆做良好的前提准备。运动员还应以摆侧肩、摆侧髋适度领先并高于跳侧肩、跳侧髋，这种技术结构不仅有利于弧线助跑至起跳离地前的身体内倾,而且在弧线助跑阶段、过渡阶段和起跳阶段中为使身体在过杆时肩轴、髋轴平行横杆做了良好的准备,又有利于摆动肢体的前摆发力,从而带动身体绕纵轴旋转,为空中过杆旋转提供了旋转力。

（四）落地

落地是指运动员过杆后身体重心下落到身体着地的过程。当运动员的臀部和大腿越过横杆后,身体重心已经下落,此时应在挺髋的基础上,以大腿带动小腿加速向后上方甩腿,使整个身体脱离横杆,然后低头含胸,屈髋伸膝,肩背部及双臂着垫并借过杆旋转力顺势后翻,做好缓冲。

三、跳高的简要规则

1. 跳高运动员从起跑点到横杆下有20米长。横杆有4米长,不超过4千克重,由两根竖杆支撑。跳高运动员会落到一个很大很柔软的泡沫垫子上。

2. 在跳高比赛中,所有的测量尺度都以厘米为单位,从地面量起到横杆最低部分的最高点处。

3. 跳高要求运动员单足起跳,要跳过横杆且不能将其碰下支撑杆。每次比赛由主裁判设定起始高度,跳高横杆每轮至少升高2厘米,直到剩下最后一个人。跳高运动员可以自己选择何时起跳或过杆。

4. 跳高比赛分两轮进行。初赛一般分两组,其目的是决出参加决赛的12名运动员。比赛之前有一个自动的资格测试,任何运动员只要达到这个标准将自动进入决赛。如果少于12人通过资格测试,未达标者中成绩最好的则进入决赛以填补人数的空缺。

5. 运动员如果三次试跳同一高度失败就会被淘汰,成功越过的最高高度就是他们的最终成绩。

6. 如果两名运动员成绩并列,打破平局的办法一般有两种:首先看谁通过同一高度使用的次数少;其次是看哪个人在全部比赛过程中失误得少。如果还是平局，比赛就产生并列冠军，除非没那么多金牌。

7. 决胜局比赛按以下规则举行。每个平局中的竞争者只许跳一次，从最低高度开始淘汰。如果运动员全过则上升高度，如果所有运动员都没过则下降高度，直到只剩一名运动员在淘汰中生存下来。

第八节　跨栏跑

一、概述

跨栏跑是在快速奔跑中连续跨过按规定距离设置的固定数量和固定高度栏架的径赛项目。国际田联规定的正式跨栏跑比赛项目有：男子110米栏，女子100米栏，男、女400米栏。

跨栏跑是从古人类长期为生存与自然斗争所形成的跨越障碍的基本技能发展演变而来的。跨栏跑作为比赛项目，已有100多年的历史。开始采用埋于地里的栅栏做栏架，运动员只能采用"跳跃"的方法过栏，成绩很低。20世纪初演变为可移动的"L"形栏架。1935年，国际田联决定采用"L"形栏架，为形成现代跑、跨紧密结合的"跑栏"技术和大幅度提高跨栏跑成绩奠定了基础。但是，在体育教学中进行跨栏跑教学时，应从学生的实际情况出发，可以降低栏架高度、缩短栏间距离、减少栏架数量，以利于跨栏跑项目教学的开展。

跨栏跑不仅是一个竞技项目，同时也是一种能有效锻炼身体、增强体质的手段。经常练习跨栏跑，能使速度、灵敏、柔韧等身体素质得到全面发展，可改善中枢神经系统对各肌群的调控和支配能力，能提高呼吸和心血管系统功能以及培养勇敢、顽强、坚定、果断等意志品质和竞争意识。

二、跨栏跑技术与特点

（一）跨栏跑技术特点

跨栏跑项目有直道跨栏项目和弯道跨栏项目。在经历了跨栏跑发展的4个阶段后，到目前跨栏跑技术已形成了它特有的技术风格和特点。

1. 速度成为跨栏跑技术的灵魂。随着"跨栏"向"跑栏"技术发展过渡，人们对跑的要求越来越高，跑与跨的动作区别也在逐步地缩小，运动员跨栏跑的平均速度与运动员水平跑的平均速度逐渐接近，跨栏跑的成绩更接近于平跑成绩。因此跨栏跑技术的发展对跨栏跑运动员的速度要求也越来越高，速度将成为优秀跨栏运动员的灵魂。

2. "远起跨，近下栏"的技术逐步形成。现代过栏技术"远起跨，近下栏"这一特点是随着运动员的身高和身体素质的提高而出现的。起跨和下栏技术是整个跨栏跑技术中两个重要的技术环节。

起跨是指从起跨腿踏上起跨点至蹬离地面止这一段时间。起跨的任务是保持较高的水平速度，为迅速过栏创造更大的腾起初速度和适宜的腾起角度。正确的起跨攻栏技术是掌握好过栏技术的关键。优秀运动员的起跨距离为2.00~2.20米。

下栏着地是指从人体腾空过栏身体重心达到最高点开始，到摆动腿积极下压着地支撑这一动作过程。摆动腿积极有力的下压动作缩短了跨栏跑的腾空距离，减少了腾空时间，减少了运动员水平速度的损失，有效地缩短了过栏时间，提高了运动员的过栏速度，加快了上体的移动速度，使身体重心迅速赶上并超过支撑腿，而且还能保证过栏后获得较高的身体重心位置。优秀运动员的下栏着地点距离栏架约为1.5米，着地角度约为78度左右。

3. 栏间跑的步长以及栏间步与跨栏步趋于均匀化。由于摆动腿下栏的速度明显加快，腾空时间减少，起跨腿小腿直接收向大腿，折叠后靠拢向前提拉的动作，使下栏的第一步达到必要的步长与步速，使得整个跨栏跑的水平速度得到较好地保持，并非常连贯地由跨转入到快速跑进。过栏动作就像跑3步后接连跑一个大步一样，跑与跨结合紧密，使得栏间跑的步子与"跨栏步"相对接近达到较均匀化，而栏间3步的距离也由小、大、中趋向均匀化的方向发展。

4. 全程跑技术连贯，节奏感强。全程跑的任务是把跨栏跑各部分技术合理地连接起来，使运动员的技术和体能都能得到最大限度的发挥，以取得最好的运动成绩。由于全程跑运动员要跨越10个栏架，尤其是起跑到第一栏、最后一栏至终点，运动员跑的速度不断发生变化。虽然近年来跨栏周期的最高速度没有很大的突破，但是全程高速跑的能力得到了提高，优秀运动员的过栏技术日趋完善，水平速度损失减少，使得全程跨栏技术更自然、流畅，这对改善全程跑栏的节奏和提高跨栏成绩都起到了十分重要的作用。

（二）跨栏跑技术分析

跨栏跑项目有男子110米栏，400米栏；女子100米栏，400米栏。跨栏跑的技术可以分为起跑至第一栏技术，途中跑技术和终点冲刺跑技术。为了便于进行跨栏跑的技术分析，我们将跨栏技术分为直道跨栏跑技术和弯道跨栏跑技术。

1. 直道跨栏跑技术。直道跨栏跑项目有男子110米栏，女子100米栏。110米栏运动员一般用50~52步跑完全程，起跑至第一栏用7~8步，栏间跑3步，最后一架栏至终点用6~7步。110米跨栏跑的栏架高度为106.7厘米，栏间距离为9.14米，起跑线至第一栏的距离为13.72米，全程设有10个栏架。

100米栏运动员一般用49~50步跑完全程，100米跨栏跑的栏架高度为84厘米，栏间距为8.50米，起跑线至第一栏的距离为13米，全程设有10个栏架。

(1) 起跑至第一栏技术。起跑至第一栏的任务是快速启动，积极加速，为顺利跨过第一栏和为获得全程跑良好的节奏打下基础。

起跑至第一栏一般采用7步或8步。7步上栏时摆动腿在前，8步上栏时起跨腿必须放在前面。

起跑时的起跑动作基本与短跑技术相似，只是由于过栏技术的需要，起跑后上体抬得较早，后蹬角度略大，人体重心抬得较高。起跑后步长逐渐增大，跑第6步后，上体已接近途中跑的姿势。最后两步更加积极跑进，起跨步积极着地上步，并略缩短步长，加快起跑速度，为顺利过第一栏打下基础。

(2) 过栏技术。过栏的任务是使身体迅速越过栏架，为栏间跑创造条件。过栏是从起跨脚踏上起跨点后攻栏开始，到摆动腿积极下压脚接触地面止，这一技术也称为跨栏步技术。通常跨栏步技术分为起跨攻栏、腾空过栏、下栏着地3个阶段。110米栏跨栏步步长通常为3.30~3.50米，100米跨栏步步长通常为2.80~3.10米。

①起跨攻栏技术。起跨攻栏是指从起跨脚踏上起跨点到后蹬结束脚离地时为止，任务是保持较高的速度，为迅速过栏创造更大的腾起初速度和适宜的腾起角度。正确的起跨技术是过栏技术的关键。

起跨攻栏点110米栏一般距离栏架2.00~2.20米，100米栏距离栏架1.90~2.10米。为了保证高速上栏，起跨前的最后一步必须缩短步长10~20厘米，以保证起跨腿能迅速地经垂直部位转入后蹬。当起跨脚踏上起跨点时，摆动腿在体后开始折叠，脚跟靠近臀部，膝盖向下，以髋为轴，大腿带动小腿积极向前摆至膝超过腰的高度。当身体重心移过支撑点时上体加速前移。在摆动腿屈膝折叠积极前摆的配合下，起跨腿积极后蹬，起跨腿蹬地结束瞬间起跨腿髋、膝、踝关节充分伸展，并与躯干、头基本成为一条直线。在两腿蹬、摆配合完成起跨动作的过程中，上体也随之加大前倾，摆动腿的异侧臂屈肘向前上方摆出，另一臂屈肘摆至体侧，整个身体集中向前，动作平衡舒展，使人体形成积极有利的攻栏姿势。优秀运动员起跨攻栏时起跨腿后蹬角度一般为68~72度，完成起跨攻栏结束时两腿的夹角为120度。

②腾空过栏技术。腾空过栏是指从起跨结束身体转入腾空开始，到摆动腿过栏后即将着地的这段空间的动作，任务是保持空中的身体平衡，快速完成剪绞动作，以利于过栏后继续跑进。

起跨腿蹬离地面身体腾空后，摆动腿大腿继续向前上方摆动，两腿角度继续加大达125度。两腿在空中形成大幅度的劈叉动作。待摆动腿脚掌接近栏板时小腿继续前伸，摆动腿几乎伸直，摆动腿的异侧臂一起伸向栏板方向，与摆动腿基本平行。同侧臂后摆，上体加大前倾，躯干与摆动腿形成锐角，眼视前方。

由于人体腾空后身体重心的轨迹不能改变，为了加快摆动腿的积极着地支撑，摆动腿与起跨腿及其肢体的相向运动是提高过栏速度的重要因素。根据相向运动原理，摆动腿积极主动下压能促进起跨腿的快速向前提拉，因此摆动腿积极主动的下压是两腿快速剪绞的关键。

③下栏着地技术。理论上认为下栏着地是指从身体重心达到腾空最高点开始，到摆动腿着地支撑为止的动作过程。它的任务是尽量减少水平速度的损失，使身体平稳、快速地下栏并转入栏间跑。

因为摆动腿的积极下压动作是从腾空最高点开始的，所以实际上下栏的动作意识要早一些，一般当摆动腿的脚掌刚接近栏板时就开始积极下压摆动腿。摆动腿的积极下压加快了起跨腿髋部向前的移动速度。摆动腿的脚掌移过栏板的同时，起跨腿屈膝外展，小腿收紧抬平，脚尖外展上翘，脚跟靠近臀部，以膝领先经腋下向前加速提拉，两腿在空中完成以髋关节为轴的剪绞动作。

过栏时两腿的剪绞动作是在两臂与躯干的协调配合下完成的，两臂配合身体积极摆动，摆动腿的异侧臂与向前提拉的起跨腿做相向运动，膝、肘几乎相擦而过。当臂划过肩后，屈肘内收向后摆，另一臂屈肘前摆以维持身体平衡。

下栏时上体保持适当的前倾，着地瞬间摆动腿伸直，用前脚掌后扒着地，脚着地后踝关节稍有缓冲，使身体重心处在较高的位置，起跨腿大幅度带髋向前提拉，两臂积极有力地摆动，形成有利的跑进姿势。

下栏着地时着地点距栏架距离，110 米栏为 1.40~1.50 米，100 米栏为 1.00~1.20 米。着地时着地点距身体重心投影点的距离为 15 厘米，着地角度为 78 度。

（3）栏间跑技术。栏间跑技术是指从摆动腿下栏着地点到下一栏起跨点之间的跑动动作。它的任务是尽可能加快栏间跑的节奏，提高跑速，为顺利跨过下一栏创造有利条件。

栏间跑的实际距离除去跨栏步的距离外只有 5.50~5.70 米左右，栏间 3 步的步长比例一般为小、大、中，随着现代跨栏技术的不断发展，栏间跑的步长趋于均匀化。

栏间跑的第一步与跨栏步的积极下栏动作有密切关系，为使跑与跨动作结合紧密，下栏着地时，支撑腿脚掌必须充分后蹬，起跨腿快速向前带髋提拉。第三步的动作与起跨攻栏阶段技术紧密相连，为获得合理的起跨点，获得较快的过栏速度，第三步的步长比第二步短 15 厘米左右，而速度达到最快。因此整个栏间跑技术必须保持高重心，身体重心上下起伏小，跑得轻松、有弹性，直线性好，通过加快步频和改进跑的节奏来实现提高栏架跑速度的目的。

（4）全程跨栏跑技术。全程跨栏跑的任务是合理地将过栏技术与快速的栏间跑技术结合起来，保证以正确的节奏和最快的速度跨越全部的栏架。

全程跨栏跑是一个整体,但它的每一个阶段技术要求又各不相同。起跑至第一栏步点要准,步长与速度逐渐增加。全程的前三栏属于加速阶段,第四至第六栏速度达到最高,以后呈下降趋势。因此后程应注意尽量使动作不变形,避免速度下降过快。最后一栏过栏时两臂积极用力摆动并配合下肢蹬地,像短跑那样奋力冲向终点。

2. 弯道跨栏跑技术。弯道跨栏跑项目包括男子、女子400米栏。400米栏栏架相对较低(男子91.4厘米,女子76厘米),但栏间距离相对较长。起跑至第一栏为45米,栏间距离为35米。全程设十个栏架,最后一个栏架至终点距离为40米。由于栏架相对较低,过栏不是十分困难,但对运动员跨栏的节奏、速度、耐力以及意志品质都要求较高。

(1)起跑至第一栏技术:采用蹲踞式起跑,起跑器的安装与400米短跑相同。起跑至第一栏的步数固定,一般男子采用22～23步,女子采用23～25步,但必须保持步长的稳定性和准确性,为顺利跨过第一栏和跑好全程奠定基础。

(2)过栏技术:400米栏过栏技术与110米栏技术没有实质上的差异。由于栏架相对较低,因此,在跨400米栏的时候,起跨蹬地力量、上体前倾幅度和摆臂幅度、起跨腿的提托幅度都较直道跨栏项目要小。

400米栏除了跨直道栏以外,还必须在弯道上跨越栏架。跨弯道栏时,为了克服人体向前做直线运动的惯性,必须适当改变身体姿势以及后蹬和前摆的方向以产生向心力,克服离心力,使人体能顺利过栏。由于弯道过栏技术的要求,一般来说右腿起跨比左腿起跨有利,它可以利用向心力顺利过栏而不失去身体的平衡。右腿起跨时,要求用前脚掌的内侧蹬地,左腿屈膝攻栏时前摆稍向左前方,右手臂向左前方伸,左臂屈肘向右后方摆动,右肩高于左肩,腾空后摆动腿从栏架的左上角过栏。下栏着地时左脚用前脚掌外侧在靠近左侧分道线处落地，右脚提拉时向右前方用力，整个身体向左倾斜；左腿起跨时，栏前3步必须沿跑道中间跑进，并从跑道中间向偏右方向起跨；最后一步用左脚的前脚掌外侧落地起跨，稍向左前方蹬地，右腿屈膝向左前方攻摆，膝关节内扣，脚尖稍内转，腾空后小腿前摆过栏时要从栏架右端栏顶过栏，以免起跨脚从栏架外越过而造成犯规。

（3）栏间跑技术：由于栏间距离固定，因此，要求跨栏时有较好的节奏，栏间步数固定，步长准确，并能准确无误地踏上起跨点。栏间男子一般跑13～15步，女子15～17步。好的栏间跑技术表现为跑速均匀、节奏准确、动作轻松。向前跑的效果好。

栏间跑一般有相同节奏跑和混合节奏跑两种。相同节奏跑是指全程栏间跑均采用相同的步数跑完全程。混合节奏跑是指不同的段落采用不同的步数跑完。由于相同节奏跑技术要求较高，一般为优秀运动员采用。而混合节奏跑可以弥补后半程由于体力不支而导致速度下降、步幅减小的问题，保证全程栏间跑节奏的相对稳定。栏间步数与栏间节奏的建立，必须结合个人训练水平、运动能力，不能刻意模仿，更不可在比赛时随意改变。

（4）终点冲刺和全程体力分配。由于全程跨栏距离相对较长，全程体力的分配对提高栏间跑节奏和全程跑的成绩有较大的影响。全程采用匀速跑对提高栏间跑节奏和顺利过栏比较有利。全程跨栏时前半程与后半程的所用时间相差不超过2秒左右。从最后一架栏至终点还有40米距离，运动员已相当疲惫，此时要注意保持正确的技术动作，加强摆臂和抬腿，顽强地冲向终点。

三、跨栏跑的简要规则

1. 各参赛者必须在自己的线道内完成比赛，而且当参赛者跨越栏架时，若其腿或足从低于栏架顶的水平线跨越，或跨越并非自己赛道上的栏架，均应被取消资格。若裁判员认为参赛者故意以手或足撞倒任何栏杆，亦应取消其参赛资格。

2. 比赛时，运动员必须跨越10个栏架，除故意用手推或用脚踢倒栏架外，身体其他部位碰倒栏架不算犯规。

3. 参赛者的名次，决定于其身体躯干（有别于头、颈、臂、腿、手或足）抵达终点内侧之垂直线为止时的顺序。成绩相同而影响进入下一赛次时，若情况许可，均予以取录，否则应予重赛。

4. 在决赛中成绩同是第一，总裁判有权决定是否重赛，若认为无须重赛，则维持赛果；至于其他名次，就算成绩相同，亦无须重赛。

第九节 全能运动

一、概论

全能项目由跑、跳、投的部分组成。早在古希腊的奥林匹克运动会上就有五项全能运动竞赛。现代全能运动1880年始于美国。十项全能在欧美一些国家十分流行。1904年男子十项全能被列入奥运会，英国人托·凯利以6 030分夺得冠军。现代十项全能运动巧妙地均衡了竞赛项目、跳跃项目和投掷项目，既要求有良好的爆发力，又要求有良好的耐力，从而使该项运动进入了一个全新的发展阶段。

1912年，在瑞典的斯德哥尔摩举行的奥运会上正式将男子五项全能（跳远、标枪、200米、铁饼和1 500米）、男子十项全能（100米、跳远、铅球、跳高、400米、铁饼、110米栏、撑竿跳高、标枪和1 500米）列入奥运会正式比赛项目。1924年以后，奥运会取消了男子五项全能比赛。

十项全能评分法经历多次修改，但无论怎样修改，十项全能的成绩均在提高，从最初的6 564分（美国，吉·索普，1912年奥运会）直到现在的8 894分（捷克，德沃夏克，1999年7月）。

女子全能运动开展较晚，1934年才有五项全能运动的第一个正式的世界纪录，成绩是 4 155 分。1981 年开始以女子七项全能（100 米栏、跳高、铅球、200 米、跳远、掷标枪、800 米）代替了五项全能。无论是五项全能还是七项全能，女子全能运动的成绩都是与日俱增的。1984 年到 1992 年奥运会女子七项全能成为"乔伊纳·西克时代"，她以 7 291 分当之无愧地保留着"全能皇后"的称号。《田径竞赛规则 2002》中又出台了女子十项全能：第一天，100 米、掷铁饼、撑竿跳高、掷标枪、400 米；第二天，100 米栏、跳远、推铅球、跳高、1 500 米。

中国的全能运动开展较早。在 1912—1915 年举行的第七届远东运动会上，运动员曾获得五项全能和十项全能冠军。新中国成立后，十项全能全国纪录不断被刷新。1957—1965 年是"郑凤荣时代"，她 13 次改写全国五项全能记录，1965 年创造了 4 689 分的全国纪录。1979 年以后，中国田协颁布手计时和电动计时两套评分表，评分表以后又经修改。1993 年马苗兰创造了 6 750 分的亚洲纪录。现在的十项全能全国纪录是由齐海峰 2002 年创造的 8 030 分。

二、全能运动的技术特点与分析

全能运动项目多，必须利用多项目技术上的共性和个性组织教学，才能达到预期的效果。跑的项目首先要教会短跑的技术，再学会 400 米、1 500 米跑（200 米、800 米）的技术和战术，学习跨栏跑以及跳远、撑竿跳高、掷标枪的助跑技术。各投掷项目的动作形式不相同，但是最后用力的顺序、节奏，特别是髋部的主导作用和左侧支撑是基本相似的。先教会推铅球的技术，对学习掷标枪和掷铁饼技术都有帮助。跳高和跳远的技术性质、结构差别较大，为避免互相干扰，不要安排在一起教学。跨栏、撑竿跳高、掷标枪和掷铁饼的技术比较复杂，需要较长的教学时间。因此全能运动有其特有的教学、训练体系，从而使全能项目技术教学内容和方法程序化、系列化、成套化。

（一）技术训练

1. 短跑。

（1）跑的专门性练习：短跑的专门性练习几乎都应包括在每一次训练课的准备活动之中和短跑、跳远、跨栏以及其他技术训练之前。

（2）加速跑：30、50、80、100米。

（3）阶段跑：100米途中减速再加速。

（4）行进间跑：20、30、40、60、100米跑。

（5）上、下坡跑。

（6）固定节奏跑：重复100米跑，控制时间基本相同。

（7）起跑：原地站立式起跑、听信号站立式起跑、蹲踞式听枪和不听枪起跑（包括弯道起跑）。

（8）反复跑：100米×4，150米×4，300米×4。练习次数及强度由教练自己掌握。

（9）女子七项和男子十项运动员需要掌握好200米和400米弯道跑技术和弯道起跑技术。

男女全能选手每周应进行2~3次短跑训练，有时和跨栏、跳远、撑竿跳高等项目结合起来训练。

2. 跳远。首先掌握正确的起跳技术，其次是掌握跳远助跑节奏的技术。全能运动员需要安排专门的助跑训练课。每次可以跑6~8次；每次技术训练课之前跑4~6次全程助跑，然后进行跳远的短、中程完整技术练习。男女全能选手每周应至少进行2次训练，每次训练应完整练习15次以上（包括短、中和全程助跑）。2~4步起跳和"腾空步"练习次数应达到30次。

3. 推铅球。男子、女子采用适当重量的投掷物，接收腿→转髋→出手顺序做负重推球模仿连续动作，每组6~8次，并根据不同训练水平适当调整重量和组数。男女全能选手每周应至少进行2~3次技术训练，训练时，不同重量的铅球混合使用，以从重到轻的 2~3 个重量为最佳。

4. 跳高。跳高技术教学和训练，应首先掌握正确的起跳技术。迈一步起跳、蹬、摆紧密结合，2~4 步助跑起跳、蹬、摆紧密结合，垂直向上跳，4~6 步助跑垂直向上起跳。为了提高弹跳力，可在每周的力量训练中加入一些负重弹跳练习。全能选手每周应安排两次跳高辅助练习、一次过杆的完整技术训练。随着技术的掌握和成绩的提高，应增加过杆次数。

5. 400 米跑。400 米跑要求有良好的速度耐力。这就要求运动员分配好自己的体力，用自己的毅力完成冲刺。十项全能运动员 400 米跑的训练，应在系统地进行一般耐力训练和短跑训练的基础上进行。每周 1~2 次速度耐力训练：150 米×5 或 300 米×3 或 300 米×2+150 米×1+100 米反复跑和段落跑。

6. 男子 110 米栏和女子 100 米栏。跨栏的技术性强，几乎在每天训练的准备活动中都要做专门练习。接近正规栏间距的三步过栏练习和改进栏间节奏练习是最常用的训练手段。全能运动员每周应安排 2~3 次跨栏技术练习和跨栏的辅助性练习。

7. 掷铁饼。掷铁饼技术训练的主要手段是原地和旋转投不同重量的铁饼。熟练和巩固技术的基本方法是多次重复分解和完整旋转节奏的正确模仿练习。全能运动员每周应安排 2~3 次掷铁饼技术练习。

8. 撑竿跳高。撑竿跳高是十项中技术最复杂的。全能运动员掌握撑竿跳高技术，必须把短跑的速度和跳远的助跑节奏运用于撑竿跳高的持竿助跑中。撑竿跳高的前期技术训练应以插穴、举竿起跳为主，掌握熟练以后才可进行短程助跑完成过竿技术练习，进而进行全程助跑完成过竿技术练习。全能运动员每周应安排一次撑竿跳高训练。

9. 掷标枪。掷标枪是轻器械投掷项目。要充分利用助跑速度并要掌握好投掷步的节奏，加强肩关节的灵活性和柔韧性练习。

全能运动员每周应安排1~2次掷标枪训练。

10. 男子1 500米和女子800米。大多数全能运动员的1500米（800米）成绩都比其他项目稍差，原因有多种，但主要原因是有氧代谢的基础耐力差，有氧和无氧的混合代谢能力训练水平低。因此全能运动员800米和1 500米训练的主要手段是3 000~4 000米匀速跑、越野跑、变速跑及进行一些培养节奏感的训练。

（二）身体素质训练

全能运动成绩增长很快，其原因是运动员的身体全面训练水平越来越高，而力量、耐力、速度这三种基本素质又起着极为重要的作用。

1. 力量训练。按用力特点可将力量练习分为三类：第一类，基础力量，主要是杠铃练习，包括抓举、挺举、握推、深蹲、半蹲等；第二类，起局部作用的力量练习，包括扛杠铃杆、轻杠铃、实心球练习和联合器械等；第三类，和单项技术结合的专门力量练习，包括铅球前、后抛，各种模仿练习及腰、腹练习等。

2. 速度训练。速度分为移动速度、动作速度和反应速度。移动速度是指人体在单位时间内位移的距离。短跑的速度训练通常指最大速度的训练，亦即步长和步频形成最合适相互关系的训练。动作速度指人体完成动作的快慢。反应速度则是人体对外界刺激反应的快慢。

(1) 提高起跑反应速度的练习。

①保持半蹲姿势，听到信号后迅速向上跳起。

②从"预备"姿势，听到信号后猛蹬起跑器跳进沙坑。

③集体听枪起跑。

④各种发展反应速度的游戏。

(2) 发展加速能力和最大速度的练习。

①集体听枪起跑30米计时。

②让距起跑和加速跑。

③行进间30米计时。
④下坡跑。
⑤集体起跑60米计时。
⑥接力赛或含各种追逐内容的游戏。

3. 弹跳力的训练。弹跳力的训练分为数量跳和米跳。两种衡量弹跳力的指标包括量高度和量距离两种。数量跳训练方法有原地跳远、原地三级跳远、五级跳、十级跳和带助跑跳、双腿起跳触高等。米跳训练方法有50到200米或更长一些距离的单腿跳、跨步跳、换腿跳、垫步跳、单腿跳与跨步跳交替。这些训练本身都有技术要求，训练过程中要科学搭配和组合，并且要和全能运动中的跳跃项目起跳技术结合起来学，采用既可以发展弹跳力，又可以改善跳跃项目的起跳技术。

4. 柔韧性训练。关节的灵活性及肌肉、肌腱的弹性、延展性在运动实践中称为柔韧性，它是全能运动员完成大幅度动作、协调放松技术的基础。全能运动员须掌握跨栏、标枪运动员所采用的柔韧性训练手段：下肢有劈叉、直腿踢腿和绕环、体前屈等；上肢肩带柔韧性有双臂握标枪直臂转肩（双手握距逐渐缩小）、持枪做满弓；胸椎和腰椎柔韧性有垫上做背"桥"（手脚距离逐渐缩小）等。

5. 灵活性和协调性训练。灵活性是运动员掌握技术、应付复杂变化的外界环境的能力。通过掌握垫上运动、技巧练习、滚翻、手翻、跳箱练习和跨栏、跳高、跳远、投掷的旋转都可以提高灵活性。撑竿跳高技术本身就是极好地协调性练习，踢足球、打篮球、打排球、游泳等都可以改善协调性。

6. 耐力训练。
（1）有氧耐力的训练。有氧耐力训练的运动强度一般控制在70%～80%，心率控制在140～170次/分钟。训练方法有跑与走交替练习、匀速跑、变速跑、越野跑、跳绳等。次数、时间、负荷由教练根据运动员情况掌握。

（2）无氧耐力的训练。无氧耐力训练主要采用负荷的强度来控制。采用95%左右的强度，心率控制在180次/分钟以上，负荷持续时间3到8秒的大强度训练可以发展非乳酸性耐力。采用85%~95%的强度，160到180次每分钟，负荷时间多于3~5秒，控制在1~2分钟的训练可以发展乳酸性耐力。训练方法有加速跑、重复跑、变速跑等。

（3）肌肉耐力的训练。发展肌肉耐力一般采用负重训练法。即练习者承受一定的负荷，做多次重复练习，通常以中等强度，15~20次为宜。

三、全能运动的简要规则

1. 男子十项全能选手和女子七项全能选手的得分基于他们在每一项比赛中的表现，最后总成绩最高的人获胜。

2. 每一项比赛的得分都取决于该项目的评分标准，奥运会根据世界纪录制定出一个得分对应的表格，由选手的成绩在比赛中换算成分数，然后相加得出总分。

3. 在竞赛项目中除了1 500米和800米以外，选手们依他们的个人最好成绩排定比赛顺序。而作为十项全能和七项全能的最后一项比赛1 500米和800米，排序方法则是由前9项或前6项的总成绩依先后顺序列定。而在田径项目中，运动员则根据他们在该项目中的个人最好成绩分成两组。

4. 十项全能和七项全能中各项比赛规则与单项比赛基本相同，但有一些小差别；运动员在单项赛跑项目中若抢跑两次则被罚退出比赛，但全能比赛三次抢跑才处罚。新的世界纪录或奥运会纪录要求比赛时风速不能超过2米/秒，全能比赛则是4米/秒。具体规则可以参照各个单项比赛规则。

第六章 足 球

一、概述

足球运动起源于我国。早在3 500年前的商代,就有了"足球舞"。这是古代足球游戏的雏形。战国时期民间已盛行集体的"蹴鞠"游戏。及至西汉,足球已进一步发展成为竞赛性运动。

作为古代中国文明内容之一的足球,公元前4世纪即因古希腊马其顿国王亚历山大发动的战争而传入中东,以后传入罗马,发展成一种把球带到对方一端为胜的竞赛性游戏。接着,这种游戏又因战争传到法国,1066年传入英国。1863年10月,英国足球协会在伦敦成立了第一个足球俱乐部,制定了最初的比赛规则,现代足球运动随之逐渐兴起。最早的比赛阵形是英国人创造的"九锋一卫"式,即九个前锋,一个后卫,再加一名守门员。随着技术水平的提高,一名后卫难以抵挡九名前锋的进攻,于是产生"七锋二卫"式阵形,使攻守力量达到相对平衡。由于技术水平的进一步提高,防守力量又日趋薄弱。为了改变这种状况,1870年,苏格兰人创造了"六锋四卫"式阵形。接着,英国人又创造了"1+2+3+5"阵形。这一阵形体现了攻守力量的基本平衡,因此当时世界足球运动的发展影响很大。

为了适应足球运动发展的需要,1904年5月21日,法国、比利时、丹麦、荷兰、西班牙、瑞典、瑞士等国在巴黎发起成立了国际足球联合会。1925年,国际足联公布了新的"越位"规则,加重了防守任务,攻防矛盾越趋尖锐。据此,英国人契甫曼于1930年创造了"WM"式阵形,使攻防人数的分布达到均衡状态。这一阵形虽然在20世纪40年代前后盛行于全世界,但因"W"式的进攻很容易被"M"式的防守看死,故此阵形的出现对技术、战术的发展并没有直接起推动作用。20世纪50年代以来,世界足球运动经历了二次革命性的变革。1953年,匈牙利人突破了"WM"式的传统打法,运用四前锋制的打法击败了足球王国——英国队,并在第五届世界杯赛中以创纪录的进球数战胜了大多数世界强队,震惊了世界足坛。由于这一阵形开创了以攻为主的局面,因而有力地推动了当时的世界足球运动发展。1958年,巴西人在技术、技巧上有了新的发展,并创造了攻守趋于平衡的"四二四"阵形,使其夺取第六、七、九届世界杯的辉煌胜利,轰动了世界足坛。由于这一阵形与现代足球"全攻全守"打法相适应,因而很快被世界各国广泛采用,"WM"式打法被彻底抛弃。此后,又出现了"四三三"及其变体,但基本特点与"四二四"式相同,只不过在力量分配上更侧重于防守。1974年,在第十届世界锦标赛上出现了以荷兰、联邦德国、波兰为代表的总体型打法。按照这种打法,阵形只是在比赛开始前队员战位时看得出来。比赛开始后,由于全攻全守,阵形难以辨认。这种踢法打破了严格的位置分工,每个队员既能进攻又善防守,且守中有攻,攻中有守,攻守转换快速,战术灵活多变,体现了技术、战术和身体素质全面发展的趋势,因而被誉为足球运动史上的第三次革命。

目前,国际上规模较大的足球比赛有两种:一种是由国际足球联合会举办,每四年一届的世界杯足球赛。这是水平最高、影响最大的足球比赛。另一种是奥林匹克运动会的足球赛。为了培养后备力量,国际足联从1977年起,举办两年一届的世界青年足球锦标赛,从1981年起,举办世界少年足球锦标赛。

1934年,我国加入了国际足联。1958年,由于国际足联承认所谓"中华民国"足球协会为会员,我国足协宣布退出。1979年10月,国际足联决定恢复我国足协的合法权利,确认我国足协是中国的唯一代表。现在,足球运动已经成为亿万人民喜爱的"世界第一运动"。足球运动水平的高低,不仅代表了一个国家的体育运动水平,而且是一个国家物质文明和精神文明的标志之一。

现代女子足球运动于 16 世纪初始于英格兰。1890 年,英格兰首次举办了有一万多人观看的女子足球赛,并于 1894 年建立女子足球俱乐部。

二、足球的基本技术

足球技术是指运动员在比赛中所采取的各种合理的运动方法。它包括踢球、停球、运球、头顶球、抢截球、掷界外球和守门员技术。

(一)踢球

踢球是指运动员有目的地用脚的某一部位把球踢向预定目标的动作方法,在比赛中主要用于传球和射门。

1. 动作要求。

(1) 脚内侧踢球。直线助跑、支撑脚踏在球的侧方 15 厘米处左右。膝盖微屈,脚尖正对出球方向,踢球腿以髋关节为轴自然后摆,前摆时,屈膝外转,脚尖勾翘,脚掌与地面平行,用脚内侧部位击球的后中部(如图 6-1 所示)。

图 6-1 脚内侧踢球

(2) 脚背内侧踢球。斜线助跑,支撑脚踏在球侧后方约 25 厘米处,身体稍向支撑脚一侧倾斜,在支撑脚着地的同时踢球腿以髋关节为轴,大腿带动小腿由外后向前内呈弧线摆动,脚尖稍外转。当身体转向击球方向,膝关节摆至球的内侧上方时,小腿加速前摆,脚背绷直,脚趾扣紧斜下指,以脚背内侧击球的后中下部(如图6-2所示)。

图6-2 脚背内侧踢球

(3)脚背正面踢球。直线助跑,最后一步大而积极,支撑脚踏在球的侧方10~15厘米处。在支撑脚跨步着地同时,踢球腿的大腿后引,小腿尽力后屈。在支撑脚由斜撑过渡的直撑时,踢球腿以髋关节为轴。大腿带小腿由后向前摆动。当膝关节摆到接近球的正上方时,小腿加速前摆。击球瞬间脚背绷直,脚腕压紧,以脚背正面击球的后中部(如图6-3所示)。

图6-3 脚背正面踢球

(4)脚背外侧踢球。动作基本过程与脚背正面踢球相似,只是在摆踢过程中注意膝盖关节脚尖的内转，脚尖向下指，用脚背外侧踢球的后中部（如6-4所示）。

图6-4 脚背外侧踢球

2. 练习方法。

（1）两人一组、一人踩球、一人做踢固定球练习（体会触球部位）。

（2）对墙小力量踢球。

（3）二人一组，相距1～10米的传球练习。

（4）射门练习和踢远练习。

（5）结合小型比赛，进行踢球技术练习。

3. 易出现的错误动作与纠正方法。

（1）脚内侧踢球膝关节外转不够，脚尖段勾翘，小腿前摆不积极，形成直腿推球。对此，应多做模仿性摆腿练习。强调膝外转，翘脚尖，小腿积极前摆。

（2）脚背正面踢球脚面没有绷直，小腿用不上力、上体后倒。对此，应多练习对墙小力量踢球，或将球放于稍高的位置踢球练习。

（3）脚背内侧踢球击球部位不准，击球没力量。对此，应多做原地踢固定球练习。

（二）停球

停球是指利用规则允许的身体部位，有目的地将运行着的球控制到所需要的位置上的动作方法。其目的是控制球,并为衔接下一步动作创造有利的条件。

1. 动作要求。

(1) 脚内侧停球。判断好来球的速度、路线、落点和角度,膝、踝关节外转,脚尖勾翘,使脚内侧对准来球。当脚与球接触的刹那,根据来球的速度力量,做好后引缓冲或切压变向动作(如图6-5所示)。

图6-5 脚内侧停球

(2) 脚背正面停球。判断好来球落点,接球腿屈膝抬起,以脚背正面迎对来球,当脚背与球接触的刹那,膝、踝关节放松,将球接在所需的位置(如图6-6所示)。

图6-6 脚背正面停球

（3）脚底停球。支撑脚选好位置，膝关节微屈。停球脚自然提起，脚尖勾翘，脚跟距地面10厘米左右。当球进入脚掌与地面成的夹角时，小腿下踏，以脚掌触地压球的后中上部（如图6-7所示）。

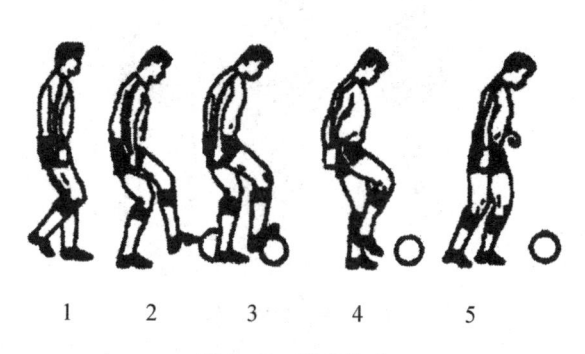

图6-7　脚底停球

（4）脚外侧停球。停球脚膝关节和脚内转。接触球时，要向停球脚外侧轻拨，把球停在侧前方或侧方（如图6-8所示）。

图6-8　脚外侧停球

（5）胸部停球。

①收胸停球。一般用来停胸部高度的平直球。面对来球，两脚前后开立，两臂自然张开，重心前移，挺胸迎球。当球运行到

与胸部接触前的刹那,重心迅速后移,收胸、收腹挡压球,以缓冲来球力量,把球停在身前。如果要把球向左(右)侧则应在接触球前的刹那向左(右)侧转体(如图6-9所示)。

图6-9 收胸停球

②挺胸停球。一般用来停高于胸部的下落球。面对来球,收下颌,两臂自然张开,两脚前后开立,重心落在两脚之间,屈膝。当球运行到与胸部接触前的刹那,两脚蹬地稍上挺,同时展腹,上体稍后仰和挺胸动作使球弹起改变运行路线后落于体前(如图6-10所示)。

图6-10 挺胸停球

2. 练习方法。

（1）各种停球技术的徒手模仿练习。

（2）对墙踢球后，用各种脚停球技术停球练习。

（3）二人一组，一抛一停球练习。

（4）自抛自停练习。

（5）二人相距 15 米左右，一传一停练习。

3. 易出现的错误动作与纠正方法。

（1）停球时迎撤未撤、压推未推、切挡未挡。应多做徒手模仿练习，多做用中等力量来球的停球练习。

（2）接球脚没对准来球，抬脚过高或过低，将球漏掉。应做短距离传球的停球练习。

（3）胸部停球时恐惧来球、躲闪转体，接触部位不对，收胸收腹的时机掌握不好不可做自抛自停练习，抛球停练习。

（三）运球

运球是运动员在跑动中用脚推拨，使球保持在自己控制范围内的连续触球动作。

1. 动作要求。

（1）脚背内侧运球。多用于掩护运球或改变方向的运球。跑动时，身体自然放松，步幅要小，上体前倾。运球脚提起，脚尖稍外转，在迈步前伸着地前，用脚背内侧推拨球。

（2）脚背外侧运球。适用于直线、弧线和变向运球。跑动时同脚背内侧运球。运球脚提起、屈膝、脚跟提起，脚尖稍内转，在迈步前伸着地前，用脚背外侧推拨球。

（3）脚背正面运球。多用在越过对方之后，前方纵深距离较长，仍需要快速运球前进的情况下使用。自然跑动，运球脚屈膝提起，脚趾下指，用脚背正面拨球的后中部，推球后重心随即跟上。

2. 练习方法。

（1）原地颠球练习。

（2）原地熟悉球的推、拨、扣、拉、挑球的练习。
（3）慢跑中运球练习。
（4）绕规定路线做运球练习。
（5）曲线运球绕杆的比赛练习。
（6）两人一组行进间运球、传球、停球结合射门练习。

3. 易出现的错误动作与纠正方法。

（1）球控制不好，不推拨球。原地做各种推拨球的动作，把球控制在所活动的范围内。

（2）触球部位不对，身体重心太稳。应多做模仿练习，注意身体重心的移动和变向。

（3）只注意低头运球，不观察场上的变化。看手势做变方向或变化各种运球技术的练习。

（四）头顶球

头顶球技术是运动员有目的地运用头的前额正面部位直接处理空中球时所做出的各种击球的动作方法。头顶球的方法主要有原地前额正面顶球和跳起前额正面顶球。动作要求如下：

1. 原地前额正面顶球。身体正对来球，两脚前后开立、屈膝、上体稍后倾、重心放在后脚上，两臂自然张开，眼睛注视来球。球运行到身体垂直部位的刹那，后脚用力蹬地，身体重心由后移向前脚的同时，迅速向前摆体，颈部紧张，快速甩头，用前额正面顶球的后中部，接着上体随球继续前摆（如图6-11所示）。

2. 跳起前额正面顶球。一般在跑动中多用单脚起跳，在原地则用双脚起跳。两脚积极蹬地起跳，在跳起上升阶段，挺胸展腹，任身体接近最高点时成背弓，利用快速收腹屈体的力量顶球，顶球后屈膝缓冲落地。

（五）抢截球

抢截球是转守为攻的积极手段，是防守技术的综合体现。抢球是用规则允许的条件和动作，把对方控制的或将要控制的球抢过来，踢出去或破坏掉。截球是将对方队员之间传出的球堵截住或破坏掉。它主要包括正面抢截、侧面抢截技术。

图 6-11 原地前额正面顶球

1. 动作要求。

（1）正面抢截。面向对手，重心降低，在对方运球脚触球后的刹那，支撑脚迅速蹬地抢球脚以脚内侧对球跨出，膝关节弯曲，上体前倾，身体重心继续前移，随后支撑脚前迈，抢球脚顺势向前上方提拉，将卡住的球从对方脚背上带过，同时重心及时跟上将球控制住。

（2）侧面抢截。当与对方持球队员并肩跑动时，身体重心稍微降，在对手近旁倒脚离地的刹那，用肩以下，肘以上部位冲撞对方的相应部位，使其失去平衡，乘机将球控制在脚下。

2. 练习方法。

（1）一人运球，一人以正面和侧面抢截球。

（2）两人一组做合理冲撞练习。

（3）两人一球抢截球练习。

（4）二对二抢截球练习。

（5）分组传抢练习（在规定的场区内，一组进行传，另一组进行盯人抢截）。

3. 易出现的错误动作与纠正方法。

（1）抢球时机不当，正面抢截时重心跟不上抢球脚。两人一组体会慢跑中抢截球时机，判断要准确。

（2）抢球顺序没按自下而上动作抢球。反复进行抢球动作环节练习，要按照自下而上的顺序完成倒地抢球。

（六）掷界外球

掷界外球是将越出边线的球，通过一定的方式重新掷入场内，恢复比赛的一种发球方法。

1. 动作要求。

两手持球上举到头后，后脚跟蹬地，收腹、向前摆臂和腕，将球掷出。助跑距离6米左右。

2. 练习方法。

（1）原地掷界外球练习。

（2）助跑掷界外球练习。

（3）结合实战进行掷界外球练习。

3. 易出现的错误动作与纠正方法。

（1）掷球时脚离开地面。应做两人一组由近到远掷界外球练习。

（2）没有将球从头后经头顶掷出犯规。反复做跑动中掷界外球练习。强调球从头后经头顶掷出。

（七）守门员技术

守门员身处最后一道防线，因此在全队防守中起着十分重要的作用。守门员技术是指守门员运用身体的合理部位采取有效的防御动作方法和接球后所做的有助于本队进攻的动作方法。守门员技术包括选位、准备姿势、移动、接球、扑球、托击球和发球等。

1. 动作要求。

（1）选位。一般站位点在球与两球门柱连线的分角线上，前后位置应根据球的远近距离相应调整。

（2）准备姿势。自然半蹲，脚跟稍提起，重心略靠前，以保证爆发式的起动。

（3）移动。一般采用快速、灵活、有节奏地滑步移动和交叉步移动。

（4）接球。

①低手接球。两手自然张开，掌心向前上方，伸臂迎球。手触球的刹那，曲臂引球缓冲，同时夹肘曲肘顺势抱球于胸前。

②上手接球。两臂上伸迎球，两拇指相靠手掌对球。当手触球时，手指、手腕适当用力将球接住，同时曲肘，回缩并下引，顺势翻掌将球抱在胸前。

（5）托击球。托击球一般是用掌跟部将球托出。

（6）扑球。

①倒地扑球。落地时以扑球侧的小腿、大腿、臀部、上体、肩部和手臂外侧依次着地。

②鱼跃扑球。落地时，先以两手按球着地，随后，扑球侧手臂外侧、肩部、上体、臀部、大腿、小腿依次着地。

（7）发球。分发脚踢球和手掷球两种形式，无论采用哪种发球形式都要求及时、准确、有明确的战术目的。

2. 练习方法。

（1）选位封角度练习。

（2）原地接球练习。

（3）移动接球练习。

（4）徒手倒地，鱼跃练习。

（5）扑接球练习。

（6）出击接球练习。

3. 易出现的错误动作与纠正方法。

（1）接球不稳，手法不正确或缓冲不及时，造成球脱手。应加强原地移动接球练习。

(2) 经验不足，判断失误，选位不好。应多做对传中球的出击接球练习。

三、足球基本战术

1. "二过一"战术配合。

"二过一"战术是指进攻队员在局部地区，通过两人间传球与跑位，突破一名防守队员的配合方法。常用的"二过一"配合有"直传斜插""斜传直插""踢墙二过一""回传反切二过一"和"交叉掩护二过一"等。

2. 三人进攻配合。

（1）传第二空当。通过一名队员的无球跑动吸引牵制一名防守队员，另外两名进攻队员利用其拉开的空当进行配合突破的方法。

（2）连续二过一配合。持球队员分别与两名进攻接球队员各发生一次有球联系的配合。

3. 局部防守配合。

（1）保护与补位。保护是通过防守队员相互合理的位置关系所形成的，补位是相邻队员为弥补同伴位置上的漏洞所进行的替位方法。补位一般在邻近队员间进行，以保证防线的整体结构不遭破坏。

（2）围抢。几名防守队员，在有利的场区或利用有利的位置，对有球队员进行攻击性地抢截方法。围抢是一种以多防少的集体配合行动，因此分工要明确，有围、有跨、有抢，快集快散，以保证阵形的整体性。

4. 全局性战术。

（1）全局性进攻战术。

①边路进攻。是从对方两侧地区发动进攻，调动对方的防守重心偏移，再将进攻方向转向中路，由中路和异侧同伴跟进包抄，抢点射门。

②中路进攻。是从对方中间地带发动进攻，通过个人突破或各种形式的传切配合中路渗透突破，创造射门机会。

③快速反击，在防御中，一旦得球，以压倒对方的气势迅速发动进攻。在快速反击时，能长传急攻就不要短传配合。能配合疾进就不要个人强行突破，有带球突破就要果断过人。

（2）全局性防守战术。

全局性防守依其防守形式可分为人盯人防守、区域防守、混合防守三种方法。其中混合防守是比赛中采用较多的一种方法。基本防守形式是对重点防区、重点人物和持球队员实行紧逼盯人，严格控制，在前场和中场采用区域防守，开展封抢堵截，以延缓和阻止进攻的发展。

5. 定位球战术。

（1）角球。角球进攻战术有两种。一种是直接将球踢至门前，由头球能力强的同伴争抢头球射门；另一种是短传配合。

（2）任意球。分为直接任意球和间接任意球两种。罚直接任意球可采用穿墙和弧线球直接踢入或采用过顶吊入；罚间接任意球时，传球次数较少，运用假动作声东击西。

（3）抛界外球。常用的战术配合有回传掷球人发起进攻；由接应队员攻击或冲门；接应队员第二次选位接球攻击；一人牵制两人，由其他队员伺机攻击；利用假动作进行攻击。

（4）球门球。发球门球的原则是及时、快速、准确、有效地发起进攻。发球门球时，可踢给后卫，由后卫向前场推进，也可踢高远球给进攻的一线队员。

四、足球规则简介

（一）比赛器材

比赛用的足球球体为圆形，外壳用皮革制成。球的圆周长为 68~71 厘米，比赛开始时的重量为 396~453 克，充气后的压力等于 0.6~11 个大气压力。比赛时每队上场人数不得多于 11 人，其中必须有一人为守门员。在比赛开始或进行中,某队队员人数不足 7 人时,裁判员应终止比赛,做弃权论。国际正式比赛,每队每场最多可以替补两名队员。正式比赛每场为 90 分钟,分上下两个半场,每场时为 45 分钟;除经裁判允许外,两个半场之间的休息时间不得超过 5 分钟。射门时,球的整体从两根门柱间及横木下越过球门线外沿的垂直面,即为胜一球。

(二) 罚任意球

1. 遇有下列情况判罚直接任意球。
(1) 踢或企图踢对方队员;
(2) 绊摔或企图绊摔对方队员;
(3) 跳向对方队员;
(4) 猛烈或带有危险性动作冲撞对方;
(5) 从背后冲撞对方;
(6) 打或企图打;
(7) 向对方吐唾沫;
(8) 拉扯对方队员;
(9) 推对方队员;
(10) 故意手球(不包括守门员在本方罚球区)。

队员故意违反以上 10 项规定中的任何一项,应由对方队员在犯规地点罚直接任意球。直接任意球可直接射门得分。

2. 遇有下列情况判罚间接任意球。
(1) 具有危险性动作;
(2) 阻挡对方队员;
(3) 阻挡对方守门员从手中发球;
(4) 守门员以手控球时间超过 6 秒;
(5) 守门员在发出球之后未经其他队员触及,再次用手触球;
(6) 守门员用手触及同队队员故意踢给他的球;
(7) 守门员用手触及同队队员直接掷入的界外球;

（8）守门员故意拖延时间；

（9）越位；

（10）开球、角球、中圈开球、掷界外球、任意球、球门球、罚点球时连踢。

（三）警告

1. 黄牌警告。

有下列情况时，裁判员应出示黄牌给予警告：

（1）犯有非体育道德行为；

（2）以言语或行为表示异议；

（3）持续违反规则；

（4）延误比赛重新开始；

（5）当以角球或任意球重新开始比赛时，不退出规定距离9.15米（站在本方球门线除外）；

（6）未得到裁判员许可进入或重新进入比赛场地；

（7）未得到裁判员许可故意离开比赛场地。

2. 罚令出场。

（1）严重犯规；

（2）暴力行为；

（3）向对方或其他任何人吐唾沫；

（4）用故意手球破坏对方的进球或明显的进球得分机会（不包括守门员在本方发球区以内）；

（5）用可判为任意球或点球的犯规破坏对方向本方移动着的明显进球得分机会；

（6）有无礼的、侮辱的或辱骂性语言及行动；

（7）在同一场比赛中得到第二次警告（这是针对同一队员而言）。

此外，比赛中如果守门员在本方罚球区内用球掷击或企图掷击对方队员，将被判罚球点球。

（四）越位

所谓越位，是指进攻队员向位于对方场区的本方无球队员传球的刹那间，这个无球队员与对方端线之间的场地内仅有1个防守队员。是否越位，决定于踢球的一瞬间，同队队员是否预先就处于"越位"位置。如果踢球队员在触球的一瞬间，同队队员不处在越位位置，而是球在空中或在接球时才跑到越位位置，不属越位。反之，球踢出后才从越位位置跑向不越位的位置接球，仍属越位。是否判罚越位要看越位队员在越位位置上是否干扰或企图获得利益，有则判越位，无则不判。主裁判员不是机械地执行越位规则。而是视临场具体情况加以判断，所以有时巡边员摇旗示意越位，但主裁判并不判罚越位。越位是足球比赛中一项特殊规定，比赛双方都可利用这一规定形成一种特殊的战术。防守一方在防守中使用造越位战术，可使攻方进攻瓦解；进攻一方使用反越位战术，可使进攻成功。

（五）合理冲撞

在足球比赛中允许队员有合理冲撞。合理冲撞是指球在双方控制范围内和在机会均等的情况下，用肩部做力量适当的和不带危险性的冲撞动作。合理冲撞的目的在于争球；球必须在双方控制范围之内；冲撞时必须以肩以下、肘关节以上的体侧部位去冲撞对方的相同部位；冲撞力量要适当，不得猛烈和带有危险性；冲撞时手臂不得伸展。符合以上条件即为合理冲撞。否则，就要判罚冲撞者犯规。

（六）铲球

足球比赛中，常常为了防守和进攻目的而铲球。对铲球的判罚原则是：凡是先铲到球，没有附加动作而使对方摔倒，为不犯规；反之，先铲到对方，再触到球，则判为犯规。

（七）球门球

进攻队员将球踢出或触出对方端线，判由防守一方踢球门球恢复比赛。守门员或其他队员均可踢球门球。踢球门球必须把球直接踢出罚球区，比赛方为开始。否则，应重踢。守门员不得将球接入手中后再踢入比赛。踢球门球时对方队员在球被踢出罚球区前都应站在罚球区外。踢球门球的队员将球踢出罚球区后，不得在球未经其他队员踢或触及前再次触球。否则应判由对方队员在犯规发生的地点踢间接任意球。

（八）角球

球被守方队员踢出或触出本方端线时，判由对方踢角球。罚角球时，在离球出界较近的角球区执行。球必须整体全部置于角球区内。踢角球时不得移动角旗杆，防守队员距球不得少于9.15米。角球可直接射门得分。

（九）掷界外球

比赛进行中，球的整体不论在地面或空中越出边线时，判由出界前最后触球队员的对方队员在球出界处掷界外球。掷球时，掷球队员必须面向球场，双手持球置于头的后方，两手平均用力，从头后经头顶用一个完整的连贯动作将球掷入场内。掷球时，任何一脚不得全部离地，允许在地上滑动，双脚可以站在边线外或踏在边线上，但不得全部踏入场内。掷界外球不能直接掷入对方球门。如果直接掷入对方球门内，应由对方踢球门球。界外球掷入场内，未经其他队员触及前掷球队员不得二次触球，否则算连踢，罚间接任意球。

（十）罚点球

点球的罚球点距球门正中端线11米（12码）。踢点球时除主罚队员和对方守门员外，其他队员均应在场内该罚球区外，至少距罚球点9.15米。守门员在球未被踢出前，必须站在两门柱之间的球门线上，两脚不得移动。主罚队员必须将球向前踢出，在未经其他队员踢或触及前不得再次触球。当球滚动至球的圆周距离时，比赛即为恢复。罚点球可直接射门得分。在足球淘汰赛中，或者事先决定每场都要定输赢的比赛中，如果两队在加时赛后还是平局，就要由两队轮流各踢5个点球决胜负。若踢平，则从第6

人起，两队轮流一人对一人踢点球，直到一队较另一队踢球次数相等，而进球多一球时为止。

（十一）场地规格

比赛场地应为长方形，其长度不得大于120米或小于90米，宽度不得大于90米或小于45米（国际比赛的球场长度不得大于110米或小于100米，宽度不大于75米或小于64米）。

1. 画线。线宽不得超过12厘米。较长的两条界线称边线，较短的叫端线，场地中间画一条横穿球场的线，称中线。场地中央应设一明显的标记，并以此点为圆心，以9.15米为半径画一个圆圈，称中圈。场地每个角上应各竖一不低于1.50米高的平顶旗杆，上系小旗一面，为角旗；中线两端的边线外1米处各竖相同的旗一面，为中线旗。

2. 球门区。在距球门柱（内侧）各5.50米处的端线上，向场内各画一条长5.50米的垂直线，一端与端线连接，另一端与一条和端线平行的线连接，这三条线与端线所构成的范围叫球门区。

3. 罚球区。在比赛场地两端球门柱内16.50米处的端线上，向场内各画一条长16.50米与端线垂直的线，一端与端线相接，另一端画一条连接线与端线平行，这三条线与端线范围的地区叫罚球区。在两端线中点垂直向场内11米处各设一条清晰的标记，叫罚球点。以罚球点为圆心，以9.15米为半径，在罚球区外画一弧线，叫罚球弧。

4. 角球区。以每一角旗杆为圆心，以1米为半径，向场内各画一圆弧。这个弧内地区叫角球区。

5. 球门。球门应设在每条端线的中央。由两根相距7.321米、与两面角旗等距离的直立门柱，与一根下沿离地面2.44米的横木连接组成。门柱及横木的宽度和厚度应相同，均不得超过12厘米。球网附加在球门后面的门柱、横木和地上。球网应适当撑起，使守门员有充分活动的空间。

第七章 篮 球

一、概述

篮球运动开始于1891年，由美国马萨诸塞州斯普菲尔德基督教青年会训练学校体育教师詹姆斯·奈史密斯博士创造。当时投掷的目标是装桃的篮子，所以取名为篮球。最初的篮球比赛对上场人数、场地大小、比赛时间均无严格限制，只要人数相等就可比赛。1892年制定13条规则，主要规定不准持球跑，不准用拳击球，不准有粗野动作，否则就算犯规。19世纪末至20世纪初，篮球运动传播至拉丁美洲和欧洲。1932年在瑞士日内瓦召开了由阿根廷等八国代表参加的第1次国际篮球会议，同年在罗马成立了国际业余篮球联合会。1948年国际篮联决定从1950年开始每4年举行1次男子篮球世界锦标赛。

女子篮球运动是从1917年前后兴起的，当时上场队员9人，1920年前后改为每队6人，以后又改为每队5人。1953年在智利举办了第1届世界女子篮球锦标赛，并决定以后每4年举行1次。国际篮联规定，奥运会篮球赛参加比赛的男队为12个队，资格是上届奥运会前3名、东道国、北美洲、南美洲、中美洲、大洋洲、亚洲、欧洲、非洲的冠军队和世界性选拔赛的第1名。参加比赛的女队为8个队。参加资格是上届奥运会的前3名，东道国和世界性选拔赛的前4名。历届奥运会上成绩最佳的是美国篮球队和苏联篮球队。1992年巴塞罗那奥运会开始，职业篮球选手可以参加奥运会比赛，提高了奥运会篮球赛水平。

二、篮球的基本技术

（一）移动

移动是队员在比赛中，为了改变位置、方向、速度，争取高度所采用的各种动作方法的总称。它包括走、跑、跳、急停、转身、滑步等各种脚步动作。这里就几种常用的移动方法做以简述。

1. 起动。起动是队员由静止状态变为运动状态的一种脚步动作，是摆脱防守的有效手段，是防守时抢占有利位置、防住对手的首要环节（如图7-1和图7-2所示）。

图7-1 向前起动

图7-2 向侧起动

动作方法：两脚前后或左右开立，两膝弯曲，上体稍前倾的基本站立姿势。起动时，后脚或异侧脚的前脚掌短促有力蹬地，同时上体迅速前倾或侧转，向跑动方向移动重心，后脚或异侧脚迅速向跑动方向迈出，两臂积极协调摆动，前几步要短促，以加快跑的速度。动作要点：移重心，猛蹬地，起步突然，碎步加速。

2. 急停。急停是队员在跑动中突然制动速度的一种方法，也是随时转换和衔接各种脚步动作的过渡动作。它常与起动、起跑、变向跑、转身等动作结合运用。急停分跳步急停和跨步急停。

（1）跳步急停（一步急停）：在跑动中，用单脚或双脚跳起（离地不要太高），上体稍向后仰，两臂自然摆动，两脚同时平行或稍有前后同时落地，屈膝，重心下降，保持身体平衡。

动作要点：屈膝收腹双脚轻跳离地，转体屈膝落地（如图7-3所示）。

图7-3 跳步急停

（2）跨步急停（两步急停）：在快跑中采用急停时，先向前跨出一大步，两脚先后落地，先落地的脚用全脚掌着地，屈膝，身体稍向后倾，后落地脚要落在另一脚的侧前方，脚尖稍向内转，用前脚掌内侧蹬地，两膝弯曲，身体侧转，重心下降，保持身体平衡（如图7-4所示）。

图7-4　跨步急停

动作要点：第一步抵地要屈膝，上体侧转移重心；第二步用力抵地体内转，臀下坐降重心。

3. 转身。转身是以一脚做中枢脚，另一脚蹬地向任何方向跨移，借以改变身体方向的一种方法。常与跨步、急停结合运用。经中枢脚向前跨出的转动叫前转身；经中枢脚向后跨出的转动叫后转身。

（1）前转身：以跨步停接球前转身为例，以右脚为中枢脚，左脚用力蹬地，向右脚尖方向跨步，重心移于右脚并用前脚掌做轴旋转，同时转肩向前转身（如图7-5所示）。

图7-5　前转身

（2）后转身：以跨步急停接球后转身为例。右脚在前，左脚在后，以左脚为中枢脚，右脚用力蹬地，向右后撤右脚，同时转肩转髋，向左脚跟方向移动。重心移于左脚并用脚掌做轴旋转，向后转身（如图7-6所示）。

图7-6 后转身

4. 滑步。滑步是防守时的移动步法。滑步可分为侧滑步、前滑步、后滑步三种。

（1）侧滑步：由基本站立姿势开始。滑步时，用移动方向异侧脚掌内侧用力蹬地。另一脚向移动方向跨出，蹬地脚要迅速贴地面跟上，滑动时身体重心不能上下起伏，应保持在两脚之间，手臂应根据进攻者的情况而变化。

（2）前滑步：由前后站立姿势开始，滑步时，前脚向前迈出一步，着地的同时，后脚紧随着向前滑动，保持开立姿势。注意屈膝，降低重心。

（3）后滑步：动作方法与侧滑步相同，只是向后滑动。滑步动作要点：蹬跨要协同有力，滑动时，身体要平稳，两臂要伸展。

5. 移动的练习方法

（1）听信号或看信号向不同方向起动快跑。

（2）自己抛球或他人抛球后，起动快速接球，不让球落地。

（3）跑动中做跨步急停和跳步急停。

（4）原地不持球或持球，做前转身，后转身练习。

（5）运球中做前转身或后转身的练习。

（6）听或看手势，做各种滑步练习。

（7）综合练习：在场内做起动、急停、各种跑和滑步的练习。

（二）投篮

投篮是运用正确的身体姿势和手法，将球从篮圈上面投入球篮的各种动作方法的总称。常用的投篮动作就结构而言有单手和双手两类，就完成动作的形式来说又有原地、行进间、跳起三种，从投篮的距离可分为远距离投篮、中距离投篮和近距离投篮。投篮动作技术较复杂，是最为重要的且比较难掌握的技术之一。

1. 投篮技术。投篮技术包括持球技术、瞄准方法、抛物线和球的旋转等几个方面。

（1）持球动作：即持球手法及部位。投篮的手法有单手和双手两种。单手投篮法是：五指自然分开，用指跟以上部位触球，手心空出，手腕后仰托球，球的重心落在食指和中指之间。大臂与肩近水平，肘关节内收，小臂与大臂的夹角约成90度角，前臂上举持球于同侧肩上。双手投篮法是：两手五指自然分开，握住球两侧略后的部位，两拇指呈八字形，手心空出，手腕放松，两肘自然下垂，肩关节放松。

（2）瞄准方法：瞄准就是投篮时看什么地方。投空心篮时，看篮筐前沿的正中点或中心点。碰板投篮适用于与篮板成15~45度角的区域，以接近30度角地区效果为最好。瞄准点因投篮的角度、距离、球旋转和用力大小不同而有所不同。一般情况是角度小、距离远，则瞄准点离篮圈距离高而远；反之，则低而近。

（3）抛物线：一般投篮的球，抛物线的最高点距离地面在3.5~4.2米之间较理想。

（4）球的旋转：最好使投出的球沿着球的横轴向后旋转。

2. 投篮方法。投篮方法较多，这里只介绍原地单手投篮、跳起投篮和行进间低手投篮。

（1）原地单手投篮：它具有出手点高，便于结合和转换其他攻击动作，以及在不同距离和位置上均可应用的特点。动作方法：右手投篮时，持球于头部右侧上方位置，左手持球侧下面，右脚在前，左脚稍后站立，两膝微屈，重心落在两脚掌上。投篮时，下脚蹬腿用力。身体随之向前上方伸展，同时抬肘向投篮方向伸臂用手腕前屈和手指拨球动作，使球柔和地从食、中指端投出。球离手时，手臂要半送，脚跟提起。

（2）跳起投篮：具有突然性强，出手点高和不易防守等优点。动作方法：两手持球于胸前，两脚自然站立，膝部稍屈，重心在两脚之间。起跳时，两脚用力蹬地，身体垂直起跳，同时两手持球于肩上，当身体至空中最高点时，托球手向上伸直前臂，最后用手腕和手指的力量将球投出。

（3）行进间低手投篮：具有速度快，命中率高和防者不易封盖等优点。动作方法：以右手投篮为列，右脚跨出一大步同时接球，左脚跨出一小步并用力蹬地向前上方跳起，同时将球持于胸前；右腿迅速屈膝上抬，投篮时，右手要充分向球篮前沿举球，用挺肘和手腕上挑的柔和动作，使球出手，并向前旋转入篮。

3. 投篮练习方法。具体如下：

（1）先做模仿练习，然后持球练习。

（2）定点投篮。选择各种角度反复进行投篮。

（3）直线、斜线、弧线移动中接球，做行进间低手上篮或急停跳投。

（4）半场，一对一做突破投篮练习。

（5）二对二，结合中锋应做急停跳投练习。

（三）传、接球

传球时进攻队员之间有目的地转移球的方法，也是队员之间互相配合和组成进攻战术的纽带。传球分单手和双手传球两大类，这里只介绍双手胸前传球和单手肩上传球。

1. 双手胸前传球。动作方法：成基本姿势站立，置球于胸腹之间，肩、臂、腕部肌肉放松，传球后，后脚蹬地，重心前移；同时，两臂迅速前伸，手腕由下向上翻转。同时，拇指用力下压，食指、中指用力拨球，使球沿横轴向后旋转传出。

2. 单手肩上传球。动作方法：以右手为例，双手持球于胸前，传球时，左脚向传球方向迈出半步，同时双手引球至右肩上方，左肩对着传球方向，体重落在右脚上。出球时，右脚蹬地，转体带动上臂前臂迅速前甩，手腕前扣，最后通过食指、中指、无名指的弱拨下压动作，将球传出。

3. 双手接球动作方法。接球时，两眼注视来球，肩臂放松，手臂前伸迎球，手指自然分开，手指触球的瞬间手臂后引，减缓来球的力量，双手置球于胸前，以便为下一步的传球、运球、投篮做好准备。

4. 传、接球练习方法。

（1）一人一球对墙传、接球。

（2）二人一组做各种传球接球练习。

（3）三角形传接球练习。

（4）弧线侧身跑传、接球练习。

（5）二人全场传、接球练习。

（四）运球

持球队员在原地或移动中，用单手连续按拍借助地面反弹起来的球，叫运球。运球是进攻技术的重要组成部分，是摆脱防守和组织全队进行配合的方法之一。运球的方式多种多样，现在介绍以下几种。

1. 高运球。可用在快速推进时。

动作方法：抬头，目视前方，上体稍前倾，以肘关节为轴，用手按拍球的后侧上方，球的落点在身体侧前方，球反弹的高度在腰胸之间，一般为拍一次球跑两步。

2. 低运球。可用在接近防守队员时。

动作方法：抬头看前，两膝弯曲，降低重心，上体前倾，靠近防守队员的一侧，同时用上体和腿保护球。用手短促地按拍球，使球反弹的高度在膝部以下，以便更好地控制球和摆脱防守。

3. 运球急停急起。它是利用速度的突然变化来摆脱防守的一种方法，常在对方紧逼防守或快速运球不能摆脱防守时运用。

动作方法：运球急停时，用手快速投按球的前上方，同时两脚做跨步急停，并转入低运球，用臂、身体和腿保护球。运球急起时，后脚用力蹬地，同时，按拍球的后侧上方，向前运球，加速超越对手。

动作要求：停得稳，起动快，人速球速配合好。

4. 运球练习方法。具体如下：

（1）原地做高低变换运球。

（2）原地做不规则节奏的低运球或两手两球的低运球。

（3）原地体侧前后运球。体会前推后拉运球时，手按拍球的部位和用力程度。

（4）4~5名学生为一组分开站立，持球于端线。根据教师的信号练习急停急起或变速运球。

（5）两人一组，一攻一防，做急停急起运球练习。

（6）一人一球，体会运球和脚步动作的配合，做不同高度、速度，变向和转身的运球练习。

（五）持球突破

持球突破是队员运用脚步动作和运球技术快速超越对手的一项攻击性很强的动作。它与传球和投篮密切结合运用。突破方法常见有同侧步突破和交叉步突破。

  1. 同侧步（顺步）突破。以从防守队员左侧突破为例。突破时，用左脚掌内侧用力蹬地，右脚迅速向对手左侧跨出一步，同时上体稍右转，左肩下压，用右手放球于右脚侧前方。左脚迅速跨步抢位，用右手拍球，加速超越对手。

  2. 交叉步突破。以右脚为中枢脚从防守队员左侧突破为例。突破时，左脚向左侧跨出一小步为向左侧突破的假动作，然后，左脚前掌脚内侧用力蹬地向防守者的左侧跨出一大步，左肩前压，重心前移，右手立即将球拍在左侧前方，中枢脚迅速用力蹬地上步，加速超越对手。

  3. 突破练习方法。

  （1）面对球篮瞄篮，突然快速向左或右侧前做跨步突破动作。

  （2）自己跳步接急停后，做顺步和交叉步突破。

  （3）半场一对一做持球突破上篮。交换进行。

  （六）防守对手

  防守对手是防守队员合理地运用脚步移动和手臂动作，积极地抢占有利位置。阻挠和破坏对手的进攻，并以争夺控球权为目的的行动。常用的有防守有球队员和防守无球队员两种。

  1. 防守有球队员。原则是防守者应站在篮与对手之间的位置上，并同他保持一臂的距离。一般来讲，离篮远则远，离篮近则近，并根据对手的特点，战术的需要而有所调整。例如，对手善于突破，则采用平步防守，即两脚取前后站立的防守姿势，一臂一伸，一臂侧伸进行阻挠。不论采用哪种防守方法，都要积极移动，当对手运球或突破时，堵截他的移动路线，迫使他运向边角。当对手做假动作时，不要受其引诱而失去身体平衡。

  2. 防守无球队员。一般来说，防守队员应站在对手与篮球之间的内侧位置上。准备姿势的站法应有变换，出球近防时，应采用面向人侧向球的站法，不让对于摆脱按球；离球远远防守时，采用侧向人面向球的站法，便于断球或协防配合。不论采用哪种站法，都要积极运用各种脚步移动跟住对手，并配合手臂动作去堵截，阻挠对手，迫使他向不利方向移动。

3. 防守对手的练习方法。具体如下：

（1）一防一：攻方做各种摆脱的移动，守方利用脚步移动中的各种步法，始终与攻方保持1米的距离。不让对手摆脱接球。

（2）半场或全场的一攻一守：防守者既要防止进攻者运球突破，又要正确选位，投篮。

（3）二对二或三对三的攻守练习：防守者根据进攻者的摆脱、传球、投篮、突破动作，练习防守不持球队员和持球队员的动作。

（七）抢、断球和抢篮板球

1. 抢球。抢球是从对手手中夺得球的方法，包括拉抢和转抢。

（1）拉抢：防守队员看准对手持球的空隙部位，迅速用双手抓住球向后猛拉，抢过来。

（2）转抢：防守队员抓住球的同时，迅速利用手臂后拉和双手转动的力量，抢过来。

（3）要求：接近对手，判断准确、快速、敏捷、有力。

2. 断球。是截获对方传接球的方法。常见的有横断球、纵断球。

（1）横断球：是从接球队员的侧面跃出截获球的动作。断球时，身体重心下降，做跃起的准备，当传球队员将球传出的一刹那，立即上步以单脚用力蹬地跃出，身展双臂前伸，将球截获。

（2）纵断球：是从接球队员身后或侧后截获球的动作。如果从接球队员的右侧向球时，右脚先向右前方迈出一步，然后侧身跨左腿绕过对方，同时右脚用力蹬地跃出伸展，两臂前伸获球。

3. 抢篮板球。是指比赛中双方在空间争夺投篮未中球碰篮板或篮圈的球。它是攻守的关键。它是观察判断，集力量弹跳，空中抢球为一体的综合技术。常见的有单手抢篮板球和双手抢篮板球两种。

（1）单手抢篮板球：跳起在空中充分展体，右臂上举，用腰腹力量控制身体平衡，当手指触碰球的侧方或下侧方，用力屈腕、屈指握球，前臂随之拉球于胸前，以保护球。

（2）双手抢篮板球：身体起跳在空中时，两臂用力伸向球反弹的方向，身体和手最高点时，双手将球握住，腰腹用力，迅速收臂将球置于身前，以保护球。

4. 抢断球和篮板球的练习方法。

（1）一人持球于胸前，另一人做上步抢球。

（2）三人一组，二人传球，一个做纵断球或横断球，获球后运球上篮。

（3）向篮板抛球，然后跳起用单手或双手抓碰篮板后反弹的球，并做一定次数和组数。

（4）教师投篮，二人同时抢位并抢篮板球。

三、篮球的基本战术

（一）传切配合

传切配合时两三名队员利用传球和切入技术组成的简单配合。④传球给⑤，立即摆脱对手，向篮下切入，接⑤的回传球。

（二）突分配合

突分配合是持球队员采用突破技术，打乱对方防守阵形，利用传球与同伴配合的进攻方法。⑤运球突破，吸引④补防，此时④及时跑至有利位置，接⑤的传球投篮或做其他进行配合。

（三）策应配合

策应配合时是处在内线的队员背对或侧对篮筐接球后，以他为枢纽，通过多种传球方式与其他队员的空切、绕切相结合，借以摆脱防守，创造各种进攻机会的一种配合疗法。策应配合的方法，在传球的同时向底线做压切动作，然后突然移动到罚球线右侧接传球做策应。传球后摆脱向身前绕切,接传球跳投或突破,此时应同时做反切摆脱准备接球投篮。策应后转身跟进抢篮板球。

(四)半场人盯人防守

这种防守既是转入防守时,放弃前场的防守,全队退至后场盯住自己的对手。常见的有半场缩小人盯人和半场扩大人盯人。

半场人盯人防守应遵循以球为主,人球兼顾和有球则紧,无球则松的原则。合理运用防守基本配合,进行强有力的抢、堵、封,控制和破坏对手的进攻。当对手进行掩护进攻时,迅速观察和判断,根据进攻者掩护质量,做出挤过、绕过、穿过、换防等配合的行动来抑制对手。当对手利用中锋进攻时,可根据中锋和外线队员的特点,或集中优势夹击中锋,或积极封堵外线队员,以切断供给中锋的球。当对手利用持球突破来压缩防区得分时,相近的两防守队员可积极采用关门配合和夹击配合,其他队员要积极补防和抢断,以防止对方形成突破分球配合。总之,当对方切入分球能力强,中锋威胁大,则要采用半场缩小人盯人防守;同时,根据场上双方技术战术的需要,选择采用半场缩小人盯人防守或半场扩大人盯人防守。

(五)快攻

快攻是由攻转守时,以最快的速度创造人数上以多攻少或趁对方立足未稳,利用熟练的行进间技术,快速结束战斗的战术。

1. 快攻的组织形式。有长传快攻、短传快攻和结合运球突破快攻三种。

(1)长传快攻:是队员在后场获球后,立即把球传给迅速摆脱对手进行偷袭的同伴的一种配合。它是由一两个进攻队员自己的奔跑速度和同伴传球的速度超越防守来完成。

(2)短传快攻:是队员防守获球后,立即以短促的传球和快速的奔跑迫近对方篮下进行进攻的一种配合方式。

(3)结合运球突破快攻:队员防守获球后,无法采用长、短传球推进时，应立即快速运球突破，再次寻找配合机会，以提高快攻的速度和威力。

2. 快攻的组织结构。由发动、推进、结束三个阶段组成。

3. 发动快攻的时机。有抢篮板球，抢、断球，掷后场端线界外球和跳球等。

四、篮球规则介绍

每场比赛应由4节组成，每节12分钟。比赛中凡裁判员鸣哨即停走计时表。第一二节和第三四节以及每一决胜期之前应有2分钟的休息时间。在头3节的每节比赛中，每队允许暂停1次，第四节允许暂停2次，每次1分钟。每个决胜期为5分钟，每队有1次暂停机会，决胜期应被视为第四节比赛的延伸。可延长几个决胜期，直至分出胜负为止。违例和犯规时篮球规则的主要部分如下。

（一）违例

违例主要有以下几种情况。

1. 出界。当球触及界外的人或物、篮板支架、篮板背面以及篮板上方时为球出界，由对方在就近的边线外掷界外球。

2. 3秒。当某队控制球时，同队队员在对方限制区内停留超过3秒钟，将被视为3秒违例。

3. 5秒。掷界外球、罚球或持球队员被对方紧逼防守时，必须在5秒内传、投、运球。

4. 8秒。当一个队从后场控制活球时，必须在8秒内使球进入前场。

5. 24秒。两个队在场上控制活球时，必须在24秒内投篮，并触及篮圈。

6. 球回后场。控制球队的队员在前场时，不得传球回后场。

7. 带球走。当队员在球场上持球活球时，其中枢脚在球离手前抬起并落地，为带球走。

8. 两次运球。运球后持球在手，未经投篮或传球又再次运球，为两次运球。

此外还有故意用脚踢球和罚球违例等。出现上述违例时均由对方掷界外球。

（二）犯规

规则严格限制犯规动作，目的是使运动员在比赛中避免粗野动作，合理地运用技术。

1. 防守犯规。防守队员用打手或推、撞、拉、顶等动作影响进攻队员投篮；用推、拉、拦、挤等动作阻拦对方运球或抢球；防守无球队员时用推、拉、挤等动作不让对方接球或抢球。

2. 进攻犯规。进攻队强行进攻而发生冲撞已占据正确位置的防守队员；进攻队员在跑动中掩护时，由于掩护的距离和位置不当而发生冲撞；防守队员已占据正确的防守位置，进攻队员强行推、撞、挤开防守队员而接球或抢球。

3. 技术犯规。运动员或教练员对裁判员不礼貌，不服从裁判，擅自更改号码，故意抓篮筐或拖延时间妨碍比赛，以及教练员乱喊叫不听劝告，均可判技术犯规。场上队员不论伤人犯规或技术犯规，达 5 次者均必须自动退出比赛。

第八章 排 球

一、概述

排球运动是由美国麻省霍利约克城基督教青年会干事威廉·摩根于1895年发明的一项球类游戏演变而来的。首次排球比赛是1896年在美国斯普林费尔特林肯专科学校举行的。出场人数由双方共同商定，不限多少，但必须相等。

排球运动首先在美洲流行起来。1900年、1917年排球运动相继传入亚洲和欧洲。排球运动几经演变，先后改为16人制、12人制、9人制，最后改为6人制。

为了推动排球运动的发展，1947年17个国家排球协会的代表在巴黎举行会议，正式成立了国际排球联合会，负责领导国际排球运动。国际排联现已拥有140多个会员。1949年、1965年先后开始举办每四年一次的世界排球锦标赛、世界杯排球锦标赛。1964年第18届奥运会把排球列入正式比赛项目。

我国的排球运动始于1905年，当时广州、香港的一些学校最先有了排球运动，之后逐渐发展到上海、天津、福建、江西和其他地区。最早的排球比赛每队上场16人，前后站成4排；1923年改为3排12人；1927年改为3排9人。从1913年起，我国男子排球队参加历届远东会的排球比赛。我国女子排球运动是1920年才开始的。1949年前，由于排球运动得不到广泛开展，因而技术水平很低。

新中国成立后，我国的排球运动迅速发展。群众性的排球运动不仅在工矿、机关、学校、部队得到广泛开展，而且在农村也开展起来了。被誉为排球之乡的广东省台山县，1972年就有排球场2 100多个，球队5 300多个。1950年，9人制排球改为6人制排球。1956年，实行等级联赛制度，1962年，我国男、女排球队在世界排球锦标赛上，均获得第9名。1981年，我国女排以全胜成绩夺得第三届世界杯赛的冠军，打响了三大球冲出亚洲、走向世界的第一炮。我国男排在第四届世界杯赛中也取得第5名的成绩。我国女排自1981年起，连续在世界杯赛、世界锦标赛和奥运会排球比赛获得5次冠军，被誉为5连冠。

排球比赛是在长18米、宽9米，中间有横隔球网的场地上进行的，比赛分为两队，每队6人，各占半个场区，运用发球、垫球、传球、拦网等技术和战术，互相攻守，不使球在本方场内落地。正式比赛采用5局3胜制。

排球运动作为游戏项目，有消遣、娱乐的作用。作为竞赛项目有很强的对抗性、技巧性、集体性。经常参加排球运动，可以促进人体务器官系统的正常发育，机能状况的改善，使人动作灵活，反应迅速。弹跳力增强，并能培养人的沉着、冷静、机智、果断的品质，因此，排球运动备受大、中学生的喜爱。

二、排球的基本技巧

（一）发球

发球是一场比赛的开始，也是进攻的手段。攻击性发球，不仅可以直接得分，而且可以破坏对方的进攻，造成对方情绪上的波动，阵脚上的混乱，士气上的低落，局面上的被动，从而减轻本方的拦防压力，为反攻得分创造有利的条件。此外，本队发球攻击性强，发球的方法多样，在训练发球与接球发球的对抗练习中，可以促进队员接发球技术的提高。

发球技术是排球比赛中唯一不需同伴配合，不受对方干扰的自我完成动作。在排球比赛中，发球者根据要达到的目的及掌握技术的熟练程度，可以自行决定发球方式、站位地点、发球速度、发球弧度、发球力量和球的落点。同时，发球容易受心理因素的影响。发球时，队员独自拿球站立，有充分的时间思考，信心充足，果断坚决，可以发挥已有技术的威力；优柔寡断，缺乏信心，往往使技术变形，造成不应有的失误。因此，运动员不仅需要熟练掌握一种或几种符合自己条件和特点的发球技巧，运用发球战术得当，还需要排除不良心理因素的影响，坚定发球信心，才能发出攻击性的球，达到预期的发球目的。

当然，一般来说，发球攻击性愈大，失误的可能性也愈大，所以，如何把球发得又准又狠，是练习发球要解决的主要矛盾。

发球技术从站位方式来区分有正面发球、侧面发球；从性能来区分有飘球、旋转球；从击球挥臂来区分有上手发球、下手发球。但其主要常用技术有：上手飘球、勾手飘球、上手大力发球、跳发球、下手发球等。

1. 打球技术要领。

不论采用哪种发球，其技术动作过程都是相同的：站位和持球准备→抛球和击球前的摆臂→全身发力和挥臂轨迹→击球手型、击球点、击球部位→击球后的动作。这些动作是在瞬间连贯完成的，需要注意以下几点。

（1）抛球要稳。将球平稳地向上抛起，每次抛球高度应基本固定。

（2）击球要准。要以正确的手形击中球体的相应部位，使作用力方向和所发球飞的方向一致。

（3）手法要正确。击球手法不同，发球性能就不一样。例如，发旋转球，击球时要求全手掌包满球，手腕要有推压动作。发飘球时，手腕不能有推压动作，要用手掌根击中球的中心，使球不旋转地向前飞行。

2. 常用发球动作方法。

（1）上手飘球。最普遍的一种发球。这种发球由于发球队员面对球网站立,便于观察瞄准,故准确性较高,容易寻找对方的弱点。同时,由于发出的球在飞行过程中不产生旋转而发生不规则地向前飘晃飞行,从而造成对方接发球的困难。

准备姿势:面对球网,两脚自然开立,左脚在前,左手托球于体前。

抛球:左手用掌平稳而准确地将球抛在体前右肩前上方,高度约 40~50 厘米,同时,右臂抬起,屈肘后引,肘略高于肩,上体稍后仰。五指并拢,指尖朝上,手腕稍后仰保持一定的紧张,眼睛注视球体。

击球:右脚蹬地重心前移,以收腹、转体迅速带动手臂的挥动。挥臂呈直线,在右肩前上方,用手掌的坚硬部击中球的后中部。击球的力量要集中迅猛,击球的作用力通过球重心,使球部旋转地向前飞行。击球瞬间,手指手腕紧张,手型固定,不加推压动作。击球结束,手臂最好有突停动作。击球后,即可迅速入场。

要领:击球点靠前,挥臂呈直线,掌根击重心,突停球不旋。

(2) 勾手飘球。勾手飘球是常用的一种发球方式。发球队员由于采用侧面对球网站立,可充分利用腰部扭转带动手臂加速挥击,比较省力,对肩关节负担较小,因而较适用于远距离发飘球和手臂力量较弱的女队员。发出的球呈不规则地向前飘晃飞行。

准备姿势:左肩在前对网侧站,两脚自然分开,左手持球于胸前,注视对方情况。

抛球:左手作托送动作,将球平稳地抛在左肩前上方约一臂的高度。

击球:击球时,右脚蹬地,上体向左转动发力,带动手臂挥动,挥动时手臂要伸直,在右臂的左上方,用掌根击球的中部。抛球和击球动作要协调。在击球前手臂要突然加速发力。手臂的挥动轨迹在击球前的一段过程中保持直线运动,击球点稍靠左。击球的瞬间,五指并拢,手腕后仰并保持紧张。击到球时手臂挥击突停,作用力通过球体重心。击球后迅速入场。

要领:抛球不宜高,抛击要协调,击球不屈腕,突停容易飘。

(3) 上手大力发球。上手大力发球是比赛中男队员常用的一种发球方式,也是跳起发球的基础。它利用转体收腹动作带动手臂加速挥击,同时利用手腕的推压动作,使发出的球向前旋转飞行。

准备姿势:队员面对球网,两脚自然开立,左脚在前,左手托球于身前;左脚在前,身体自然右转,这样就便于向左转体挥臂击球。

抛球:用抬臂和手掌的平托上送,将球平稳垂直抛于右肩的前上方,高度适中。抛球太前,会造成手臂推球,不易过网;抛球太后,不能充分运用转体、收腹力量;抛球太高,不易掌握击球时机;抛球过低,来不及挥臂充分用力。

挥臂击球:在左手抛球的同时,右臂抬起,屈肘后引,肘与肩平,上体稍向右侧转动,抬头,挺胸,展腹,身体重心移向左脚。击球时,利用蹬地,使上体向左转动,同时收腹,带动手臂挥动。鞭甩挥臂的顺序是以腰带肩,肩带上臂,上臂带前臂,前臂带手腕,最后传递到手。在右肩上方伸直手臂,用全掌击球的中下部。击球时,手指自然张开与球吻合,手腕迅速主动作推压动作,使击出的球向前旋转飞行。击球后,随着身体重心前移,迅速进场。

要领:抛球右肩前上方,高度高于手约一米;转体收腹带挥臂,弧形鞭打加力量;全掌击球中下部,手腕推压向前转。

(4) 正面下手发球。下手发球在高水平队比赛中已不多见,但其动作简单,容易掌握,准确性高的特点,使它不仅是初学者常用的发球方法,也是教练员训练队员时抛、传球的一种手段。下手发球包括正面下手发球、侧面下手发球、高吊球三种,由于其相同的基本动作结构,这里只以正面下手发球为例分析。

准备姿势:面对球网,两脚前后分开,左脚在前,右脚在后,两膝微曲，上体前倾，左手持球于腹前，右臂自然下垂，两眼注视球。

抛球：左手将球在体前右侧抛起，离手20~30厘米，在抛球的同时右臂后摆。

击球：右脚蹬地，身体重心前移。右臂伸直，以肩为轴，向前摆到胸前，用虎口，或掌根，或手掌击球的后下部，随着击球动作身体重心前移，迅速入场。

要领：抛球刚离手，摆动肩为轴；直臂将球击，随球人入场。

3. 发球的练习方法。

（1）徒手模仿发球的完整动作。

（2）抛球、引臂练习。

（3）击固定球练习。

（4）近距离体会发球动作。

（5）对墙发球练习。

（6）发球区发球练习。

（7）发向指定区域的练习。

4. 易出现的错误动作与纠正方法。

（1）抛球过高或离身体太近、击不准。做原地抛球练习，击固定球练习可纠正。

（2）下手发球手臂挥击不在垂直于地面的平面内。做击固定球练习，对墙发球、练习挥臂动作可纠正。

（3）发飘球时击球部位不准，作用力没有通过球体轴心。强调挥臂路线，手腕紧张，多练击固定球练习可纠正。

（二）垫球

1. 垫球的技术要领。

垫球是排球的基本技术之一，是用手臂从球的下部，利用来球的反弹力向上击球的技术动作。

垫球主要用于接发球、接扣球、接拦回球，有时也用来组织进攻。接发球和接扣球是组织进攻的基础，是比赛中争取少失分、多得分，由被动转为主动的重要技术。只有接球到位，才能组成各种快速跑动的集体进攻战术，争取空间，赢得时间，突破拦网。接球失误不仅会立即丢分，使接球失误队员的心理压力增加，而且会影响其他队员的技术发挥，二传得不到好球传，扣手得不到好球扣，使全队紧张、急躁、混乱。

垫球的动作结构简单，两臂一并，向上一抬。垫击动作就算完成了。但要做到垫稳、垫准，控制好落点就不是容易的事了。它不仅仅要求臂、肘、腕等部位的相互配合，而且要求移动灵活，取位正确，全身协调用力。因而要在比赛中熟练地将垫球运用于接球和接扣球则有一定难度。同时，垫球是一项提高慢，消退快的技术，垫球水平的提高并非短期突击所能奏效，但短期不练便有明显的下降。为此，要经常保持一定时间和次数的训练，特别是赛前更要加强训练。

垫球技术按动作方法可分为：正面双手垫球、跨步垫球、体侧垫球、低姿垫球、背垫、单手垫球、前扑后垫、鱼跃垫球以及挡球等。

2. 常用的垫球方法。

（1）正面双手垫球。具体如下：

准备姿势：两脚开立，稍比肩宽。在左半场及中场位置接球最好左脚在前，在右半场位置最好右脚在前，在中场也可采用内八字脚站立。两脚跟适当提起，双膝弯曲，上体自然前倾，全身放松，随时准备移动。

垫球手型：两手掌根紧靠，两手手指重叠合掌互握，两拇指平行，手腕稍下压，两臂外翻形成一个平面。

击球部位：看准来球，两臂夹紧前伸，插到球下，用前臂腕关节上方约10厘米左右的地方两臂桡骨内侧形成的一个近似的平面击球的下部。

击球动作：向前上方等地抬臂，迎击来球，使插、夹、抬、蹬连贯完成，灵活控制球的方向和力量。

手臂角度：垫球手臂与地面所成的夹角，对控制球的方向、弧度、落点影响很大。一般来说，来球弧度高，手臂与地面的角度应该小些；来球弧度平，手臂与地面的角度应该大些。如果垫出的球弧度较平，距离较远时，手臂与地面所成的角度要大些；如果垫出的球的目标距离成正比，注意手臂的反弹面必须对着出球方向。

要领：两臂夹紧插球下，抬臂送体腕下压；蹬腿跟腰前臂垫，轻球重球要变换。

（2）体侧垫球。比赛中对来球来不及身体移动进行正面垫击时，往往采用侧面垫击。当球向接球队员的左侧飞来，右脚前掌内侧蹬地，左脚向左跨出一步，重心随即移到左脚上，左膝微曲，同时两臂夹紧向左伸出。右肩微向下倾斜，用向右转腰和收腹动作，结合两臂自左后方向前截住球飞行的路线，用两前臂垫击球的后下部。切忌随球向左侧摆臂击球，这样容易把球垫飞。当来球在体侧较高位时，两前臂靠拢，向侧方向截击来球。击球一侧肩做向上回旋，异侧肩做向下回旋。同时腰部转动配合两臂形成理想的击球反弹面，将球垫起。

（3）低姿势垫球。当来球很低，落点在身体前一步距离时，队员深蹲降低身体重心，双手贴近地面向上垫击，叫低姿势垫球。

低姿势垫球时，前脚尖指向垫出方向，后脚跟离地，后脚大小腿贴紧，上体前倾，两腿弯曲程度要大，髋关节要低于膝关节，两肩自然下垂向前压低，手臂贴紧地面插到球下，肘部尽量下降并置于膝部内侧，双手合拢，用小臂或虎口上步击球后部，垫击时重心随球上升。给力要恰如其分，如果是大力来球，要稍有后撤缓冲动作。来球力量小时，可以用屈肘、翘腕动作将球垫起。

3. 练习方法。

（1）徒手模仿垫球练习。

（2）自抛自垫练习。

（3）对墙练习。

（4）二人一组，一抛一垫。

（5）二人对垫。

（6）三人三角垫球（三人成等边三角形站立）。

（7）多人单球移动垫球。

（8）接发球垫球练习。

（9）接扣球练习。

4. 易出现的错误动作与纠正方法。

（1）重心高、直膝垫球。反复练习站姿、强调屈膝低重心；结合接低弧度球进行纠正。

（2）垫击曲肘，手腕上翘。原地垫固定球；多做对墙练习，体会夹臂、顶肘和压腕动作。

（3）插、夹、抬、蹬动作不连贯，用力不协调。多做徒手模仿练习和原地击垫固定球练习。

（4）侧垫时摆臂击球，将球蹭飞。强调侧垫技术要求；放慢抛球高度，体会两臂由侧后向前动作。

（5）背垫击球点低，垫球准确性差。

（6）抬手移动垫球。自抛自垫，传垫结合练习。

（三）传球

1. 传球技术要领。

传球是排球比赛中防守和反攻的衔接技术，它的好坏直接影响着战术配合质量，关系到扣球效果。没有良好的传球技术作保证，要想在比赛中取得胜利是很难的。

传球动作细腻，需要较强的手指手腕力量，手指手腕较强的控制能力和高度的协调性。传球技术的运用，多数是将同伴送来的球传出，并改变方向，改变弧度，改变速度。这样，传球的质量，既取决于自己的手上功夫，又依赖于同伴创造的条件。

自从开展排球运动以来，传球一直是运用广泛的一项重要技术，其技术动作方法至今没有多大变化。其基本动作可分为正传、背传、侧传、跳传四种。四种传球主要用于二传，例如，顺网二传、背二传、侧二传、跳起二传、传快球、传平拉球，等等。也可用于其他传球，如一传、吊球和处理球等。

2. 传球常用方法。

（1）双手正面传球。双手正面传球是传球中最基本的传球方法，它控制球面积大，手和全身动作容易协调配合，传球的准确性和稳定性也高，是掌握和运用其他各种传球方法的基础。传球技术动作是个完整的连续过程，可以从六个方面加以分析。

准备姿势：两脚左右开立比肩宽，一脚在前，两脚尖适当收敛，脚跟稍提起，膝关节稍弯曲，上体伸直，重心靠前，身体要稳定，抬头看球，双手自然抬起，放松，置于脸前。

迎球：当球下降近额前时，蹬地伸膝，伸臂，两手向前上方迎击来球。

击球：击球点在额前上方约一个球的距离处，这样便于看清传球的目标，有利于对准球和控制传球方向。同时手在触球时肘关节尚未伸直，也便于继续伸臂用力。

手形：当手触球时，两手自然张开成半球形，手指与球吻合，手腕稍后仰，以拇指、食指、中指托住球的后下部，手指手腕保持适当的紧张，以承担球的压力。两拇指相对，接近一字形，两手间的距离，可因手的大小而定。用拇指的内侧，食指的全部，中指的二三关节触球，无名指和小指在两侧辅助控制传球方向。两肘适当分开，两前臂之间要有一定距离。

用力：传球动作时全身协调用力。传球用力的顺序是：蹬地，伸膝，伸肘，伸臂，手指手腕屈伸。最重要的是利用伸臂和手腕手指的紧张用力和球压在手指上产生的反弹力将球传出。要根据来球的速度、弧度、力量而适当地控制伸臂和手腕手指的紧张程度，以加强或缓冲出球速度，控制好传球的弧度和距离，提高准确性。至于在瞬间控制球速和力量，主要是靠手臂、手腕、手指对球的本体感觉的敏锐程度。

要领：额前迎击球，触球手张开，蹬地伸臂送，指腕缓冲弹。

（2）背传。向后上方传球，称为背传。背传是传球基本方法之一。比赛中采用背传可以变化传球路线，迷惑对方，组成多变的战术配合。

准备姿势：上体比正面传球时稍直立，身体重心稳定在两脚之间，双手自然抬放，放松置于脸前。

迎球：双手上举，挺胸，掌心稍向上，手腕稍后仰。

击球点：保持在额上方。

手形：与正面传球相同，拇指托球的后下部。

用力：利用蹬地、上体后仰、挺胸、展腹、抬臂及手腕手指的弹力将球向身体后上方送出。

（3）侧转。身体不转动，主要靠双臂向侧方伸展的传球动作叫侧转。侧转有一定的隐蔽性。侧转的准备姿势、迎球动作与正面传球相同，击球点保持在额前或稍偏于出球方向一侧。传球手形与正面传球相同，但倾向出球一侧的手臂要低一些，另一侧则要高一些。用力时，蹬地后上体要向出球方向倾斜，双臂向传出一侧用力伸展，异侧手臂动作幅度大，伸展较快。

3. 练习方法。

（1）原地徒手模仿传球动作。

（2）以传球手形触及固定球。

（3）自传练习。

（4）对墙传球练习。

（5）二人对传练习。

4. 易出现的错误动作与纠正方法。

（1）掌心和拇指朝前。对墙传球练习，传固定球练习。

（2）移动慢，对不准球，控制不好。快速移动练习，选位正确；针对各种不同角度和方向的球通过移动来提高控制球的能力。

（3）臂先伸直，向前扒球。原地徒手模仿伸臂动作，自抛传向同伴练习。

（4）传出的球低、近。多做发展手指、手腕的力量练习；将球高抛后传出；强调伸臂方向。

（四）扣球

1. 正面扣球技术基本动作。

正面扣球由于面对球网，便于观察，能根据对方拦防情况，随时改变扣球路线和力量，挥臂动作灵活，准确性高，便于控制球的落点，是最基本和最有效的进攻方法，也是各种扣球技术的基础。强攻、快攻、后排攻，近网、远网、调整扣以及各种战术进攻的扣球都是在正面扣球基础上演变、派生而出的。

准备姿势：一般站在距离球网3米左右，两臂自然下垂，稍蹲，脚步不要站死，眼睛观察来球，做好助跑起动的准备。

助跑：助跑的方向、速度和步数根据二传来球的方向、速度和弧度决定。助跑步法力求灵活、适应性强，根据二传球情况和个人特点确定采用一步、两步、三步或多步助跑。两步助跑时，先左脚放松而自然地向起跳方向迈出第一步，紧接着跨出右脚，支撑点落在身体重心之前，并以脚跟先着地，两臂由体前经体侧摆置体后下方，上体前倾，重心前移，着地的右脚迅速由脚跟过渡到脚掌，同时左脚随即在右脚的前方着地，身体重心下降，两膝弯曲，上身稍向右转，准备起跳。三步助跑则在两步助跑之间，右脚迈出一步，步幅要比第二步小些。助跑总的要求是连贯、轻松、自然，由慢到快，由小到大，只要脚一动就要有相应的手臂协同动作。

起跳：助跑最后一步脚的落地就是起跳的开始，常用的起跳方法有两种：一是并步法，即一脚跨出后，另一脚迅速向前并步，落于该脚之前，随即蹬地起跳；二是跨跳法，即脚跨出的同时，另一脚也跨跳出去，使两脚有一腾空阶段，两脚几乎同时着地和蹬地。前者便于稳定重心，适应性强，后者蹬踏力量大，可增加反作用力，有利于增加弹跳高度。不论哪种方法起跳，当踏跳脚着地的瞬间，手臂摆至身体侧后方并开始向前摆动，当两腿弯曲至最深时，手臂摆至体侧，而后蹬直两腿向上划弧上摆，两脚迅速扒地，双膝猛伸，向上跳起。

空中击球：起跳后，挺胸展腹，上体稍向右转，右臂向上方抬起，身体成反弓形。挥臂时，以迅速转体、收腹动作发力，一次带动肩、肘、腕各关节成鞭甩动作向前上方弧形挥动，在右肩上方最高点击球。击球时，提肩、伸臂，五指微张呈勺形，以全掌包满球，击中球的后中部，力量通过球中心，手腕有推压动作，使球向前下方旋转飞行。

落地：空中完成击球动作后，身体自然下落，尽量用双脚的前脚掌先着地，以缓冲身体与地面的撞击力，落下时保持平衡，以便落地后能及时完成下一个动作。

2. 练习方法。

（1）原地两步或三步助跑起跳。

（2）原地练习挥臂击球动作和击固定球练习。

（3）网前两步或三步助跑扣固定球。

（4）助跑起跳扣吊球练习。

（5）对墙自抛助跑扣球。

（6）网前助跑甩垒球的挥臂动作练习。

（7）四、二号位扣球。

3. 易出现的错误动作与纠正方法。

（1）助跑前冲、击球点保持不好。画线限制前冲。

(2) 起跳时间过早或过晚。采用提示性语言或加以外力给予强化，多做对墙助跑起跳的自抛练习。

(3) 挥臂动作僵硬、脱肘、击球点不高。原地扣球，放松做鞭打动作。

(4) 打不转，未包满。扣固定球。练习手包满球；多练习手腕推打动作，使球旋转。

（五）拦网

1. 拦网动作方法。

拦网技术动作包括：准备姿势、移动、起跳、空中击球和落地 5 个相互衔接的部位。

准备姿势：面对球网，密切注视着对方动向，两脚平行开立，约同肩宽，两膝稍屈，两手自然弯曲置于胸前。身材高大队员双手可上举过头，随时准备起跳或移动。

移动：根据不同情况可灵活运用并步、跨步、滑步、交叉步、跑步等各种移动步法，身体重心移动到拦网位置，准备起跳。

起跳：移动后立即制动。使身体正对球网后起跳，或在起跳过程中在空中使身体转向球网。例如，原地起跳则从拦网准备姿势开始，两脚用力蹬地，两臂在体侧划小弧用力上摆，带动身体向上垂直起跳。起跳时膝关节的弯曲深度可因人而异，可因来球不同而异，但腰、膝、踝关节的形成角度大体上各为 90 度、100～110 度、80～90 度。

空中击球：起跳后稍收腹，控制平衡。同时，两手从额前贴近并平行网向网上沿上方伸出，两臂伸直，两肩尽量上提。拦击时，两手尽量伸向对方上空，接近球，两手自然张开，屈指屈腕呈勺形。当手触球时，两手要突然抖腕，用力捂盖球前上方。拦击时根据对方扣球线路变化，两手在空中向球变线方向伸出，外侧手掌心在拦击球时内转包球。

落地：拦网后自然落回地面，落地时屈膝缓冲。落地后准备做下一个动作。

2. 练习方法。

（1）原地拦网的模仿练习。

（2）两人一组、一人持球于头上，另一人做拦网的包球压腕练习。

（3）两人一组网前一抛一拦的拦网触球练习。

（4）两人一组一扣一拦练习。

（5）沿网移动拦网练习。

（6）二、四号位固定线路扣球，进行拦网练习。

（7）三点进攻，练习集体拦网。

3. 易出现的错误动作与纠正方法。

（1）起跳时间过早、过晚。反复强调拦网起跳时机，通过信号刺激锻炼适宜的起跳时间，以提高判断能力。

（2）拦网时手臂下压、造成触网犯规。在球网上沿对方上空置一固定球，反复体会伸臂后的用力压腕动作。

（3）漏球。减小手形与间距；减少手与网的距离；多练习拦网固定球的练习。

（4）不看扣球动作，盲目起跳。加强正确判断，确定进攻路线，移动并对正、慢跳；多做原地徒手与结合球的扣拦练习。

三、排球的基本战术

战术是进行战斗的原则和方法。排球战术是指队员在比赛中，根据排球规则要求、排球运动规律和比赛双方情况，合理运用技术所采取的有意识、有目的、有组织的个人和集体配合行动。

全面、准确、熟练和实用的技术是组织战术的基础，而合理地运用战术又能更加充分地发挥技术的威力。

（一）排球战术的分类

排球战术可分为个人战术和集体战术两大类。集体战术又进一步分为接发球及其进攻（简称一攻）、接扣球及其进攻（防反）、接拦回球及其进攻（保攻）、接传、垫球及其进攻（推攻）四个战术系统（如图8-1所示）。

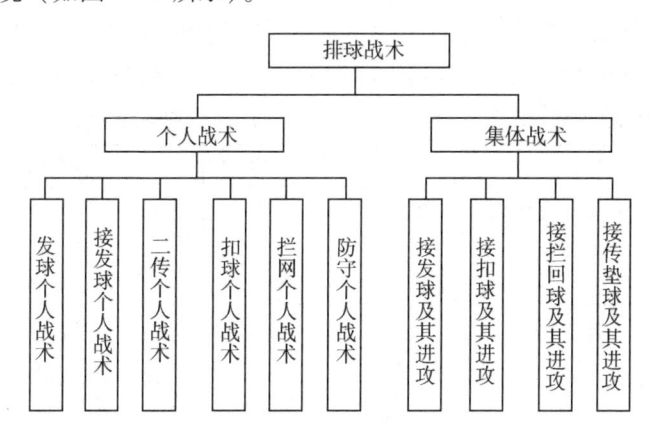

图8-1 排球战术的分类

(二) 阵容配备

阵容配备指比赛时场上人员的搭配布置。阵容配备的目的是合理地把全队的力量搭配好，更有效地发挥每一个队员的特长和作用。为此，在组织阵容时，应该考虑根据队员的身体素质、技术水平合理安排其在阵容中的位置，把进攻力量强的和防守技术好的队员搭配在一起，使每一轮次都有较强的进攻能力和较好的防守能力；主攻手、副攻手和二传手分别安插在对称的位置上，以便在轮转时保持比较均匀的攻防力量；根据战术需要和队员间默契程度，把平时配合较好的进攻队员和二传队员安排在相邻的位置上；扣球好的主攻手一开始站在最有利的位置上，例如，四号位防守好的队员，应站在后排；本方有发球权时，发球好的队员最好站在一号位；发球权在对方时，发球好的队员可站在二号位；一传较差的队员尽可能不要安排在相邻的位置，避免形成薄弱地区。根据各队不同的技术水平和战术特点，一般有以下三种阵容配备。

1. "四二"配备。即场上两个二传手、四个攻手（其中两个主攻手、两个副攻手），安排在对称的位置上（如图8-2所示）。每一轮次前排都有一个二传队员和两个进攻队员，便于组织前排二传传球的两点进攻和后排二传插上传球的三点进攻。但每个进攻队员必须熟悉两个二传队员的传球特点，否则配合比较困难。

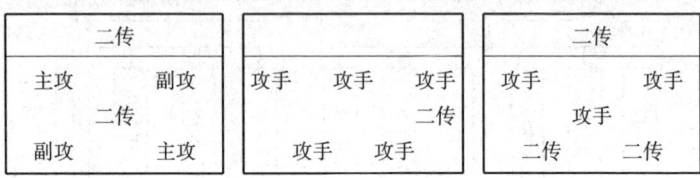

二传			攻手	攻手	攻手	二传		
主攻		副攻		二传			攻手	
二传			攻手	攻手	攻手			
副攻		主攻				二传		二传

图8-2 "四二"配备、"五一"配备、"三三"配备

2. "五一"配备。即场上一个二传队员，五个进攻队员（如图8-2所示）。为了弥补有时主要二传队员来不及传球所出现的被动局面，通常在二传队员的对角位置上，配备一名有进攻能力的接应二传队员。二传队员在前排时采用两点进攻，二传队员在后排时采用插上传球的三点进攻，由于前排三个都是攻手，可以加强进攻和拦网的力量。"五一"配备中，全队进攻队员只需适应一名二传队员传球的习惯、特点，容易建立彼此间的默契。但防反时，二传队员如果在后排，要插上传球，难度较大。

3. "三三"配备。即三名能攻的队员与三名能传的队员间隔站位（如图8-2所示），使每一轮次都有传有扣，是初学者常用的一种阵容配备。

（三）位置交换

排球规则规定，发球以后，队员在场上可任意交换位置。利用这一规则，各队通常采用专位进攻、专位防守的方法。一般来说，在前排，主攻队员换到四号位，拦网好、移动快连续起跳能力强的副攻队员换到三号位，二传队员换到二号位。在后排，主攻队员换到五号位，副攻队员换到六号位，二传队员换到一号位。这种位置变换，使队员专位化，便于发挥每个队员的特长。有利于队员掌握某项实用技术。但专位化也容易造成队员技术的不全面。

换位时应注意：换位前，应按规则的要求站位，防止"位置错误"犯规；当发球队员击球后，迅速换到预定位置；对方发球时，应首先准备接球，然后再换位，以免影响接球；本方发球时，换位队员应面向对方场区，观察对方动态；成死球后，应立即返回原位，及早做好下一球的准备。

（四）进攻战术

进攻战术是指在接对方发过来、扣过来、拦过来和传、垫过来的球后，全队所采取的有目的、有组织的配合进攻行动。进攻战术又可分为进攻阵形和进攻打法两方面。

1. 进攻战术阵形。进攻战术阵形即进攻时所采取的队形。不论是接对方发过来、扣过来、拦过来，还是传、垫过来的球，进攻时所采用的阵形是基本一致的，有"中一二""边一二""插上"三种战术阵形。

（1）"中一二"进攻战术阵形。三号位队员做二传，将球传给四、二号位队员进攻的组织形式（如图8-3所示）。其优点是一传向网中三号位垫球比较容易，因而有利于组织进攻，适合初学者采用；二传队员在网前接应一传的移动距离近，向四、二号位传球的距离较短，容易传准。缺点是战术变化少，对方容易识破进攻意图。

（2）"边一二"进攻战术阵形。二号位队员做二传，将球传给三、四号位队员进攻的组织形式（如图8-4所示）。其优点是右手扣球者在三、四号位扣球比较顺手，战术变化较多。缺点是五号位接一传时，向二号位垫球距离较远；一传垫球到四号位时，二传传球较为困难。

（3）"插上"进攻战术阵形。二传队员由后排插上到前排做二传，把球传给前排四、三、二号位队员进攻的组织形式（如图8-

5所示)。其优点是能保持前排三点进攻,战术配合变化多,并能利用网的全长组织进攻。缺点是对插上二传队员的要求较高。

图 8-3　"中一二"进攻战术阵形

图 8-4　"边一二"进攻战术阵形

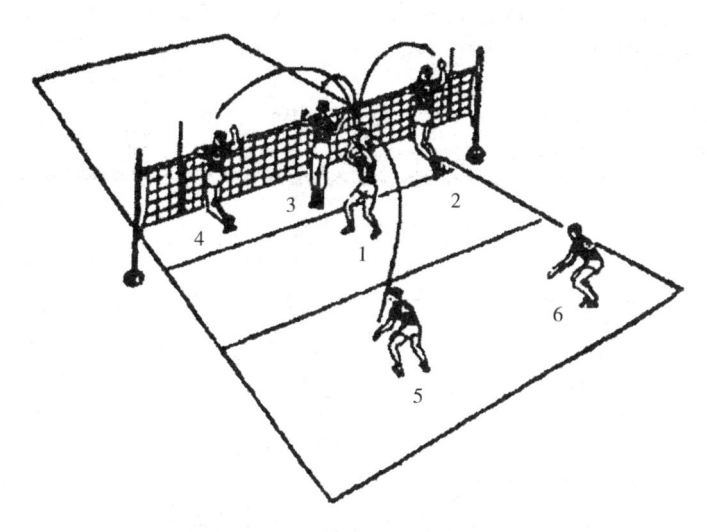

图 8-5 "插上"进攻战术阵形

2. 进攻战术打法。进攻战术打法是指二传队员与扣球队员之间所组织的各种进攻配合。包括强攻、快攻和两次球进攻三种基本打法。每种打法中又有若干不同战术配合。而这些打法又都可以在"中一二""边一二"和"插上"三种进攻战术阵形中具体运用。

（1）强攻。强攻指在没有同伴掩护的情况下，在对方有准备的拦防情况下，强行突破的进攻。强攻的二传球较高，根据不同的二传球位置，可以分为集中进攻、拉开进攻、围绕进攻、调整进攻等，后排队员的高球进攻也属于强攻的打法。

（2）快攻。快攻指扣二传传出的各种平快球，以及用这些平快球做掩护所组成的各种战术配合。可以分为平快球进攻、自我掩护进攻、快球掩护进攻两类。平快球进攻常用的有前快、背快、短平快、平拉开、背溜、调整快、远网快、后排单脚起跳快等（如图 8-6 所示）。自我掩护进攻包括时间差、位置差，空间差的进攻。快球掩护进攻包括各种交叉进攻、夹塞进攻、梯次进攻、前排快攻掩护后排进攻的立体进攻等。

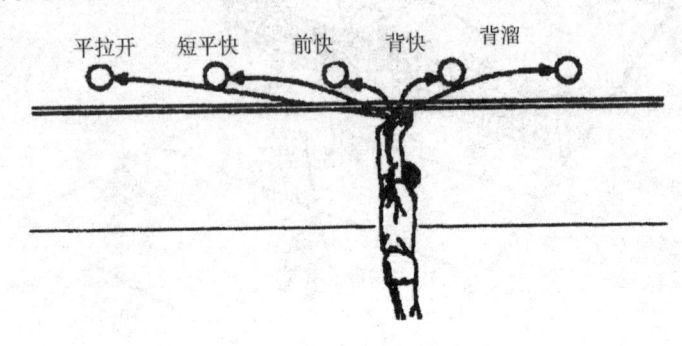

图8-6 各种快球

（3）两次球进攻。两次球进攻指一传来球较高，又在网前适合扣球的位置时，前排队员跳起来直接进行扣球，如遇拦网，就在空中改作二传，把球转移给其他前排队员进攻。

（五）防守战术

排球的防守战术是组织进攻或反攻战术的基础，没有严密的防守，进攻就无从组织。而一切防守战术都应从积极进攻和反攻创造条件的角度进行设计和考虑。

1. 接发球的防守战术。当对方发球时，本方处于防守地位，也是组织第一次进攻的开始。事先站好位置，摆好阵形，是接好发球的基础。站位的阵形，不仅要有利于接球。也要有利于本方所采用的进攻战术。同时，还要根据对方发球的特点，采取不同的阵形。通常多采用5人接发球和4人接发球。

（1）5人接发球站位阵形。除1名二传队员站在网前或从后排插上准备二传不接发球外，其余5名队员都担负一传任务的接发球站位阵形（如图8-7所示）。其优点是队员均衡分布，每人接发球的范围相对减小；接发球时，已站成了基本的进攻阵形，组织进攻比较方便，适合接发球水平不太高的球队。其缺点是二传队员从五号位插上时距离较长，难度大；三号位队员接球时，不便组成快攻战术；不利于队员间的及时换位；队员之间中间地带较多，配合不默契时，容易互相干扰。

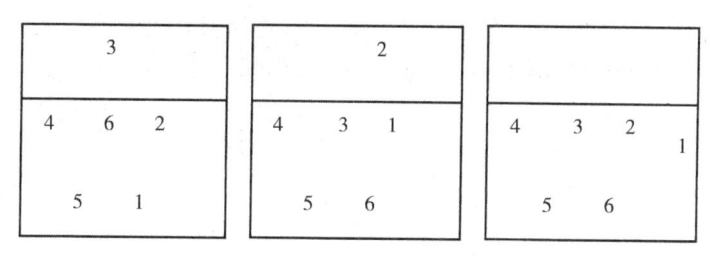

图8-7　5人接发球站位阵形

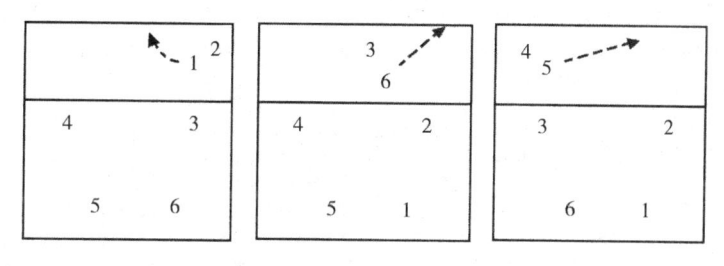

（2）4人接发球站位阵形。插上二传队员与同列的前排队员均站在网前不接发球，其他4人站成弧形接发球的站位阵形（如图8-8所示）。其优点是便于后排插上和不接发球的前排队员及时换位；其缺点是对接发球的4人要求有较高的判断、移动能力和掌握较好的接发球技术。

图8-8　4人接发球站位阵形

2. 接扣球的防守战术。接扣球的防守与组织反攻是密不可分的，只有防守成功才能有富有成效的反攻。接扣球的防守战术是前排拦网与后排防守的整体配合，根据对方进攻情况、本队队员特长、防守后的反攻打法，一般可分为不拦网、单人拦网、双人拦网和3人拦网的防守阵形。

（1）不拦网的防守阵形。在对方进攻较弱，没有必要进行拦网时，可以采用不拦网的防守阵形。这种阵形与5人接发球站位阵形相似，前排进攻队员要撤到进攻线后，准备防守和防守后的反攻；后排队员后退，准备防后场球；二传队员留在网前，准备接吊到网前的球和组织进攻（如图8-9所示）。

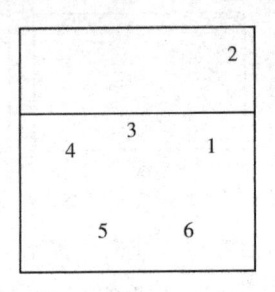

图8-9 不拦网阵形

（2）单人拦网的防守阵形。当对方扣球威胁不大、扣球路线变化不多、轻打吊球较多时，可以主动采用单人拦网的防守阵形。拦网队员拦扣球人的主要进攻路线，不拦网队员及时后撤防守前区或保护拦网人，后排队员后撤加强后场防守（如图8-10所示）。

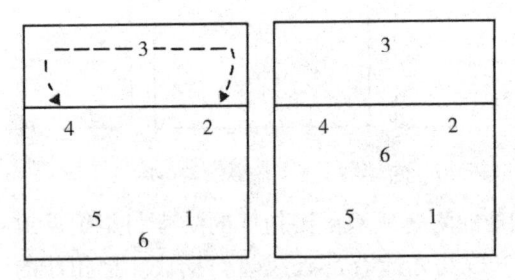

图8-10 单人拦网的防守阵形

（3）双人拦网的防守阵形。对方水平较高、进攻力量较强、进攻线路变化较多时，多采用这种防守阵形，即两人拦网、4人接球。通常分为"边跟进"和"心跟进"两种。

边跟进：多在对方进攻较强，吊球较少时采用。当对方四号位队员进攻时，我方二、三号位队员拦网，其他4个队员组成半圆弧形防守（如图8-11所示）。如遇对方吊前区，由边上一号位队员跟进防守（如图8-11所示）。其优点是加强了拦网；缺点是边上的队员又要防直线，又要跟进防前区，比较困难。

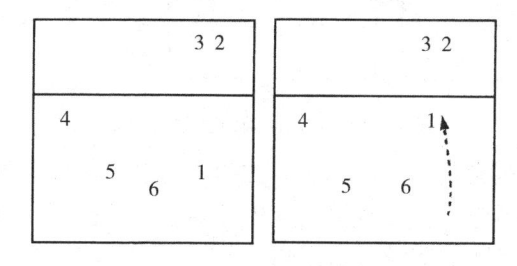

图8-11 单人拦网"边跟进"

心跟进：在本方拦网能力强，对方采取打吊结合时采用。当对方4号位队员进攻时，我方二、三号位队员拦网，在后排中心的六号位队员在本方拦网时跟在拦网队员之后进行保护，其余3名队员组成后排弧形防守（如图8-12所示）。其优点是加强了前区的防守能力，缺点是后排防守队员之间的空当太大。

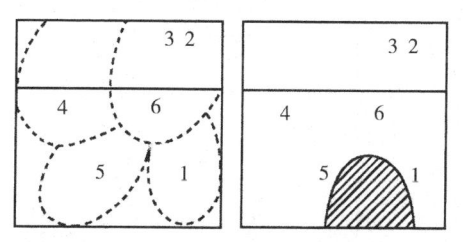

图8-12 双人拦网"心跟进"

（4）3人拦网时的防守阵形。对方主要扣球手进攻实力很强，不善吊球的情况下可采用3人拦网、3人后排接球的防守阵形。这种阵形加强了网上力量，但后防的空隙也相对增大。后排防守的六号位队员可以跟进到进攻线附近保护，也可以退至端线附近防守（如图 8-13 所示）。

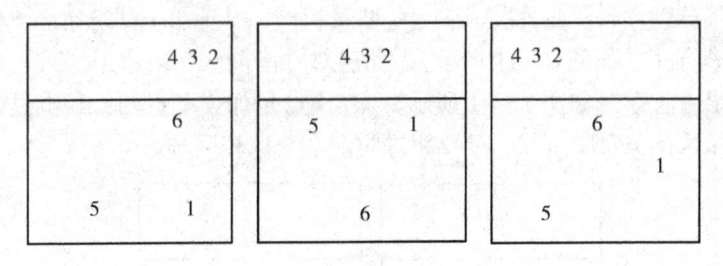

```
┌─────────────┐  ┌─────────────┐  ┌─────────────┐
│      4 3 2  │  │    4 3 2    │  │  4 3 2      │
│       6     │  │   5    1    │  │    6        │
│             │  │             │  │         1   │
│   5    1    │  │      6      │  │    5        │
└─────────────┘  └─────────────┘  └─────────────┘
```

图 8-13　3 人拦网时的防守阵形

3. 接拦回球的防守战术。本方扣球时必须加强保护，积极防守被拦回来的球，并及时组织继续进攻。由于拦网人可以将手伸过网拦球，拦回的球通常速度快、角度小，因而接拦回球的保护阵形应形成多道防线的弧形状，且第一道防线紧跟在扣球人身后。以我方四号位队员进攻，其他 5 人保护为例。五号位队员向前移动和向左后方移动的三号位队员形成第一道防线，六号位队员向前移动和内撤的二号位队员形成第二道防线，一号位队员保护后场，为第三道防线（如图 8-14 所示）。其他位置进攻时，保护的阵形也可按同样道理布阵。

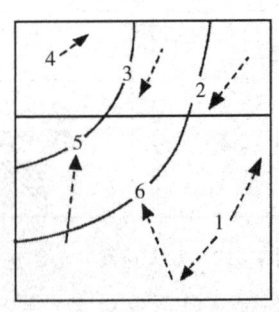

图 8-14　保护进攻

4. 接传、垫球的防守战术。当对方无法组织进攻，被迫用传、垫球将球击入本方时，我方的防守便称之为接传、垫球的防守。这种情况在初学者中出现较多。由于来球的攻击性小，我方的防守阵形与不拦网情况下的防守阵形相同，即前排除二传队员外，其他的队员都迅速后撤到各自的位置，准备接球后组织进攻。需要注意的是在后撤和换位的过程中动作要迅速并随时做好接球的准备。

（六）攻防转换

在排球比赛中，攻与防是密切联系、相互转换、连续进行的。这不仅在于排球技术本身具有攻与防的双重含义，还由于全攻全守、攻防兼备是当前排球运动的发展趋势。进攻的一方，必须同时注意防守；处于防守的一方，必须随时准备反攻。在进攻与防守的转换中，如果准备不充分，动作不连贯，一味进攻，不注意保护和防守，或是只重防守，不能迅速转入反攻，都可能贻误战机，招致失败。因而，在进攻的时候准备防守，在防守的时候想到进攻，才能有备无患，立于主动。同时，在阵容部署上也要有相应的措施和方法。

1. 由进攻转入防守。当球扣入对区后，进攻的一方应立即转入防守状态。当球扣过网或二传不慎传球过网后，前排队员应迅速靠网前站位，准备拦网；后排队员由上前保护扣球，迅速退守，准备防守。其阵形一般有"三一二"站法（如图 8 – 15 所示）和"三二一"站法（如图 8 – 16 所示）两种。前者适合于"心跟进"防守阵形，后者适合于"边跟进"防守阵形。

2. 由防守转入进攻。防守的一刹那就转入了进攻。这是由于后排队员在防来球时，必须根据本队所采用的进攻战术，有目的地将球防起到预定目标，并根据保护扣球的部署，立即跟进保护前排队员进攻。前排参加拦网的队员，在完成拦网动作之后，必须立即转身或后撤，准备接应或反攻扣球。前排未参加拦网的队员，在后撤防守之后，转入接应或反攻扣球。

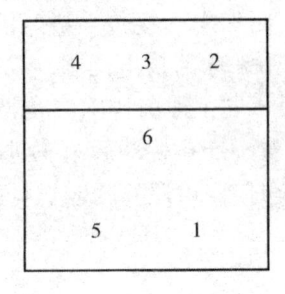

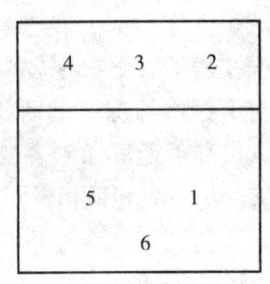

图 8-15 "三一二"站法　　图 8-16 "三二一"站法

四、排球规则简介

1996年，排球运动经历了一次大的变革。沙滩排球成为亚特兰大奥运会的正式比赛项目，这在当时引起了人们的争论。2000年悉尼奥运会，排球运动再次经历重大变革。这次室内排球运动在传统规则的基础上进行了修改，在球员的位置上不仅添设了自由人，而且实行每球得分制，根据旧的规则，只有拥有发球权的一方才能得分，而现在任一方都可以直接得分。排球运动由两队各六名选手组成，但是现在增设了自由人。

每队的球员都有自己固定的位置，三名网前选手和三名靠近底线的选手。每一方击球过网不得超过三次，原则上一名攻击手将和一名队友在网前拦截，阻止球落入本方半场并可以通过拦截直接得分。

简单来说，运动员不得持球，不得连续击球两次。他们可以用身体的任何一个部位击球，但是如果球从球员身上的某一部位弹到另一部位时，将被认作是两次击球，按违例计算（接发球时除外）。如果球员在界外击球或击球的身体的某一部位触网将被判失分。

（一）发球

每方的六名球员按顺时针方向轮流发球。每次本队获得发球权后由发球队员在本方半场端线后的发球区内将球发入对方半场重新开始比赛。发球队员可以用上手或下手发球，用拳、伸开的五指或是手臂来发球都可以。发球可以在底线后的任一处开球，但是规则又允许进行跳发球的队员在落下时进入场内。排球可以落入对方半场的任何一处，该发球队员将继续发球直至本队失去发球权。

（二）得分

在新的得分规则中，一方在获得发球权时同时得分，即所谓的每球得分制。比赛由五局构成。在前四局的比赛中，获胜的一方必须达到25分，或在此基础上比对方高出两分。在第五局的比赛中获胜一方只需达到15分，或在此基础上比对方高出两分。

（三）自由人

新设置的自由人将是一名防守专家，可以在后排进行任意的替换，帮助本队抵御对手的进攻。自由人不得发球、拦网或是绕到前排，所以一般由一名身材矮小但是动作灵活的，能够迅速倒地救球使比赛继续的球员担当。自由人可以自由替换，为易于区别，自由人将穿上与其他球员不同颜色的衣服。

（四）换人

根据另一项被修改的规则，教练员可以在比赛期间站着向球队发号施令，但是必须待在一个特定的区域。包括替换自由人在内，教练在每局的比赛中共有6次的机会替换队员。替补队员可以换下某一名先发队员或再被相同的队员替下。

（五）场地

排球项目是在一块长18米，宽9米的场地上进行的。场地被一张高2.43米（男排场地）或是2.24米（女排场地）的网分成两个对等的部分。距离网3米的两侧处是进攻线，用来限制后排队员击球进攻的距离（比如说拦网）。边线是场地的一部分，所以当球压线时按界内球计算。

（六）网

排球用网由 10 平方米的黑色小孔构成。在网子的顶部缝上两条 5 厘米长的白色帆布带。在底部有一条绳子拴在柱子上以保证网处于拉紧的状态，因为有时在比赛过程中球会碰到网上。两个连接在网上的触角标志着交叉空间的边界。球被一方传过网时必须越过这个交叉空间。

（七）比赛用球

比赛用球由一个内置的球胆和柔软的皮革制成。室内排球的用球和沙滩用球的大小相同，周长为 65~67 厘米，重量约为 260~280 克，唯一不同的是室内用球的气压比沙滩排球的要高。

（八）其他规则

1. 只有前排的队员方可拦网。
2. 触网。在比赛中，队员不得触及 9.5 米以内的球网、标志带、标志杆。
3. 四次击球。每队最多击球三次（拦网除外），第二三次必须将球击过网进入对方场区，第四次击球为犯规。
4. 持球。击球时没有将球清晰地击出，或触球时有较长的停留为持球犯规。
5. 连击。一名队员连续两次或球连续触及他的身体不同部位（拦网除外）为连击。
6. 过中线。在比赛中队员整只脚或身体的任何部分越过或触及对方场区时为过中线犯规。
7. 暂停。每 1 至 4 局当领先一队比分达到 8 分和 16 分时，自动执行暂停，每次 60 秒；请求暂停每局每队为一次，时间 30 秒；第五局有两次请求暂停机会，时间均为 30 秒。

第九章 乒乓球

一、概述

乒乓球运动于19世纪末起源于英国。最初只是一种活动性游戏,球是用轻而富有弹性的材料制成,拍子用雪茄烟盒盖之类的木质板,像打网球一样在桌子上扣,故称之为"桌上网球"。1900年左右,由于轻工业的发展,球才改成用赛璐珞制成的空心球,此后,乒乓球运动便逐步发展起来。第一次大型乒乓球比赛是1900年12月在英国伦敦举行,参加比赛的有300多人。比赛时,男运动员要穿上浆领子的衬衣和坎肩,女运动员要穿裙子甚至还要戴帽子。

1926年,国际乒乓球联合会正式成立,并决定举行第一届世界乒乓球锦标赛。50多年来,乒乓球运动的发展大约经历了三个阶段。初期,运动员使用的球拍形状各异,且都是木制的。击出的球的速度慢、力量小,谈不上什么旋转,打法也单调,只是把球推来推去。

1903年,英国人古德发明胶皮球拍,有力地促进了乒乓球技术的发展。从1926年到1951年,世界各国选手大都使用表面有圆柱形颗粒的胶皮拍。击球时增加了弹性和摩擦力,可以使球产生一定的旋转,因而出现了削下旋球的防守型打法。这一打法在欧洲流行很久。不少运动员采用这种打法获得了世界冠军。这一时期乒乓球运动的优势在欧洲,其中匈牙利队成绩最突出,在117项次世界冠军中,他们获57.5项次,占欧洲队的一半。20世纪50年代初,奥地利人发明了海绵球拍,日本运动员道德在世界比赛中使用，并一举夺取第十九届世界锦标赛的四项冠军，打破了欧洲运动员的垄断地位。由于日本运动员利用这种球拍创造的远台长抽进攻型打法，具有正手攻球力量大、速度快、发球抢攻威胁大等优点，因而速度慢、旋转弱、攻击力不强的欧洲防守型打法被逐渐取代，使日本夺得20世纪50年代乒乓球运动的优势，1952年到1959年，在49项次世界冠军中，日本队夺得24项次，占47%。这是乒乓球运动水平的第一次提高。

1959年，中国获得了第25届世界乒乓球锦标赛男子单打冠军后，中国运动员开始登上了国际乒坛。逐渐形成了以"快、准、狠、变"为技术风格的直拍近台快攻打法。在1961年第26届世界锦标赛中，中国队既过了欧洲关，又战胜了远台长抽加秘密武器"弧圈球"打法的日本选手，第一次夺得了男子团体世界冠军。并连续获得第27、28届男子团体冠军。中国近台快攻的优点是站位近、速度快、动作灵活、正反手运用自如，比日本远台长抽打法又大大前进了一步。20世纪60年代，中国乒乓球技术水平位于世界最前列，乒乓球运动的优势由日本转移到中国。这是乒乓球运动水平的第二次提高。

在日本、中国乒乓球运动发展的同时，欧洲运动员从失败中总结经验教训，经过近二十年努力，终于取日本弧圈球技术和中国近台快攻打法之长，创造出适合于他们的先进打法，即以弧圈球为主结合快攻的打法。

20世纪70年代以来，由于国际交往和学习研究的加强，各种打法互取长短，使乒乓球技术得到了更快的发展和提高。比如，我国近台快攻、直拍快攻结合弧圈球、横拍快攻结合弧圈球等打法和技术，均有所发展和创新，在国际比赛中取得了优良的成绩。

现在，乒乓球已发展成为各国人民喜爱的运动项目之一。国际乒乓球联合会亦已拥有上百个会员，是世界上较大的体育组织之一。由国际乒联和各大洲乒联举办的世界锦标赛、世界杯赛、洲际比赛及各种规模和形式的国际比赛不胜枚举。1982年，国际奥委会关于从1988年起把乒乓球列为奥运会正式比赛项目的决定，迅速激起世界各国对乒乓球运动的进一步重视，使乒乓球运动更快地发展起来。

二、乒乓球的基本技术

（一）基本站位、姿势、步法

1. 基本站位，是运动员在接对方发球时，所选择的正确的站位方法和正确的基本姿势，以便迅速起动抢占合理的击球位置，发挥出技术水平。选择站位应根据来球的球路，结合不同类型打法及个人的特点而定。

2. 姿势，两脚开立比肩稍宽，两膝微屈内扣，收腹含胸，提踵、脚掌内侧用力着地，重心居中，持拍手臂自然弯曲放于腹前。

3. 步法。具体如下：

（1）单步（如图9-1所示）：以一脚为轴，另一脚向前、后、左、右方向移动一步。

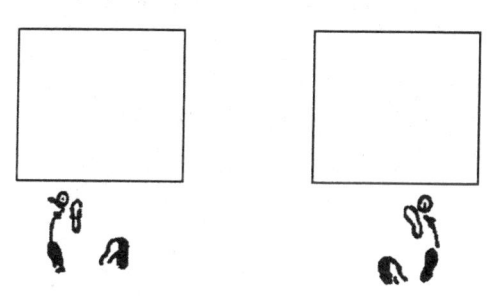

图9-1 单步

（2）换步：以一脚向左右或前后移动，另一只脚迅速跟过去（如图9-2所示）。

（3）跳步：以来球一脚用力蹬地为主，使两脚几乎同时离地，向左右前后跳动（如图9-3所示）。

211

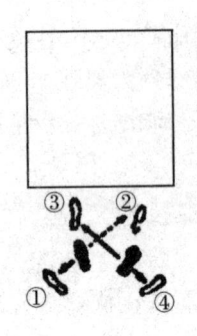

图 9-2　换步

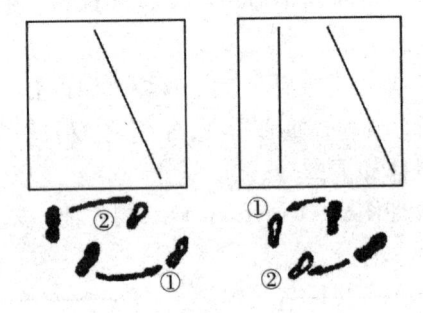

图 9-3　跳步

(4) 跨步：以来球方向脚向外侧迅速跨一大步，另一只脚跟着移动（如图 9-4 所示）。

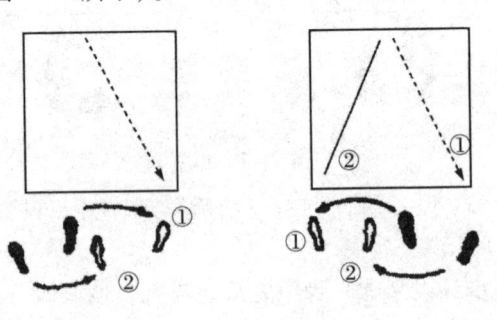

图 9-4　跨步

(5) 交叉步：以来球方向同方向脚交叉移动（如图9-5所示）。

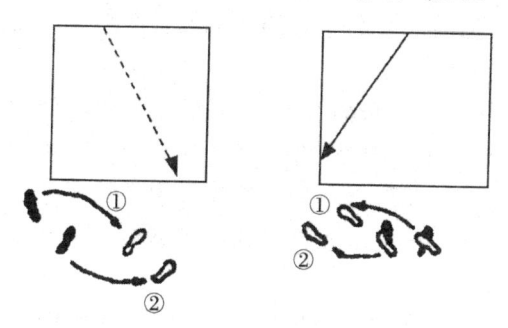

图9-5 交叉步

(6) 侧身步：共有三种，一是单步侧身，二是用换步或并步侧身，三是用跳步侧身移动，方法同上。

（二）发球与接发球技术

1. 发球技术。

发球是乒乓球技术中的一种重要技术，可以在比赛中直接得分，并能创造进攻机会。

发球主要有以下几种。

（1）正手平击发球：侧身站立，左脚在前，右脚在后，持球手略高于台面，将球向上抛起。持拍手在后，应高于持球手，击球时，以肘部为轴，前臂向前挥动，手腕手指掌握调节拍形。击球中上部，击出球的第一落点应在本方球台中央区左右。

（2）反手发急上旋球：两脚开立，站位靠球台左侧，右脚稍前，左脚稍后。持球手略高于台面，将球向上轻轻抛起，同时持拍手向后引拍，当球从高点下降到同网高或稍低于球网时击球。以肘部为轴，前臂和手腕手指向前，右手快速挥摆发力，触球时拍面稍前倾，摩擦球的中上部，击出球的第一落点应在本方球台端线近处。

（3）反手发轻短球：动作与发急上旋球相似，不同点是手臂

213

先向后上方引拍，当球下降比网稍高时，前臂和手腕向前下方轻微用力送出。拍面后仰擦击球的中下部，击出球的第一落点应在本方球台近网处。

（4）反手发急下旋球：动作与发急上旋球相似，不同点是前臂先向后上方引拍，当球下降到低于球台时，前臂和手腕迅速向前下方用力。同时，拇指用力压迫使拍面稍后仰，摩擦球的中下部，触球时手腕手指略加弹击动作。击球的第一落点也应在本方球台端线近处。

（5）反手发右侧上、下旋球（如图9-6所示）：站位同上，持球手将球抛起后，持拍手向右后上方引拍，手腕内屈，拍柄朝斜下，拍面稍后仰。

图9-6 发球技术

发右侧上旋球时，持拍手由左上方经身前向右上方挥摆，触球的左侧中下部，向右侧下方摩擦。

发长球时，击出球的第一落点，在本方球台面底线区。发短球时，击出球的第一落点在本方球台面中区。

（6）正手发左侧上下旋球：向右侧身站位于球台右侧或球台左侧，左脚在前，右脚在后。当持球手将球向上轻轻抛起时，持拍手迅速向右上方引拍同时手腕微挺起，身体顺势向右扭转。

发左侧上旋球时，手臂由右上方向左下方挥摆，击球的右侧中下部，向左侧上摩擦。

发球技术的练习方法如下：

①先斜线，后直线，再斜直线结合；
②先长后短，再长短结合；
③先不定点再定点；
④向特定的区域发球；
⑤发球速度先快后慢；
⑥先低抛再高抛。

2. 接发球技术。

（1）站位的选择：要根据对方发球时的位置来决定自己的站位。如果对方用正手在球台的右方发球，站位则偏右一些，如果对方用反手或侧身在球台左侧发球，站位则偏左一些。总之，站位的选择要保证在进入对打阶段能发挥出个人的技术特长。通常，为了方便照顾接长球又能接短球，站位不宜离台太近或太远。

（2）判断旋转和落点的方法。一般可从下列三个方面进行判断。

第一，从对方出手动作来判断。第二，从对方的动态来判断。如对方以发短球为主，就应站得靠近台案一些。第三，从"来球弧线"和"球的运行"来判断。如果球的最高点在对方台面上空或靠近网前，来球的落点则短，反之则是长球。如果，第一跳落台短、弧线长，发过来的则是长球、急球。如果第一跳落台长、弧线短，发过来的则是短球。

（3）接发球的方法。

①接急球：当对方用反手发过来左角急球时，一般用推挡顺接。如果对方发过来急下旋球，若用推挡接回时，必须使拍面稍后仰。

②接短球时，当对方发过来近网短球时，可用"以短回短"把球回到对方近网处。如遇对方发来的是下旋短球，可用搓球接回。

③接左侧上、下旋球：当对方发来左侧上旋球时，可用推挡接回。当对方发来左侧下旋球时可用搓球或削球接回，但拍面应稍向下倾斜。

④接右侧上、下旋球：当对方发来右侧上旋球时，可用推挡

接回。当对方发来左侧下旋球时可用搓球或削球接回，但拍应稍向右倾斜。

（4）接发球的练习。

①接发球与发球同时学习，接哪种发球就学习这种发球方法。如果发下旋球，就应搓球或拉球接发球。

②先练习接上旋球，再练习接下旋球，最后练习接侧旋球。

③定线、定区域、定技术（直线、中台区域、搓球）。

④定技术、定线、不定点（推挡、斜线、端线或大角度结合）。

⑤定技术，不定线（斜、直线交替）。

⑥用一种技术接一种发球（如用搓球接下旋球，用推挡接上旋球）。

⑦用多种技术接一种发球（如用搓、拉接下旋球，推挡或攻接上旋球）。

⑧向限定的区域回接，提高控制能力。

（三）推挡技术

1. 挡球。动作方法：（以下均以右手为例）两脚平行或左脚稍前，身体离球台约 50 厘米，击球前，前臂与台面平行伸向来球，拍触球时，前臂和手腕稍向前移动，主要是借助对方来球的反弹力将球挡回。在上升期，击球的中部，形成与台面接近垂直，击球后，迅速收回球拍，还原成击球前的准备姿势（如图 9-7 所示）。

图 9-7 挡球技术

图9-8 快推技术

2. 快推。回球速度快，变化斜线、直线效果好。如在对推相持和对攻中用突击对方空当或推两大角，使对方陷于被动，为抢攻创造机会或造成对方直接失误。快推一般适用于对付中等力量推挡相持，突击球和旋转较弱的拉球等。

动作要点：击球前手臂适当后撤引拍，同时迅速迎前击上升期的来球，触球一刹那前臂稍外旋配合手腕外展动作，触球的中上部，手臂主要向前，稍微向上辅助用力（如图9-8所示）。

3. 正手推挡。在对方击过来右方位速度较快的上旋或离网较近的加转弧圈球时，当击球位置不合适时，可以运用正手推挡来回击。

动作要点：击球前身体迎前，前臂提起，重心稍升高，在上升期击球，手臂内旋，拇指用力，球拍盖住球的右侧中上部。触球时手腕和手臂发力极小拍面角度固定，前倾约20度。

4. 推挡技术的练习方法。具体如下：

（1）左方斜线对推练习；

（2）左方直线推挡练习；

（3）推挡对左推右攻联系；

（4）推挡变线练习；

（5）顶重板的专门练习。

（四）攻球技术

攻球技术是乒乓球运动员快攻型打法的主要技术。它分为正手攻、反手攻和侧身攻三大部分。

1. 正手快拉。也叫小提拉，是对付削球的重要技术。它具有动作较小、速度较快、线路活的特点，与突击技术接近，便于起板扣杀。

动作要点：站位近台，两膝微屈，身体重心略下降，手臂放松前臂略下沉。击球前，前臂向前迎球，跟随腰部向右转动，稍向后引拍，击球时以前臂向前上方发力为主，手腕同时向前上方用力转动球拍摩擦击球，触球的中部或中下部。击球后整个动作应迅速还原放松，注意判断下一次来球，做好快拉或突击准备。

2. 正手快攻。它具有站位近、速度快、进攻性强的特点，是对攻中常用的一项技术。

动作要点：站位近台，腰稍向右侧，前臂与台面略平行，以前臂发力为主。拍面略前倾，触球中上部，前臂向前上方挥动要快，用力大小应根据来球距离远近高低而定，一般用中上力量。球击出后，动作还原要快，及时放松，准备下次击球。变化落点主要靠手腕调节拍面方向，击斜线球触球的中右部，击直线球触球的中部（如图9-9所示）。

图9-9 正手快攻

3. 正手扣杀。它是乒乓球运动中极重要的一项技术，一般是在取得主动和优势的情况下运用。其特点是力量重、球速快、威力大，扣杀主要是在高点攻击来球。

动作要点：站位远近要视来球的长短而定，短的来球应站位近台，长的来球站位中近台。整个手臂要随腰部的转动向后引拍，拉大击球距离，以上臂发力为主。手腕控制落点。手臂向前向下挥动用力，触球的中上部。球击出后，整个动作迅速还原，准备连续扣杀（如图9-10所示）。

图9-10　正手扣杀

4. 反手快攻。它是两面攻或左推右攻打法的运动员必须具备的技术。

动作要点：站位中近台，以前臂发力为主。手腕控制拍面角度，触球的中上部，向前上或右前上方挥动。要求动作快速有力，并力求放松。一般快攻时的力量应根据来球的长短高低灵活掌握。注意运用反手快攻时，突然性要强，落点变化要多，击斜线球时触球的中左部，击直线球时触球的中部。击球后还原放松要迅速及时，准备迎接下次来球（如图9-11所示）。

5. 侧身正手攻球。侧身攻的特点是速度快、力量重、攻势强，它比正身攻击难度大，主要表现在步法移动上。

动作要点：侧身正手抽球首先迅速移动脚步，站好位置，根

图 9-11　反手快攻

据来球不同落点，可用换步、跳步或后退交叉步，有时也可用单步上前或后退来做侧身动作。

6. 攻球技术的练习方法：
（1）正手攻斜线、直线；
（2）2/3 台、全台跑正手攻；
（3）正手近台、中远台攻球结合；
（4）正手斜线对攻；
（5）推挡侧身正手攻球；
（6）正手拉攻结合。

（五）搓球与削球技术

1. 搓球技术。搓球是学削球的基础，是对付下旋来球的一种基本技术，它的特点是站位近、动作小、回球多半在台内。它大致可分为快搓、慢搓、摆短、搓侧上下旋四种，以下介绍前两种。

（1）快搓。动作要点：击球前手臂迅速前伸迎，拍面稍后仰，在上升或前台球，以手腕发力为主。对下旋强的来球，触球底部，向前用力要大，对下旋弱的来球，触球中下部，向下用力要大。

（2）慢搓。动作要点：以前臂发力为主，在下降前期击球，手腕控制球拍稍后仰，提臂引拍向前下方用力挥动摩擦击球。

反手搓球时，球拍先迎前，在高点期或下降时击球。触球的右侧中下部，手腕要稍向后压，手臂向左上或右下发力摩擦球，同时手腕手指辅助用力。

2. 削球技术。削球技术种类很多，从握拍看有直拍、横拍正反手削球，按站位离台远近分为近削和远削。

（1）近削（如图9-12所示）。动作要点：站位离台约60厘米左右，两脚开立，两膝微屈，正手削球右脚在后，重心偏右脚。反手削球左脚在后，重心移至两脚间。击球前如来球力量小，旋转弱，前臂应向上引拍。反之，向后上引拍，以前臂发力为主。手腕配合向前下方压球，在高点击球，触球的中部或中下部。手臂挥动向前下方用力切，腰随势扭动，击球后调整姿势，准备下次击球。

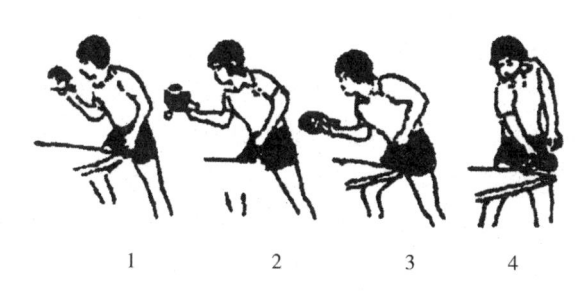

图9-12 近削

（2）远削（如图9-13所示）。动作要领：基本和近削相似。区别是站位较远，击球前前臂向上方引拍，下降后期击球。触球中下部偏下，以上臂带动前臂发力（向前用力多）。腰腿随势扭转，整个动作大于近削球。

3. 练习方法。具体如下：

（1）固定用慢搓或快搓接下旋球；

（2）单线快、慢搓球结合；

（3）搓转与不转球结合；

图9-13 远削

(4) 搓球变线；
(5) 半台变化落点对搓球；
(6) 对搓中倒拍搓球；
(7) 搓球中长、短结合；
(8) 正反手搓球结合。

（六）弧圈球技术

弧圈球的特点是上旋强，稳健性高，攻击威力大。按性能可分为加转弧圈球、前冲弧圈球、侧旋弧圈球。

正手拉弧圈球也叫高吊弧圈。飞行弧线较高，速度较慢，上旋很强，落台后弧线较低，下滑速度较快。它是对付削球、搓球和接出台下旋球的有效技术。

1. 动作要点。右手持拍者准备动作是左脚在前，右脚在后，身体向右扭转，右肩低，左肩高，略收腹，手臂自然下垂，球拍后引的幅度较小，击来球下降期，拍面稍前倾，摩擦球的中部或中部偏上。以上臂发力为主，发力方向以向上为主，略带向前，击球时后脚掌内侧蹬地，转腰带动肩，全身用力。如击球点离网近，以前臂和手腕力为主（如图9-14所示）。

2. 练习方法。具体如下：
(1) 重复拉发来的下旋球；
(2) 连续拉削球；
(3) 连续拉推挡球；

图 9-14　弧圈球

（4）对搓中固定线路拉斜、直线；
（5）发球抢拉、抢冲练习；
（6）拉或冲、扣结合；
（7）先拉加转弧圈、再拉前冲弧圈；
（8）中远台对拉练习；
（9）全台跑动中连续拉（多球练习）。

三、乒乓球的基本战术和打法

乒乓球战术比较复杂，但根据乒乓球打法归类可划分为快攻类、快弧类、弧圈类、抢攻类、攻取类等各类打法。其基本战术有发球抢攻、接发球抢攻、搓攻、对攻、接发球等。

（一）发球抢攻

比赛首先是从发球开始的，一定要充分利用变化多端的发球技术。先发制人，克制对方，掌握主动。发球抢攻战术，在乒乓球比赛的胜负中起着很重要的作用。对发球抢攻的要求有二：一是力争发球直接得分，二是为抢攻创造机会。

1. 反手发右侧上、下旋球至对方中间偏右近网处，配合发左角长球，或反之，以发长为主，配合发短球，伺机抢攻、抢位。

2. 反手发急上、下旋球至对方左角，配合发短球，伺机抢攻、抢推、推拉。

（二）搓攻

搓攻是削攻打法的进攻战术，主要是利用搓球的旋转和落点变化为突击、扣杀创造机会。同时也可以控制对方，力争抢先拉弧圈球。主要战术配合如下：

1. 快慢搓转与不转球至不同落点，伺机突击中路或两角；

2. 快搓加转短球，配合转与不转长球至对方反手或突然搓正手大角，伺机突击或抢先拉起；

3. 搓对方中路为主，结合搓正手短球伺机突击抢拉；

4. 稳搓对方正手为主，结合搓对方反手，伺机突然袭击中路。

（三）对攻

对攻是快攻打法的主要战术，应充分发挥快速多变的特点，调动对方，伺机扣杀。具体战术组成，是靠左推右攻和反手攻球变化落点、速度、力量、旋转组成。常用战术如下：

1. 推压反手大角、结合变直线，伺机抢攻；

2. 在快速的推挡相持中，突然变下旋推挡，或加力推后侧身抢攻对方右角直线，或左方大斜线。

（四）接发球

首先树立积极主动思想，力争抢先进攻，做到反控制进入相持局面。

1. 采用反手拉或侧身正手拉回接倒下旋和下旋出台长球，至对方中路或反手。控制对方发球抢攻。

2. 采用反手攻或快推回接侧上旋和急球，至对方反手为主，配合突袭直线。力争抢主动。

四、乒乓球规则简介

（一）计分

乒乓球比赛包括男女单打、男女双打和混合双打。双打比赛以两名运动员为一方，单打比赛以一名运动员为一方。有发球权的一方叫发球方，对方叫接发球方。

1. 一分。除被判重发球的回合，下列情况运动员得 1 分：
 (1) 对方运动员未能合法发球；
 (2) 对方运动员未能合法还击；
 (3) 运动员在发球或还击后，对方运动员在击球前，球触及了除球网装置以外的任何东西；
 (4) 对方击球后，该球越过本方端线而没有触及本方台区；
 (5) 对方阻挡；
 (6) 对方连击；
 (7) 对方运动员或他穿戴的任何东西使球台移动；
 (8) 对方运动员或他穿戴的任何东西触及球网装置；
 (9) 对方运动员不执拍手触及比赛台面；
 (10) 双打时，对方运动员击球次序错误。

2. 一局比赛。在一局比赛中，先得 11 分的一方为胜方。若打到 10 平后，先多得 2 分的一方为胜方。

3. 一场比赛。
 (1) 奥运会乒乓球比赛采用五局三胜制，但双打预选赛采用三局两胜制。
 (2) 一场比赛应连续进行，但在局与局之间，任何一名运动员都有权要求不超过两分钟的休息时间。

（二）发球

1. 发球、接发球和方位的选择。
 (1) 选择发球，接发球和这一方、那一方的权利应由抽签来决定，中签者可以选择先发球或先接发球，或选择先在某一方。

（2）当一方运动员选择了先发球或先接发球或选择先在某一方后，另一方运动员应有另一个选择的权利。

（3）在获得每 2 分之后，接发球方成为发球方，依此类推，直至该局比赛结束，或者直至双方比分都达到 10 分时，这时发球和接发球次序仍然不变，但每方只轮发 1 分球。

（4）一局中先发球的一方，在该场下一局应首先接发球。

（5）一局中，在某一方位比赛的一方，在下一局应换到另一方位。在决胜局中，一方先得 5 分时，双方应变换方位。

2. 合法发球。

（1）发球时，球应放在不执拍的手掌上。手掌外张和伸平。球应是静止的，在发球方的端线之后并在比赛台面的水平面之上。

（2）发球员须把球几乎垂直地向上抛起，不得使球旋转，并使球在离开不执拍手的手掌之后上升不少于 16 厘米。

（3）当球从抛起的最高点下降时，发球员方可击球，使球首先触及本方台区，然后越过或绕过球网装置，再触及接发球员的台区。在双打中，球应先后触及发球员和接发球员的右半区。

（4）从抛球前球静止的最后一瞬间到击球时，球和球拍应在比赛台面的水平面之上。

（5）击球时，球应在发球方的端线之后，但不能超过发球员身体（手臂、头或腿除外）离端线最远的部分。

（6）运动员发球时，有责任让裁判员或副裁判员看清他是否按照合法发球的规定发球。

（7）如果裁判员怀疑发球员某个发球动作的正确性，并且他或者副裁判员都不能确定该发球动作不合法，一场比赛中此现象第一次出现时，裁判员可以警告发球员而不予判分。

（8）在同一场比赛中，如果运动员发球动作的正确性再次受到怀疑，不管是否出于同样的原因，不再警告而判失 1 分。

（9）无论是否第一次或任何时候，只要发球员明显没有按照合法发球的规定发球，将被判失 1 分，无须警告。

（10）运动员因身体伤病而不能严格遵守合法发球的某些规定时，可由裁判员做出决定免于执行，但须在赛前向裁判员说明。

（三）其他规则

1. 球触网后落在对方台上，判好球。
2. 球擦在对方台边上，判好球。

（四）设备

1. 球桌。

（1）球台。球台的上层表面叫作比赛台面，应为与水平面平行的长方形，长 2.74 米，宽 1.525 米，高 0.76 米；比赛台面不包括球台台面的侧面；比赛台面可用任何材料制成，应具有一定的弹性，即当标准球从离台面 30 厘米高处落至台面时，弹起高度应约为 23 厘米比赛台面应呈均匀的暗色，无光泽，沿每个 2.74 米的比赛台面边缘各有一条 2 厘米宽的白色边线，沿每个 1.525 米的比赛台面边缘各有一条 2 厘米宽的白色端线；比赛台面有一个与端线平行的垂直的球网划分为两个相等的台区，各台区的整个面积应是一个整体；双打时各台区应由一条 3 毫米宽的白色中线，划分为两个相等的"半区"，中线与边线平行并应视为右半区的一部分。

（2）球网装置。球网装置包括球网、悬网绳、网柱及将它们固定在球台上的夹钳部分；球网应悬挂在一根绳子上，绳子两端系在高 15.25 厘米的直立网柱上，网柱外缘离开边线外缘的距离为 15.25 厘米；整个球网的顶端距离比赛台面 15.25 厘米；整个球网的底边应尽量贴近比赛台面，其两端应尽量贴近网柱。

2. 球。

（1）球应为圆球体，直径为 40 毫米。

（2）球重 2.7 克。

（3）球应用赛璐珞或类似的材料制成，呈白色，且无光泽。

3. 球拍。

（1）球拍的大小，形状和重量不限，但底板应平整、坚硬。

（2）底板至少应有85%的天然木料，加强底板的黏合层可用碳纤维、玻璃纤维或压缩纸等纤维材料，每层黏合层不超过底板总厚度的7.5%或0.35毫米。

（3）用来击球的拍面应用一层向外的普通颗粒胶覆盖，连同黏合剂厚度不超过2毫米；或用颗粒向内或向外的海绵胶覆盖，连同黏合剂，厚度不超过4毫米。

（4）"普通颗粒胶"是一层无泡沫的天然橡胶或合成橡胶，其颗粒必须以每平方厘米不少于10颗，不多于50颗的平均密度分布整个表面。

（5）"海绵胶"即在一层泡沫橡胶上覆盖一层普通颗粒胶，普遍颗粒胶的厚度不超过2毫米。

（6）覆盖物应覆盖整个拍面，但不得超过其边缘。靠近拍柄部分以及手指执握部分可不予以覆盖，也可用任何材料覆盖。

（7）底板、底板中的任何夹层、覆盖物以及黏合层均应为厚度均匀的一个整体。

（8）球拍两面不论是否有覆盖物，必须无光泽，且一面为鲜红色，另一面为黑色。拍身边缘上的包边应无光泽，不得呈白色。

（9）由于意外的损坏、磨损或褪色，造成拍面的整体性和颜色上的一致性出现轻微的差异。只要未明显改变拍面的性能，就可以允许使用。

（10）比赛开始时及比赛过程中运动员需要更换球拍时，必须向对方和裁判员展示他将要使用的球拍，并允许他们检查。

第十章　羽毛球

第十章　羽毛球

一、概述

羽毛球是小型球类运动之一。2人（单打）或4人（双打）分立于中隔一网的场地上，用球拍往返拍击一个由软木托插上羽毛的小球，以球落在对方场地或对方击球失误得分，球场为长方形，长13.42米，单打球场宽5.8米；双打球场宽6.10米。羽毛球项目在1988年第24届奥运会被列为表演项目，在1992年第25届奥运会被列为正式比赛项目。

19世纪60年代，退役的英国军官从印度孟买带回英国一种类似羽毛球运动的游戏，名为"普那"。1873年，英国渡菲特公爵在拜明顿村（格洛斯特郡）的庄园宴请宾客，从印度回来的英国军官做了"普那"表演。从此，"拜明顿游戏"在英国开始流传，这种游戏就是羽毛球运动。1893年，英国举办了首届全英羽毛球锦标赛。20世纪初，羽毛球运动由英国传到英联邦各国，随后又传到美洲、亚洲、大洋洲各国，最后传到非洲。1934年国际羽毛球联合会成立，1939年，国际羽毛球联合会通过了会员国共同遵守的《羽毛球规则》。

国际羽毛球联合会于1948—1949年度举办了第一届汤姆斯杯赛（国际男子羽毛球团体锦标赛），1956—1957年度举办了第一届尤伯杯赛（国际女子羽毛球团体锦标赛），1977年举办了第一届世界羽毛球锦标赛。1978年2月，亚非地区的发展中国家发起成立世界羽毛球联合会（简称世界羽联）与国际羽毛球联合会并存。1978年世界羽毛球联合会举办第一届世界羽毛球锦标赛，1979年举办了第一届世界杯团体赛和第二届世界羽毛球锦标赛。国际羽毛球联合会和世界羽毛球联合会于1981年5月26日宣布合并，统一称为国际羽毛球联合会。

二、羽毛球的基本技术

羽毛球技术是指运动员在比赛中所采用的动作方法的总称。羽毛球的主要基本技术包括手法和步法两大类：手法有握拍法、发球法、接发球法和击球法；步法有基本步法和前后左右移动的综合步法。

（一）手法

1. 握拍法。羽毛球拍握法正确与否，对掌握和提高羽毛球技术水平，有着重要的影响。羽毛球技术中的握拍和指法是多种多样的，但是基本的握拍法有两种，即正手握拍法和反手握拍法。

（1）正手握拍法。虎口对着拍柄窄面的小棱边，拇指和食指贴在拍柄的两个宽面上，食指和中指稍分开，中指、无名指和小指并拢握住拍柄，掌心不要紧贴，拍柄端与近腕部的小鱼际肌齐平，拍面基本与地面垂直（如钩球-1所示）。正手发球、右场区各种击球及立场区头顶击球等，一般都采用这种握法（本节内容均以右手握拍者为例）。

图10-1　正手握拍

（2）反手握拍法。在正手握拍的基础上，拇指和食指将拍柄稍向外转，拇指顶点在拍柄内侧的宽面上或内侧棱上，中指，无名指和小指并拢握住拍柄，柄端靠近小指根部，使掌心留有空隙。球拍斜侧向身体左侧，拍面稍后仰（如图 10-2 所示）。一般说来，击身体左侧的来球，大都先转体（背对网），然后用反手握拍法击球。

图 10-2 反手握拍

2. 发球法。发球是运动员在发球区将球摆脱静止状态，在发球区将球拍击出，使之在空中飞行，落到对方的接发球区的技术动作。发球作为组织进攻的开始，其质量的好坏，直接关系到比赛的主动或被动，乃至赢球得分或丧失发球权。

发球可分为正手发球和反手发球两种。若按球在空中飞行的弧线，又可分为发高远球，平远球，平快球和网前球等。

（1）正手发球（以右手握拍为例，下同）。站在靠近中线一侧，离前发球线约1米左右的位置上。身体左肩侧对球网，左脚在前，右脚在后，脚尖稍向右侧，两脚距离与肩同宽，身体重心放在右脚上。准备发球时，右手握拍向右侧举起，肘部微屈，左手拇指、食指和中指夹住球，举在腹部右前方，然后放开球，挥拍击球，击球时，身体重心由右脚移至左脚上。

用正手发不同的弧线球时，击球前的准备和前期动作是相仿的，只是在击球时及其后的动作有所不同。

发远球时，在左手放开球使之下落时，右手转拍由上臂带动前臂，自右后方沿身体向前左上方挥动。当球落到右臂前下伸直能够接触到球的刹那，紧握球拍，并利用手腕屈收的力量向前上方发力击球。然后顺势向左上方挥动缓冲（如图10-3所示）。发平高球时，动作过程大致与发高远球相同，只是在击球的一刹那，前臂加速带动手腕向前上方挥动，拍面要向前上方倾斜，以向前用力为主。注意发出球的弧线以对方伸拍击不着球的高度为宜，并应落到对方场区底线（如图10-4所示）。

图10-3 正手发球

发平快球时，要充分利用前臂带动屈腕的爆发力向前方用力击球。使球直接从对方肩稍上高度越过落到后场。关键是出手（击球）动作要小而快。

图 10-4 正手发平高球

发网前球时，握拍要放松，上臂动作要小，主要靠前臂带动手腕向前切送，球的弧线要贴网而过，落点在前发球区附近。注意手腕不能有上挑动作。

（2）反手发球。发球站位可在前发球线后 10～50 厘米及中线附近，也可在前发球线后及边线附近。面向球网，两脚前后开立（右脚或左脚在前均可），上体稍前倾，身体重心在前脚上。右手臂屈肘，用反手握拍将球拍横举在腰间，拍面在身体左侧腰下。左手拇指与食指捏住球的二三根羽毛，球托朝下，球体或球托在球拍前对准拍面。击球时，前臂带动手腕朝前横切推送，使球的飞行弧线略高于网顶，下落到对方前发球线附近（如图10-5所示）。反手发快球时则要突然发力，拍面要有"反压"动作。

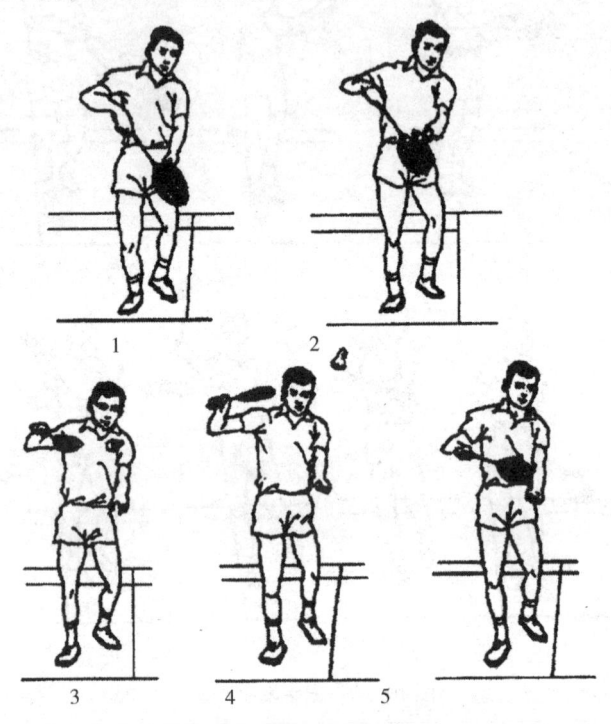

图10-5　反手发球

3. 接发球法。还击对方发过来的球叫接发球（如图10-6所示）。接发球和发球一样，都是羽毛球最基本的技术。在比赛中同样起着重要的作用。如果说发球发得好是走向胜利的开始，那么也可以说，接发球接得好是走向胜利的第一步。发球方利用多变的发球来打乱接发球方的阵脚争取主动。接发球方则是通过多变的接发球来破坏发球方的企图。因此，对初学羽毛球的人来说，接发球也是不可忽视的技术。

图 10－6　接发球

（1）接发球的站位和姿势。具体如下：

①单打站位：单打站位距离前发球线 1.5 米处。在右发球区要站在靠近中线的位置；在左发球区则站在中间位置。主要是防备对方直接进攻反手部位。一般左脚在前，右脚在后，双膝微屈，收腹含胸，身体重心放在前脚上，后脚脚跟稍抬起。身体半侧向球网，球拍举在身前，两眼注视对方。

②双打站位：由于双打发球区比单打发球区短 0.76 米，发高远球易被对方扣杀。所以双打发球多以发网前球为主。接发球时要站在靠近前发球线的地方。双打接发球准备姿势和单打的接发球姿势基本相同。略有区别的是身体前倾较大，身体重心可以随意放在任何一脚，球拍举得高些，在球来到网上最高点时击球，争取主动。但要注意右场区对方发平快球突袭反手部位。

（2）接发各种来球。对方发来高远球或平高球时，可用平高球、吊球或杀球还击。一般说来，接发高远球是一次进攻的机会，还击得好，就掌握了主动。但初学者常因后场技术没掌握好，还击球的质量较差，以致遭到对方的攻击。因此，要提高后场的进攻技术。

对方发来平快球时，可用平推球、平高球还击，以快制快。由手接球方还击的击球点比发球方高，下压得狠些可以夺取主动；亦可以高远球还击，以逸待劳。不能仓促还击网前球，因为若击球质量稍差,有可能遭受对方的进攻。

  4. 击球法。羽毛球击球技术方法,包括击高球、吊球、杀球、搓球、推球、钩球、扑球、抽球、挑球等,每一种技术又可分为正手和反手击球法。依据战术球路的需要,又可击出直线球或斜线球来。下面就各种击球动作的方法要领简述如下。

  (1)高球。高球是自后场打到对方后场端线经过高空飞行的球。高球分为正手、反手和头顶三种手法。

  正手高球:首先要判断好来球的方向和落点,侧身后退,使球处在自己的右肩稍前上方的位置。左肩对网,左脚在前,右脚在后,重心在右脚上。左臂屈肘,左手自然高举右手持拍。手臂自然弯曲,将球拍举在右肩上方,两眼注视来球。击球时,右上臂后引,随之肘关节上提高于肩部,将球拍后引至头部,自然伸腕(拳心朝上)。然后在后脚蹬地,转体收腹的协调用力下,以肩为轴,上臂带动前臂快速向前上方甩腕,在手臂伸直的最高点击球。击球后,持拍手臂顺惯性往前左下方挥动并收拍至体前,与此同时,左脚后撤,右脚向前迈出,身体重心由后脚移到前脚上(如图10-7所示)。正手高球也可起跳击球,按上述要求做好准备动作,然后右脚起跳,随即在空中转体,并完成引拍击球动作。击球动作在球将从空中最高点落下的瞬间完成。

  反手高球:当对方将球击到己方左后场区时用反手击高球。首先判断好对方来球的方向和落点,迅速将身体转向左后方,移动步伐,最后一步用右脚前交叉跨到左侧底线,背对网,身体重心在右脚上,使球处在身体右上方。击球前,迅速换成反手握拍法,持拍手在右胸前,拍面朝上。击球时,以上臂带动前臂,通过手腕的闪动,自下而上地甩臂,将球击出。在最后用力时,要注意拇指的倒压力与甩腕的配合,以及两腿蹬地转体的全身协调用力。

  头顶击高球:动作要领与正手高球基本相同,只是击球点偏

图 10-7 正手击高球

左肩上方。准备击球时,身体偏左倾斜。击球时,上臂带动前臂使球拍绕过头顶,从左上方向前加速挥动,注意发挥手腕的爆发力击球。落地时左腿向左后摆动幅度大些。

(2) 吊球。吊球是自后场打到对方前场向下坠落的球,吊球技术分为正手、反手和头顶三种手法,按球的飞行弧线和击球动作的不同分为劈吊、拦截吊和轻吊。劈吊击球前动作和打高球、杀球相似。击球时用力较轻,带有劈切动作,落点一般离网较远。拦截吊是把对方击来的平高球拦截回去,击球时用拍面正对来球,轻轻拦切或点击,使球以较平的弧线、较慢的速度越网垂直下坠。

轻吊击球前动作和打高球相似，击球时拍面正对来球，在触球的刹那，突然减速或轻切来球，使球刚一过网即下坠。

正手吊球：击球准备和前期动作同正手高球。只是击球时拍面稍向内倾斜，手腕做快速切削下压动作，击球托的后部和侧后部。若吊斜线球时，则球拍切削球托右侧并向左下方发力；若吊直线球，则拍面正对前方同下方切削（如图10-8所示）。

图10-8 正手吊球

反手吊球：击球准备和前期动作同反手高球。不同点在于击球时拍面的掌握和力量的运用。吊直线球时，用球拍反面切削球托的后中部，向对方的右半场网前发力；吊斜线球时，用球拍反面切削球托的左侧，朝对方左半场网前发力（如图10-9所示）。

第十章 羽毛球

图 10-9 反手吊球

头顶吊球：击球准备和前期动作同头顶高球。头顶吊斜线球时，中指、无名指和小指屈指外扶拍柄，使拍子内旋，拍面前倾，以斜拍面击球托左侧部位；头顶吊直线球时，球拍击球托的正中部位。

（3）杀球。杀球是把对方击来的球在尽量高的击球点上斜压下去。这种球力量大、弧线直、落地快，给对方的威胁很大。它是进攻的主要技术。杀球分为正手杀直线和正手杀对角线球、头顶杀直线和对角线球、反手杀直线球和正手腾空突击杀直线球。

正手杀直线球（侧身起跳）：准备姿势和动作要领与正手击高球大体相同。步子到位后屈膝下降重心，准备起跳。起跳时，往右上方提肩带动上臂、前臂和球拍上举，以便向上伸展身体。起跳

239

后，身体后仰挺胸成反弓形。接着右上臂往右后上摆起，前臂自然后摆，手腕后伸，前臂带动球拍由上往后下挥动，这时握拍要松。随后凌空转体收腹带动右上臂往右上摆起，肘部领先，前臂全速往前上挥动，带动球拍高速前挥。当击球点在肩的前上方时，前臂内旋，腕前屈微收，闪腕发力杀球。这时手指要突然抓紧拍柄，把手腕的爆发力集中到击球点上。球拍和击球方向水平面的夹角小于90度，球拍正面击球托的后部，使球直线下降。杀球后，前臂随惯性往体前收。在回位过程中将球拍回收至胸前。

正手杀对角线球（侧身起跳）：准备姿势和动作要领与正手杀直线球相同。不同点是起跳后身体向左前方转动用力，协助手臂向对角方向击球。

头顶杀直线和对角线球：动作要领和准备姿势与头顶击高球相同。不同点是挥拍击球时，要集中全力往直线方向或对角方向下压，球拍面和击球方向水平面的夹角小于90度。

反手杀直线球：准备姿势和动作要领与反拍击高球相同。不同点是击球前的挥拍用力要大，击球瞬间球拍与杀球方向的水平面夹角小于90度。

正手腾空突击杀直线球：侧身右脚后退一步准备起跳。起跳后，身体向右后方腾起，反身右后仰或反弓形，右臂右上抬，肩尽量后拉。击球时，前臂全速往上摆起，手腕从后伸经前臂内旋至屈收。同时握紧球拍压腕产生爆发力，高速向前下击球。突击扣杀后，右脚在右侧着地屈膝缓冲，重心在右脚前。右脚在左侧前着地，利用左脚蹬地向中心位置回动，手臂随惯性自然往体前回收。

（4）搓球。搓球是用球拍搓击球的左或右侧下部与球托底部，使球向右侧或左侧旋转与翻滚过网。搓球有正手搓球和反手搓球。

正手搓球：侧身对右边网前，正手握拍。球拍随着前臂伸向右前上方斜举。当球拍举至最高点时，前臂向外旋转，手腕由后伸至稍内收闪动，握拍手的食指和拇指夹住拍，中指、无名指和小指轻握拍柄，使球拍在手腕和手指的挥摆用力下，搓来球的右下底部，使球旋转翻滚过网（如图10-10所示）。

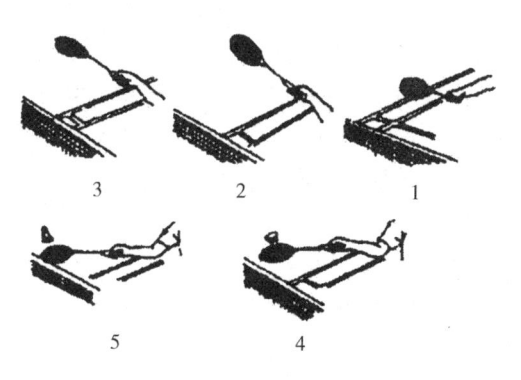

图10-10 正手搓球

反手搓球：击球前前臂稍往上举，手腕前屈，手背约与网同高，而拍面低于网顶，反拍面迎球。搓球时，主要靠前臂的前冲外旋和手腕由内收至外展的合力，搓击球的右侧后底部，使球侧旋滚动过网（如图10-11所示）。

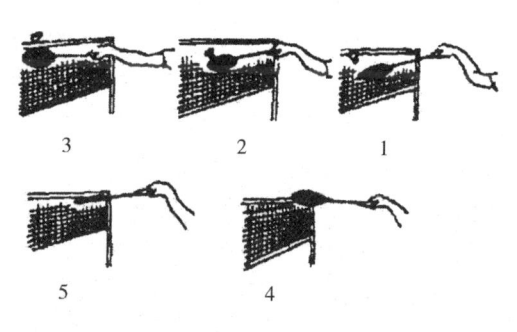

图10-11 反手搓球

（5）推球。推球是把对方击来的网前球推击到对方的后场两底角。球飞行的弧线较低平，速度较快。

正手推球：站在右网前，球拍向右侧前上举。在肘关节微屈回收时，前臂稍外旋，手腕稍向后侧，球拍也随之往右下后摆，拍面正对来球。小指和无名指稍松开，使拍柄稍离开鱼际肌，拇指和食指向外捻动拍柄，拍面更为后仰。推球时，身体稍往前移，右前臂往前伸并带内旋，手腕和手指控制拍面角度，手腕由后伸至伸直并闪腕，食指向前压，小指和无名指突然握紧拍柄。拍子急速地由右经前上至左挥动推球，使球沿边线飞向对方后场底角。在回动过程中，拍子回收。

反手推对角线球：站在左网前，以反手握拍前臂往前上方伸举。在前臂稍向左胸前收引，肘关节微屈，手腕外展时，变成反手推球的握拍法，球拍松握，反拍面迎球。当前臂前伸并带外旋，手腕由外展到伸直闪腕，中指，无名指和小指突然握紧拍柄，拇指顶压，往右前方挥拍时，推击球托的左侧后部，使球沿对角线方向飞行。击球后，手臂回收，恢复击球前的准备姿势。

（6）钩球。钩球是把在本方右（左）边的网前球击到对方左（右）边网前去的技术动作。钩球分正手和反手两种。

正手钩球：用并步加蹬跨步上右网前。球拍随前臂往前斜上举。在前臂前伸时稍有外旋，手腕微后伸，握拍手将拍柄稍向外捻动，使拇指贴在拍柄的宽面上，食指的第二指关节贴在拍背面的宽面上，拍柄不触掌心。球拍随着向右侧前挥动、拍面朝着对方右网前。击球时，靠前臂稍有内旋往左拉收，手腕由稍后伸至内收闪腕，挥拍拨击球托的右侧下部。使球向对方网前掠网坠落。击球后，球拍回收至右肩前。

反手钩球：站在左网前，反手握拍前平举。在身体前移的过程中，球拍随手臂下沉至离网顶20厘米处，变成反拍钩球握拍法，拍面正对来球。当来球过网时，肘部突然下沉、同时前臂稍外旋，手腕由稍屈至后伸闪腕，拇指内侧和中指把拍柄往右侧一拉，其他手指突然握紧拍柄，拨击球托的左侧后部，使球沿对角线飞越过网。击球后，球拍往右侧前回收。

（7）扑球。对方发网前球或回网前球时，在球刚越到网顶即迅速上网向斜下外压，谓之扑球。扑球有正手和反手两种方法。

正手扑球：右脚蹬步上网，身体右侧前倾，手举球拍于右肩上方。击球时，利用手腕由后伸到前屈收腕的力量，带动球拍向下扑击球。如果球离网顶较近，靠手腕从右前向左前"滑动"击球。

反手扑球：右脚跨至在前再上网，身体右侧前倾，反手握拍举于左前上方。击球时，前臂伸直外旋带动手腕内收至外展，加速挥拍扑球。若来球靠近网顶，手腕可外展由左向右拉切击球，以免触网。击球后，右脚着地屈膝缓冲，回收球拍于体前。

（8）抽球。抽球是把在身体左、右两侧，肩以下，腰以上的来球平扫过去。有正手抽球和反手抽球两种。

正手抽球：站在右场区中部，两脚开立稍宽于肩，重心在两脚间，微屈膝收腹，正手握拍举于右肩前。击球时关节前摆，前臂稍往后带，手腕稍外展至后伸，引拍至体后。击球时前臂内旋，手腕伸直闪动。手指抓紧拍柄，球拍由右后往右前方快速平扫盖击来球。击球后手臂左摆，左脚往左前方迈一步，右脚跟一步回中心位置。

反手抽球：右脚前交叉在左侧前，重心在左脚上，右手反手握拍在左侧前。击球前肘部稍上抬，前臂内旋，手腕外展，引拍至左侧。击球时，在髋的右转带动下，前臂外旋，手腕由外展到伸直闪动，挥拍击球托的底部。击球后，球拍随身体的回动收回到右侧前。

（9）挑球。挑球是把对方回来的吊球或网前球挑高回击到对方后场去，这是在比较被动的情况下采取的一种防守性技术。挑球有正手挑球和反手挑球两种。

正手挑球：正手握拍举在胸前，右脚向网前跨出一大步，左脚在后，侧身向网，重心在右脚上。同时右臂向后摆，自然伸腕，使球拍后引。然后以肘关节为轴，曲臂内旋，并握紧拍，用食指及手腕的力量，将球向前上方击出。

反手挑球：反手握拍举在胸前。右脚向左前方跨出一大步，重心放在右脚上。同时右肩向网，曲肘引拍至左肩旁，然后以肘关节为轴，握拍经体前由下往上，用拇指第一指节压住拍的宽面，用力将球击出。

（二）步法

羽毛球运动员在单打比赛中，要在本方场区约 35 平方米的面积内，来回奔跑并完成各种击球动作，如果没有快速而准确的步法，就会顾此失彼，疲于奔命。

我国羽毛球运动员根据自身的特点和从实战需要出发，形成了步法训练的完整体系。在蹬步、跨步、腾跳步、交叉步、垫步、并步等基本步法基础上，组成了上网、后退、两侧移动和起跳腾空等综合步法。

1. 上网步法。

（1）上右网前。如果站位靠前，可用两步交叉步上网（如图 10 - 12 所示），若站位靠后场，则采用三步交叉跨步的移动方法，即右脚向右前方迈一小步，左脚接着前交叉迈过右脚，然后右腿顺着这一方向跨一大步到位（如图 10 - 13 所示）。为了加速上网，还可采用垫步上网，即右脚向右前迈一小步后，左脚快速跟进到右脚跟后，利用左脚掌内侧后蹬，右脚向右前跨出一大步（如图 10 - 14 所示）。

（2）上左网前。基本方法同上右网前，只是方向相反。如两步跨步上网（如图 10 - 15 所示）。

2. 后退步法。

（1）正手后退右后场。后退步法一般都用侧身后退，以便于到位后挥拍击球。如果右脚稍前的站位，则先完成右脚后蹬一髋部右后转—成侧身站位,然后采用三步并步后退或交叉步后退(如图 10-16 和图 10-17 所示)。

图 10-12　两步交叉上网　　图 10-13　三步交叉上网

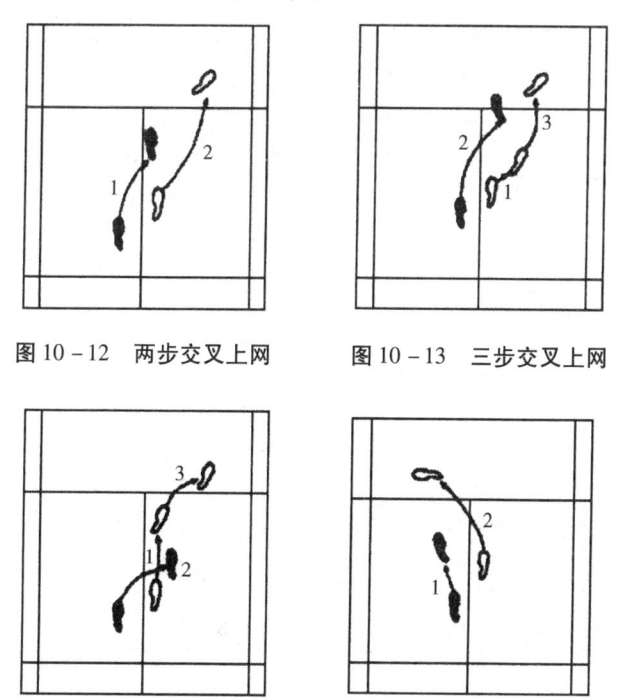

图 10-14　三步垫步上网　　图 10-15　两步跨步上网

(2) 后退左后场。后退左后场正手绕头顶击球的步法基本同正手后退右后场步法,只是移动方向是向左后而已。

(3) 反手后退左后场。反手击球时,必须先使身体向左后转、背向网,在后退左后场时,无论是两步后退或三步后交叉后退都要注意这一点(如图 10-18 和图 10-19 所示)。

3. 两侧移动步法。

(1) 向后侧移动。两脚开立,右脚跟稍提起,上体稍倒向左侧,左脚掌内侧用力起蹬,右脚同时向右侧蹬跨一大步到位击球。

245

若距来球较远，则左脚可向右垫一小步再起蹬，右脚同时向右跨一大步（如图 10-20 和图 10-21 所示）。

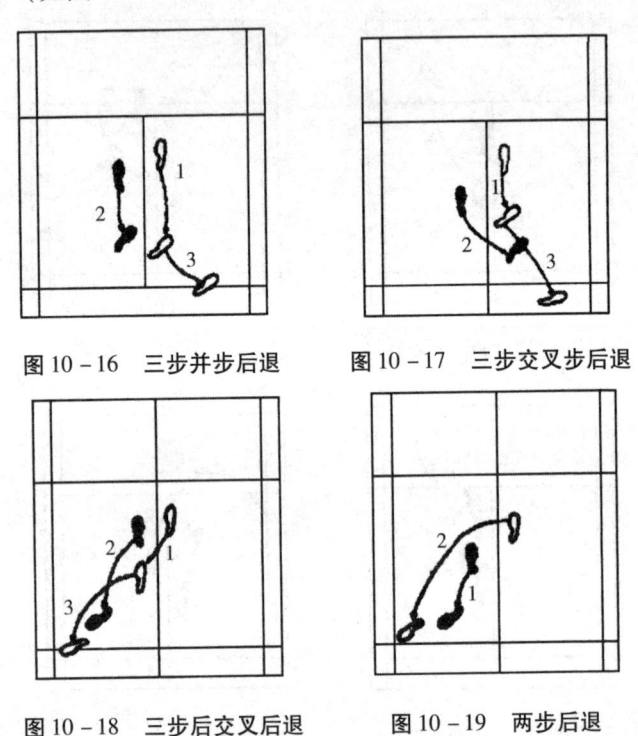

图 10-16　三步并步后退　　　图 10-17　三步交叉步后退

图 10-18　三步后交叉后退　　　图 10-19　两步后退

（2）向左侧移动。两脚开立，上体稍倒向右侧用力起蹬，左脚同时向左蹬跨一步到位击球（如图 10-22 所示）。离球较远时，左脚可先向左移一小步，然后向左转身，右脚向左（前交叉）跨大步（背向网）并以反手击球（如图 10-23 所示）。

4. 起跳腾空步法。

步子到位后，为了争取战机和更高的击球点，用单脚或双脚起跳，居高临下，凌空一击，称为起跳腾空击球。在上网、后退和两侧移动中都可运用腾跳步。一般说来，腾跳步较多用于向左、右两侧进行跳起突击。当对方打平高球（弧线较低）从右侧上空飞向底线时，用左脚向右侧蹬地，右脚起跳，上体向右侧上空腾起截住来球，突击扣杀对方空当；当球从左侧上空飞向底线时，则右脚向左侧蹬地，右脚起跳，用头顶击球法突击。在正手后退步法中，步子到位后，也可以右脚起跳腾空击球。击球后，左脚后摆在身体重心的后面着地。一经制动缓冲，便应立即回动至中心位置（如图 10-24 所示）。

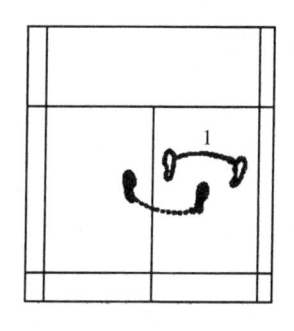

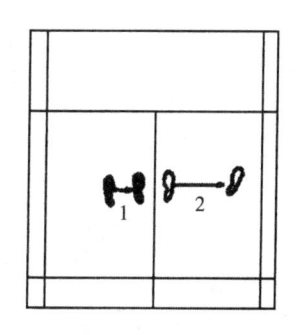

图 10-20　蹬跨步（一步）　　图 10-21　垫步蹬跨（两步）

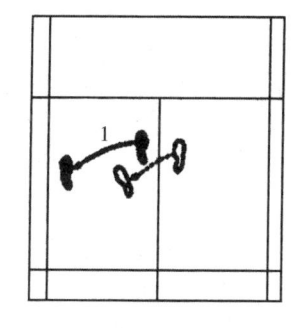

图 10-22　蹬跨步（一步）　　图10-23　左侧跨步（两步）

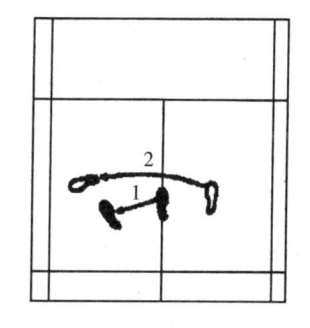

三、羽毛球的基本战术和打法

具有不同技术特长、打法风格的运动员，在比赛中要根据彼此双方技术、体力、意志制定不同的战术。如对方后场还击力量差，就猛攻后场底线两角；如对手网前技术差，就攻前场；如对手步法慢，体力差，就打四方球，夹以突击；如对手转体慢，不灵活，就打对角，使之左右奔跑。

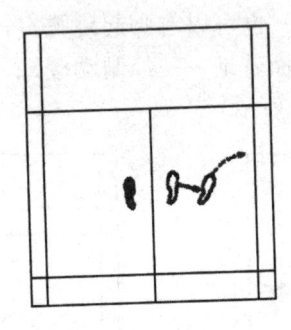

图 10-24 右侧腾跳突击

（一）基本战术

1. 发球抢攻。从发球开始就争取控制对方，攻杀得分。发球抢攻一般发网前低球，结合平快球，平高球，争取第三拍主动进攻。

2. 进攻后场。当对方技术不熟练，后场还击力量差，回球路线和落点盲目性大时，多采用这种战术以压对方到后场附近，造成对方被动，然后伺机取胜。对付后退步法较慢，反击能力差和急于上网的对手，可重复压底线，突击杀、吊或重复攻后场直线突击对角线。

3. 攻前场。对基本功较差的对手，可以攻对方前场两角，乘机取胜。

4. 打四方球结合突击。若对方步法较慢，体力稍差，技术不全面，可以快速准确的落点攻击对方场区的四个角，伺机向空当进攻。

5. 杀吊上网。当对方打来后场高球时，先以杀球配合吊球把球下压，落点要选择在场区的两条边线附近，使对方被动回球。若对方还击网前球时，迅速上前搓球、钩球或扣球，创造中后场大力扣杀的机会。

6. 守中反攻。先以高远球诱使对方进攻，在对方强攻不下疏于防守时，即可突击进攻。或在对手体力下降，进攻速度缓慢时，再发动进攻。

（二）几种打法

在羽毛球比赛中，运动员把相同的单项技术组合成不同特点、不同风格的打法。

1. 压后场底线。通过高远球或进攻性平高球压对方后场底线，迫使对方后退，然后配合大力杀球或吊网前争取得分。

2. 打四方球控制落点。以高远球、平高球或吊球快速准确地攻击对方场区的四个角，迫使对手前后左右来回奔跑，待其来不及回到中心位置时，攻其空当部位。

3. 快拉快吊控制网前。以平高球吊对方后场两角，配合快吊网前两角，引对手上网，当对方被动回网前球时，迅速上网控制网前，并用前扑、钩球结合推后场底角，迫使对手疲于奔跑，被动回球，从而创造中、后场大力扣杀和网前扑球的机会。

4. 后场下压。在后场通过扣杀、劈杀或吊球等进攻技术，迫使对方放网前球，这时主动上网，迫使对方挑高球，然后再后退起跳大力扣球。

5. 守中反攻。这种技术是利用技、吊、打四方球及防守中的球路变化调动对方，伺机反攻。

四、羽毛球规则简介

羽毛球比赛分男子单打、女子单打、男子双打、女子双打、混合双打、男子团体、女子团体7个项目。奥运会比赛只设男女单打、男女双打、混合双打5个项目。

团体赛多采用5场3胜制。作为男子团体赛的汤姆斯杯赛过去曾采用9场5胜制，女子团体赛的尤伯杯过去曾采用7场5胜制。从1984年起改为5场3胜制。单打和双打每场比赛采用3局2胜制，不受时间限制。双打和男子单打都以15分为一局。当双方打成13

平时，先得 13 分的一方有权选择再赛 5 分或按原规定赛完 15 分；当出现 14 平时，先得 14 分的一方有权选择再赛 3 分或按原规定赛完 15 分。经选择再赛后，任何一方获得 5 分或 3 分，则胜此局。女子单打是 11 分为一局，当出现 9 平时，先得 9 分的一方，有权选择再赛 3 分或按原规定赛完 11 分；当出现 10 平时，先得 0 分的一方有权选择再赛 2 分或按原规定赛完 11 分。

每赛完一局，或在第 3 局（决胜局）中有一方先得 8 分（女子单打为 6 分）时，双方交换场地。

羽毛球比赛时，发球方胜球得分。输球不失分，换由对方发球；接球方胜球获得发球权，不得分。单打比赛中，发球方的分数为零或偶数时，双方都站在右发球区发、接球；分数为奇数时，双方都站在左发球区发、接球。双方比赛中，每方都有两次发球权，两名队员依次轮流各发一次，但每次比赛开始，先发球的一方只有一次发球。当一方获得发球权时，不论得分是奇数还是偶数，都由站在右发球区的队员先发。发球方每得 1 分，同队两队员互换左右发球区，由原发球员继续发球，而接球方始终保持原站方位，不得互换。当第二次发球输球后，发球权交给对方。比赛进行中，除发球和接发球外，可由任一队员进行还击。

发球员发球时脚不得踩线、移动或离开地面，击球的瞬间球的任何部位不得高于腰部，球拍框应明显低于发球员的手部，违者判发球违例。接球员应站在发球区内，在对方完成发球动作前，不得过早移动。一人不得连续接球两次，或双打同队队员连续各击球两次，否则判"连击"违例。比赛中，身体、衣服或球拍不得触及球网或球柱，不得有阻挠或影响对方击球的动作和行为。球击落在场地界线外即为球出界。球落地时，球托或羽毛的任何部分压在线上，则属于界内球。发球时，球不到前发球线，或双打中过了双打后发球线，或发错区，均判作"界外球"。发球时，球擦网顶仍落在合法发球区内为好球。

第十一章 网 球

一、概述

(一) 网球运动的起源及演变

网球运动的起源及演变可以用四句话来概括：网球孕育在法国，诞生在英国，开始普及和形成高潮在美国，现盛行于全世界，被称为世界第二大球类运动。

网球运动起源于法国。早在12—13世纪，法国传教士常常在教堂的回廊里，用手掌击打一种类似小球的物体，以此来调剂枯燥的教堂生活。渐渐地这种活动传入法国宫廷，并很快成为王室贵族的一种娱乐游戏。当时，他们把这种游戏叫"jeudepaume（法语，用手掌击球的意思）"，即"掌球戏"。开始，他们是在室内进行这种游戏，后来移向室外，在一块开阔的空地上，将一条绳子架在中间，两边各站一人，双方用手来回击打一种裹着头发的布球。14世纪中叶，法国王储将这种游戏使用的球赠给英王亨利五世，于是这种游戏便传入英国。英国人将这种球叫"tennis（英文，网球）"，并流传至今。1873年，英国的温菲尔德少校改进了早期网球的打法，并将场地移向草坪，同年出版了《草地网球》一书，并提出了一套接近于现代网球的打法。1874年，又规定了球网的大小和高低，在英国创办了简易的草地网球比赛规则后，1875年英国板球俱乐部修订了网球比赛规则后，于1877年7月举办了第一届温布尔登草地网球锦标赛。后来这个组织又把网球场地定为23.77米×8.23米的长方形，球网中央的高度为99厘米，并确定了每局15、30、40评分的记分方法。1884年,英国伦敦玛丽靳本板球俱乐部把网中央高度定为91.4厘米,至此,现代网球正式形成。在欧美也迅速发展成为一项深受欢迎的球类运动。

(二) 网球打法的变迁及其代表人物

打法的进步离不开技术的革命,用手击打的时代,球的攻守很单一,大多数则采用防守型打法,运动发展缓慢。而今是全攻全守型打法为主流,更多的是主动发力,未来的球场上则更将是力量型、速度型以及智慧型的球员唱主角了,谁能发出更多的ACE球,谁更主动,谁在网前、底线皆能充当"大力水手",谁就会赢得比赛。

现代网球在100多年的发展进程中,曾涌现了许多杰出选手,他们都以自己的天分、勤奋及创造精神为网球运动发展做出了卓越贡献,成为世人仰慕的网坛明星。

在男子网坛上,美国的蒂尔登,曾于1933年以迅猛的发球和凶猛的进攻,推动网球运动进入了一个新的阶段。第一个"大满贯"优胜者,美国的巴奇以攻击性发球、快速截击、强有力的拍击和敏捷的动作,形成了全攻全守的全面型打法。20世纪40年代末至50年代初,美国运动员卜克雷默,因最早成功地使用上网打法而闻名。世界著名球员瑞典的博格,以其冷静、顽强和独具一格的打法,在法国公开赛中六次折桂,在温布尔登赛中连续五次夺魁。

在女子网坛上,澳大利亚选手杰克·克劳福特因在1933年比赛中赢得了澳大利亚、法国和温布尔登的三项桂冠,并有望在美国公开赛中取胜,确定了"大满贯"的四大赛事。第一个大满贯锦标得主是美国的康诺利,曾于20世纪50年代初获得九次冠军,第二个大满贯得主是澳大利亚姑娘格里格·葛特,自1960—1973年共获得二十五次大满贯项目冠军,这些明星都是在一个时期内的网坛霸主。

此后,明星球王数不胜数,像德国的贝克尔,瑞典的埃德博格和韦兰德,美国的桑普拉斯、阿加西、张德培,南斯拉大的伊万尼塞维奇都曾取得辉煌战绩，现在，瑞士的费德勒、西班牙的纳达尔等都是网坛上的一代新秀。无论是男子还是女子，从现状来看，将来也将是一个百家争鸣的新格局。

二、网球的技术

（一）握拍法

握拍的方法与击球动作有着密切的关系。俗语说："球拍是击球者手臂的延伸和手掌的扩大，每个击球动作都是由手臂、手腕、手指相互配合用力来完成的，所以握拍的好坏对技术的提高和全面发展有较大的影响。"作为初学者，必须按正确的方式握拍，使拍面以正确的部位和角度与球接触。起初可能会有不习惯、不舒服之感，但坚持一段时间后就会领会到正确握拍法的好处。

握拍术语是对握拍手的"虎口"所形成的"V"形而言。但每个人的手不可能完全相同，单凭"V"形不一定可靠，所以必须从以下三点进行检查。

第一，手掌根，即小鱼际所在的部位。

第二，食指下关节，即食指掌指关节腹面所在部位。

第三，手指垫，即拇指指间关节腹面所在部位。

1. 东方式握拍法。包括以下两种方法：

（1）东方式正拍握拍法。左手先握住拍颈，使拍柄与地面垂直，然后手掌也垂直于地面，手握拍柄好像与人握手。故亦称"握三式"握拍法。准确地说，用右手掌根与拍柄右上斜面贴紧，拇指垫握住拍柄的左垂直面，食指微离中指，食指下关节压住拍柄右垂直面。由此拇指与食指成"V"形，对准拍柄的右上斜面和左上斜面的上端中间（如图11-1所示）。

（2）东方式反拍握拍法。从正拍握法把手向左转动（即把拍子向右转动），使拇指与食指成"V"形，对准拍柄左上斜面与左垂直面的中间条线。用手掌根压住拍柄的左上斜面，拇指贴在左垂直面上，食指下关节压在右上斜面上（如图 11-2 所示）。

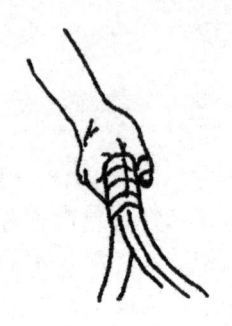

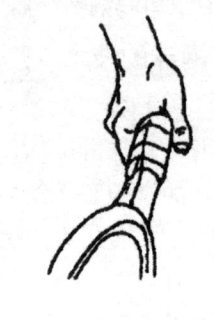

图 11-1　东方式正拍握拍法　　　图 11-2　东方式反拍握拍法

2. 大陆式握拍法。与东方式握拍法不同，大陆式握拍法在进行正、反拍击球时都无须变换握法。握拍时用手掌贴住拍柄上部的平面，食指与其余三指稍微分开，食指上关节紧贴在右上斜面上，拇指垫贴在拍柄的左垂直面上（如图 11-3 所示）。

3. 西方式握拍法。包括以下两种方法：

（1）西方式正拍握拍法。手掌心朝下，手掌的大部分放在拍柄的底部，手掌根贴在拍柄的右下斜面上，拇指压在拍柄的上部斜面，食指的下关节握住拍柄的右下斜面。拇指与食指的"V"形对准握柄的右垂直面。握拍的形状好似"一把抓"（如图 11-4 所示）。

（2）西方式反拍握拍法。在西方式正拍握拍的基础上，把球拍上下颠倒过来，用同一拍面击球或手腕顺时针转，使拇指与食指的"V"形对准拍柄的左垂直面，食指下关节压住拍柄的上部斜面，手掌根贴在左上斜面（如图 11-5 所示）。

4. 其他握拍法。包括以下三种方法：

（1）混合式握拍法。即半西方式握拍法，它的正拍介于东方式和西方式之间的握拍法，拇指与食指的"V"形对准右上斜面，它的特点是便于抽击任何来球,目前被不少优秀选手所采用。

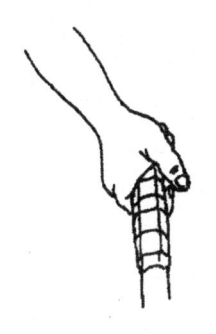

图 11-3　大陆式握拍法　　　图 11-4　西方式正拍握法

（2）双手反拍握拍法。它的动作要领是：右手是东方式反拍握法，握在球拍拍柄的底部，手掌根与拍柄对齐。左手握在右手的上方，做东方式正拍握拍法。该握拍法的优点在于对力量不足的运动员学反拍比较容易，同时这种握拍法易于对来球加上旋和进行发力，击球点可更靠后些；且动作的隐蔽性强，对方不易发现是击斜线还是击直线球；缺点在于对步法要求精确（如图 11-6 所示）。

图 11-5　西方式反拍握拍法　　　图 11-6　双手反拍握拍法

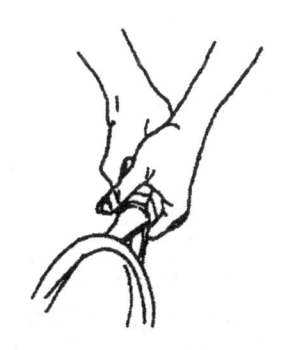

255

(3) 双手正、反拍握拍法。即正拍击球时是双手握拍,反拍击球时也是双手握拍。如著名女运动员莫妮卡·塞莱斯就是这种握法。它的动作要领是:右手(以右手持拍者为例)为东方式或混合式握拍,左手在右手上方,当对方击球朝正拍来时,左手下滑,右手迅速与左手换位,形成类似左手持拍反拍击球动作。击完球后,还原至右手在后,左手在前的准备动作。反拍击球时,与双手反拍击球握法相同。该握拍法的优点是:正反拍击球没有明显弱点,能给对方构成威胁,而且动作隐蔽,便于发力,但要求运动员判断准确,反应敏捷,步法移动快(如图 11-7 所示)。

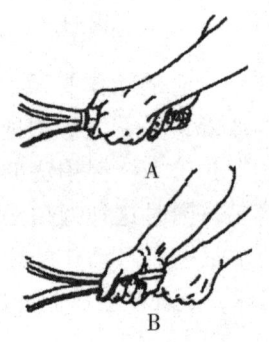

图 11-7 双手正、反拍握拍法

(二) 发球

在现代网球运动中,发球技术是非常重要的,是唯一由自己掌握的击球法。它可以不受对方制约,在较大的程度上能够发挥出个人的特点,但运动员必须比较全面地掌握各种发球技术,才能在比赛中争取主动。

1. 一般发球。具体操作方法如下:

(1) 握拍方法。大陆式或东方式反拍握拍法。

(2) 准备姿势。全身放松,侧身站立在端线外中场标记近旁(单打),左肩对着左边网柱,面向右边网柱,双手正、反握拍法脚分开约同肩宽，左脚与端线约成 45 度，右脚约与端线平行，重心在左脚上。左手持球轻托球拍在腰部，拍头指向前方。呼吸均匀，精神集中（如图 11-8 所示）。

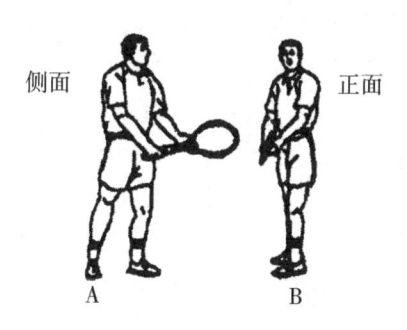

图 11-8　准备姿势

（3）抛球与后摆。抛球与后摆拉推动作是同步开始的，持球手拇指、食指和中指三指轻轻托住球，掌心向上（如图 11-9 所示）。当球拍向下向后引拍时，持球手同时下降至右腿处，紧接着当球拍从身后向头上方做大弧度摆动，身体做转体、屈膝、展肩时，持球手柔和地在身前左脚前上举，直至伸高至头顶。抛球动作要协调、平稳，球送至最高点再离开手指抛向空中。此时右肘向后外展约同肩高，拍头指向天空，左侧腰、胯成弓形状，身体重心随着抛球开始先移向右脚，然后平稳地开始前移，此刻，肩与球网成直角。

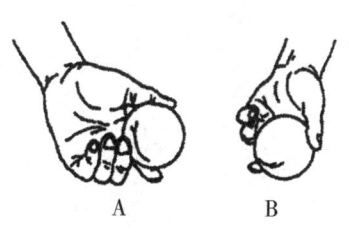

图 11-9　持球

（4）击球动作。当左手抛出球时，球拍继续向上摆起，这时握拍手的肘关节放松，可以使向前转动的身体和右肩自动地使手臂产生一个完美的绕圈（注意不是故意叫拍子去做搔背动作）。当球下降至击球点时，迅速向上挥拍击球，左脚上蹬，使手臂和身体充分伸展，当身体向前上方伸展击球时，肩、手臂已经回转，双肩与球网平行。挥拍击球时，持拍手腕带动小臂有个旋内的"鞭打"动作，这就是发球发力的关键动作，也是其他诸如重心前移、蹬腿、转体、挥拍等力量聚集的总和。

（5）随挥动作。球发出后，身体向场内倾斜，保持连续的完整的前上方伸展的随挥动作。球拍挥至身体的左侧（美式旋转发球球拍随挥至身体的右侧），重心移向前方，做到完全自然地跟进并保持身体平衡。图11-10为桑普拉斯发球的连续图。

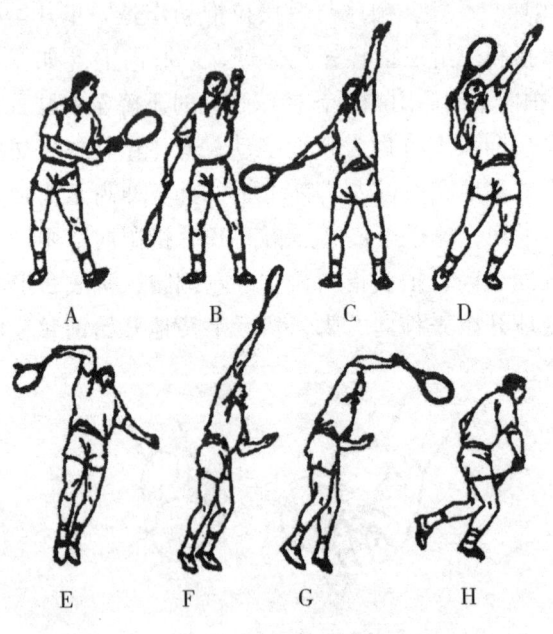

图11-10 桑普拉斯发球的连续图

2. 平击发球。平击发球在诸多发球中是球速最快的发球法，也叫炮弹式发球。该发球不但球速快，而且反弹低。如身材高大就可以借助高点击球的空中优势直接进攻对方；身材较矮小或女选手就不宜使用平击发球。这种发球虽然力量大、球速快、威胁大，但命中率比较低。发平击球时的击球点应在身体的右眼前上方，以拍面中心平直对准球，击球的后中上部。因此手腕向前甩和前臂的"旋内鞭打"非常重要，身体充分向上向前伸展，以获得最高击球点，以提高发球命中率（如图 11–11 所示）。

图 11–11　平击发球

3. 切削发球。这是一种以右侧内旋（略带下旋）为主的发球法，就是由球的右上往左下切削击球。由于切削发球的飞行轨迹及弹跳方向不定，该发球不但球速快，威胁大，而且容易提高发球命中率，为此被世界各国多数运动员所采纳。

发球时把球抛到右侧斜上方，球拍快速从右侧中上方至左下方挥动。击球部位在球的中部偏右侧，使球产生右侧旋转（如图11-12所示）。

图 11-12　切削发球

4. 上旋发球。这是以上旋为主，侧旋为辅的发球法。由于球的上旋成分多于切削发球，使球产生一个明显的从上向下的弧形飞行轨迹过网，发力越强，旋转成分越多，弧形就越大，命中率也越高；落地后多反弹到对方的左侧，迫使对方离位接球，给对方造成很大压力，同时为发球上网带来足够的时间。

发上旋球时把球抛到头后偏左的位置，击球时身体尽量后仰成弓形，利用杠杆力量对球加旋转，球拍快速从左向右上方挥动，从下向上擦击球的背面，并向右带出，使球产生右侧上旋。

(三) 接发球

网球比赛首先是从发球和接发球开始的。比赛中，如果接发球不好，不仅会给对方较多的进攻机会，而且更严重的是常会引起自己心理上的紧张和畏惧，并造成失误，甚至导致全盘失败。反之，如果接发球技术好，有时不仅可以直接得分，而且还可以破坏对方的抢攻，成为战术上和心理上的有力武器，为自己的进攻创造有利条件。因此，接发球是网球技术中一个重要环节，应引起足够的重视。

1. 接发球的握拍法。应根据运动员习惯的握拍法来决定。大陆式握拍，正、反拍无需换握拍。东方式或西方式、混合式握拍的正、反拍击球需换握拍，当球一离开对方的球拍，就应该决定是否要转变握拍。向后小拉拍时改换握拍要做到迅速及时，才能还击好来球，特别是在快速场地上更需要争取点滴的时间。

2. 接发球的准备姿势。接发球的准备姿势只要能以最快的速度还击球就行。当对方发球前，可以膝盖弯曲，两腿叉开；当对方抛球准备击球时，可以重心升起，两脚快速交替跳动，并判断来球迎前回击。接发球站位要根据对方的发球水平和自己的接发球水平、习惯、场地动作快慢和战术需要来确定，一般应站在对方能发到内外角的中角线上，接第一发球时站位稍后些，接第二发球时站位略前。

3. 接发球的击球动作。根据对方发球好坏、速度快慢而定。动作一般介于底线正、反拍击球动作和截击球动作之间。对发球差的选手，可用自己的底线正、反拍动作来接对方的发球；而对发球好、速度快的选手，可用网前截击球的动作来接对方的发球，这样接出的球很有威胁。

接好发球的关键在于：快速灵敏的判断、反应和充分的准备。当击球点在身体前面的接发球时，在判明来球的方向后，即向后转动双肩,马上向前迎击来球。接大力平击发球时,靠近身体大多向左侧身用反拍顶击球。用正拍侧身抢攻需要有更快更早的动作。迎上去顶击球时,要握紧球拍,手腕保持固定,使拍面正对着来球,身体的向前动作加上发球者的球速将提供所有接发球者所需要的力量。

4. 接发球的种类。接发球分正拍和反拍两种接法,可打出上旋、下旋、平击等球。根据战术的需要,除了不同回击力量和落点变化外,还可以直接放轻球(小球),或挑高球,也可以接发球上网和接发球破网。

(四) 抽击球技术

1. 底线正拍抽击球。底线正拍抽击球是整个网球技术中的一项重要进攻技术。底线正拍抽击球主要包括握拍法、准备姿势、后摆动作、击球时的步法、击球动作、随挥动作。

(1) 握拍法。东方式正拍握拍法或东西方混合握拍法。

(2) 准备姿势。准备时面对球网,两脚分开与肩同宽,身体前倾,双膝微屈,重心落在前脚掌上,右手握拍,左手轻托拍颈,拍面垂直地面并指向对方,注意力集中准备迎击来球。

(3) 后摆动作。发现对方击球朝正拍来时,就开始向后引拍,转髋的同时转动双肩,带动拍子向后引,成弧形做后摆动作;或直接向后拉拍,肘关节弯曲并稍抬起(注意手臂不要伸直),与此同时,左手向前伸出,以保持身体平衡。

(4) 击球时的步法。击球步法分为"关闭式"和"开放式"两种。关闭式步法是在球拍做后摆动作的同时右脚向右转,约与底线平行,左脚向右斜前方做45度角迈出。"开放式"步法是在球拍向后引做后摆动作的同时,双脚基本与底线平行,只是需要较多的转体动作相配合。这两种击球步法,它们击球前的重心都在右脚上,随着击球和动作的随挥,重心移向左脚。

(5)击球动作。从拍子后摆进入向前挥动时,一定要向前迎击球,借助转髋和腰的快速短促扭转,利用离心力大力摆动身体并立即挥出球拍。此时应紧握球拍固定手腕,肘关节微屈,击球点在轴心脚的侧前方。关闭式步法击球点在左脚尖的前方;开放式步法击球点在右脚侧前方。

(6)随挥动作。击球后随挥动作的去向意味着球的去向。击球后,球拍沿着球飞行的方向继续向上挥动,肘关节向前上方跟进前伸,转体动作也由后摆时的侧身对网转向正面对网,拍子随挥至左肩上方结束,动作放松,同时马上还原到准备回击下一次来球的状态。

2. 底线反拍抽击球。底线反拍抽击球主要包括握拍与准备姿势、后摆动作、击球动作和随挥动作。

(1)握拍与准备姿势。东方式反拍握拍法,准备动作与底线正拍准备动作相同。当判断出对方来球方向是反拍时,握拍由东方式正拍或东西方混合式正拍握拍法转换成东方式反拍握拍法。

(2)后摆动作。左手轻托球拍的颈部,转动双肩。右肩侧身对网,几乎是背对球网,同时右脚向左侧前方约45度角跨出,全身自然放松,注意力集中,握拍手肘关节弯曲并贴近身体。

(3)击球动作。要把球打得既凶又准,必须要向前迎击球,击球点在轴心脚右脚的侧前方,双手握拍反拍击球点在左脚的侧前方。力争打上升球,因为上升球比下降球有较快的速度和较大的力量可以借助,所以回击球的速度也比较快。当向前挥拍击球时,朝着球网一鼓作气地回身转腰,拍面垂直于地面,肘关节稍屈并外展,手腕紧锁,并由下向上方奋力挥出,在将要击球的那一刻,身体重心由后脚移向前脚,使身体重心顺畅地移到击球中去。

(4)随挥动作。由于腰的扭转,击球后使身体面向球网。为了控制球,跟进动作时球拍应向上挥到肩或头部的高度,同时保持身体平衡并准备下一拍的击球。

3. 底线正拍侧身攻抽击球。侧身正拍抽击球的特点是速度快，力量大，攻势强。

（1）准确判断来球，以正拍握拍和底线正拍抽击球为基础。

（2）提高步法的移动能力，不但要移动到击球位，还要迅速调整好球与身体的距离。

（3）发力时重心由右脚迅速转向左脚，腰部发力并带动手臂，此时步法应该是开放式为好，挥拍击球方向应随着击球的方向而击。

（五）截击球技术

当球还没有落地并在空中飞行时（除高压球外），被凌空打掉，称为截击，亦称拦网。截击球在现代网球比赛中，是一项重要得分手段。掌握好网前截击技术，对单打时的发球上网，随击球上网和双打中的上网，都有很大帮助作用，同时也能使自己的技术水平提高到一个新的高度。

截击技术包括：中场截击、近网截击和近身截击。由于网前截击球距离短，球速快，在实际比赛中，正、反拍截击球要转换握拍时既为难又不切实际，所以正反拍的截击球的握拍法应均为东方式反拍握法或大陆式握拍法。

1. 中场截击。

（1）正拍中场截击。面对球网，两脚分开与肩同宽，膝关节微屈，重心在两脚前脚上，转胯转肩（右手握拍为准）左脚向侧前方左45度跨步，以转肩来带动球拍后摆，后摆动作不要超过肩，肘关节微屈，手腕成45度角，拍面略开，截击时手腕紧固，击球点在左脚尖延长线上，以短促而有力的动作向前迎击来球，触球部位为球的中下部。由于中场截击球距离较长，所以击球后的跟进动作，随着球的行进路线要稍长些，但不能太长，否则会影响下一段击球的准备动作。然后向网前推进，准备进网截击或高压。

(2) 反拍中场截击。准备动作与正拍相同。判断来球后，向左侧转腰，同时左手托拍颈向后引拍，拍面略升至身体前面，后引动作不能超过左肩。击球时右脚向侧前方 45 度跨出，重心前移后脚上，同时向前向下截击来球，击球点位于右脚尖前面，手腕固定，肘关节微屈，利用前臂和手腕向前下方击球。击球后的跟进动作与中场正拉一样，随时准备截击下一板球。不论是正拍还是反拍截击中场球，拍面应随着对方来球高度随时进行变化调节。截击中场高球，拍面应垂直向前向下击球，截击中场低球拍面应打开些，击球的中下部向前搓顶过去。

2. 近网截击。

(1) 近网正拍截击。判断清楚对方来球的质量，包括球速，球离网的高度以及球的角度以便迅速启动、调整位置，控制拍面。如来球快而平，拍面应稍开，击球的中下部，手腕紧固，以短促的动作向前向下来顶撞来球。如球快而高并略带上旋，拍面应竖起垂直，击球中部，以短促的动作向下向前顶撞来球，手腕紧固。后摆动作小，身体重心向前转体同时带动完成后摆动作，击球点在身体侧前方，击球时左脚应向侧前方跨出，同时重心落在左脚上肘关节不应距身体太远（除扑击球外），以便顶住重球。动作短促简单，随球动作小，并迅速准备下一板截击球。

(2) 近网正拍截击。前期准备动作与近网正拍截击动作相同，要求重心向前，后摆动作小，根据来球高低，调整后摆拉拍高低及击球部位。以肩和肘关节为轴，由上向下或由后向前顶撞击球，手腕紧固，以前臂发力控制落点。击球时右脚跨出，重心在后脚上，随击动作短小有力（如图 11 - 13 所示）。

3. 近身截击（中路球截击）。

(1) 准备动作与正、反拍截击动作一致，两膝微屈，面对球网，重心落在前脚掌上，拍子放在身前注视对手。

图 11-13 近网截击

（2）当球朝着偏正拍中路来时。左脚向左侧迅速横移一步，重心落在左脚上，右脚跟进同时转体侧身，球拍始终保持在身体前面。另一种方法是当球朝中路来时，右脚迅速向左后侧退一步，重心落在右脚上。如中路球朝偏反拍来时，动作准备要点与正拍中路球相同，步法则相反（也有两种步法）。

（3）击球时手腕要固定并紧握拍子，根据来球高低同前或向下撞击球。

（4）击球后的随击动作小，并迅速回到原来位置，准备截击下一板球（如图11-14所示）。

（六）高压球

1. 高压球的动作技术。当对方挑高球时，应立即侧身转体并用短促的垫步向后退，同时侧身，持拍手上举至头部位向后引拍，

图 11–14　近身截击

重心在两脚前脚掌上,后腿弯曲,随时准备扣杀。准备击球时,非持拍手上举指向来球的方向和高度,击球与发球时击球一样,击球点在右眼前上方。如果跳起高压,用后脚起跳、转体、收腹,击球后用左脚着地,同时右脚向前跨,准备再上网截击。

近网高压球击球点可偏前,便于下扣动作的完成,远网后场高压的击球点可稍后些,击球动作向前下方挥击,以防下网。

击球后的跟进动作尽量像发球那样完整,起跳高压时要保持身体平衡(如图 11–15 所示)。

图 11–15　高压球

2. 高压球的种类。

（1）近网高压球。对方挑高球落点位于发球线之前，就可迎上去大力扣杀直接击败对方。

（2）后场高压球。对方挑高球落点位于发球线之后，此时要大胆果断，就像打正常的高压球一样，击球点可稍后些，步法及时移动到位，迅速跳起给予猛击，击球后的跟进动作要长些，向前向下扣压。

（3）落地高压球。当对方挑出直上直下的高球时，可等球落地弹起后再打。这样可增加打高压球的把握和信心。一般这种高球落地后跳起弧线是直线向上的，所以步法移动要迅速，退至球的后面，调整好击球点的位置，然后向前还击球，像发球一样向前向下击球。落点对准发球线与底线之间，这样才能提高击球的成功率。

（4）反手高压球。由于反手高压不容易发力且易失误，故在比赛中运用较少，一般都及时侧身后退，打头顶高压。当对方挑高球至左侧场边线，需被迫使用反手高压球时，应及时向左侧身，提肩抬肘，拍子低于手腕与肘关节，击球点在左上侧，击球时前臂和手腕迅速向上挥起，手腕紧固，集中精神和力量打落点和准确率。

（七）挑高球

1. 进攻性挑高球。进攻性挑高球又叫上旋高球，对付威力强大的网前截击型对手，使用强烈的上旋挑高球是"致命的武器"之一。这种球能够强劲飞越网前对手，迅速落在后场，使对方既够不着又追不到，即使勉强打到高压球，也是软弱无力，从而漏出空当，给破网得分创造机会。其要点如下。

（1）挑高球动作要尽可能和底线正、反拍上旋抽击球动作一样。完成拉拍动作时，要使手腕保持后屈。

(2) 在挥拍击球时，拍面垂直，拍头低于手腕的位置，采用手腕与前臂的浪翻动作，由后下向前上挥拍，做弧线型鞭击球动作，使球拍在击球瞬间进行拍击，以产生强力上旋，击球点在身体侧前方，重心落在后脚。

(3) 击球后，球拍必须朝着自己设想的出球方向充分跟进，随挥动作要放松并在身体左侧结束（如图11-16所示）。

图11-16 进攻性挑高球

2. 防守性挑高球。防守性挑高球亦称下旋高球，它飞行弧线高，比较上旋高球更易控制，具有失误少的优点。在底线对扣被对方打离场地时挑下旋高球，能赢得时间回到有利的位置，如果能掌握下旋高球，同样能不给对方在网前有扣杀的机会。其要点如下。

(1) 和挑下旋高球和挑上旋高球一样，同样需要动作隐蔽，因此，它的握拍、侧身转肩、向后引拍应尽量与底线正、反拍击下旋球动作一致。

(2) 击球时拍面朝上，触球是在球的中下部，由后下方向前上方平缓挥拍击球，似"舀送"动作的击球法，为了更好地控制球的高度和深度，尽量使球在球拍上停留时间长些，动作要柔和。

(3) 随挥动作与底线正、反拍击下旋球一样，跟进动作充分，结束动作高于上旋高球结束动作，面对球网，重心稍后（如图11-17所示）。

图 11-17 防守性挑高球

（八）放轻球

放轻球和挑高球一样，是为了战略的需要，掌握放轻球这样细腻的球感，需要多年的训练和经验，但值得花时间去练习，以便使自己的网球技术多样化。放轻球的目的之一是当对手前后移动慢，网前技术差时，把对手从后场引至前场，创造进攻得分机会；另一个目的是当对手站在后场或大角度跑出场外时，突然放轻球，使对手来不及到位而得分。掌握了放轻球技术，可使自己扣法多变，令对手捉摸不定。其要点如下。

1. 当准备放轻球时，击球前的准备动作与正、反拍抽球动作相同，球拍后引，侧身对网，拍头高于设想的击球点。

2. 侧身还击来球。击球时拍面稍开，动作柔和，触球点在球的下部，使之产生下旋，并以适当的前推或上托动作把球击出，使球有适当的弧线落在对方球场近网处。

3. 击球后身体重心向击球方向跟进，用自然协调的动作来完成随球动作。

（九）反弹球技术

反弹球是一项由被动变主动的过渡性技术，主要是用来回击对着脚下打来的球，或在发球上网或随击球上网的冲上网途中，来不及到位打截击球而被迫还击刚从地面弹起的低球。它的击球特点是固定球拍角度，借助球弹起一瞬间的力量进行还击。其要点如下。

1. 正、反拍反弹球握拍与网前截击握拍相同，采用东方式反拍握拍法或大陆式握拍法。

2，当判断来球需要打反弹球时，迅速下蹲，重心下降。如正拍反弹球，应转体右脚向前跨步，并弯曲，反拍反弹球则相反；此时身体前倾，保持平衡，后摆动作视球过来的球速及准备时间快慢而定，一般是转体时已完成了后摆动作。

3. 击球时眼睛必须看球，手腕与前臂紧固，拍面略开，随身体重心前移，拍子由下向上做反弹击球，同时使球略带上旋。

4. 随挥动作不宜太长，能达到引导出球方向目的就够了（如图11-18所示）。

（十）网球的双打技术

1. 双打中的发球。由于双打是由四人进行的比赛，每人分管半边场地，因此对发球方更加有利，好的发球能直接发球得分或使对方接发球失误，同时能为发球上网网前截击得分或为同伴网

图 11-18　反弹球技术

前截击得分创造有利条件。为此，在双打比赛中，必须提高第一发球和第二发球的威胁和质量。双打的发球一般应达到如下要求。

（1）提高第一发球的成功率和质量，用 80% 的力量发出平击、侧旋、上旋球，命中率达到 70% 以上；第二发球利用旋转，加强落点的控制，尽量减少第一发球和第二发球之间的差别，从而真正显示出发球在双打中的直接进攻优势。

（2）用不同的发球及变幻无常的落点，来控制发球局的主动权，使对方接发球员难以适应，以破坏对方接发球员的进攻节奏。

（3）根据同伴在网前封网的位置和对方接发球员的站位及技术特点来选择发球和发球落点，为网前同伴的抢网和发球上网截击得分创造有利条件。

2. 双打中的接发球。双打的接发球与单打接发球是完全不一样的。由于本身处于被动位置，加上对方网前又有一名队员进行封网，所以接发球的难度就更大，要求也就更高。在高水平的双打比赛中，若能打破对方的一个发球局，往往就能取得这一盘比赛的胜利。双打的接发球应达到如下要求。

（1）面对发球员早做准备，站好位置，判断准确，胆大心细，向前迎击；动作小而快的接发球能提高接球的成功率和质量。使发球方处于困难的境地。

（2）双打的接发球应有计划地向发球者进行回击，决不能轻易打给网前选手。判断出对方发球上网后，应立即迎上击球，用低球回击至对方脚底下，然后随接发球上网。

（3）双打的接发球要眼明手快。如果对方发球后网前非常活跃，同伴的抢网也很凶，那么接发球员要迎上压得快，打得凶，或者到网前一动就立即回接直线球，给对方压力与措手不及。

（4）接发球的方法可采用迎上压着打，或迎上推切接，或接上旋球，把球接至对方发球上网者的脚下，为接发球方进攻创造条件。

3. 双打中的网前技术。在高水平的双打比赛中，时常会出现双方都在网前以快速的截击球进行互相对攻的场面，因此对双方网前截击球技术的掌握要求比较高。双打时的网前技术应达到如下要求。

（1）发球方。

①如对方接发球员没有上网，发球上网后的第一次截击球应截击至接发球员处，然后继续向网前贴近。要求截击拦得平而深，质量要高。

②如对方接发球上网，发球上网后的中场第一拦应拦至对方上网者的脚下或两条双打线内。要求控制好击球的力量，以便拦出好的落点。

③发球方同伴应根据发球员的发球质量及对方接发球的习惯，进行抢网，干扰对方发球。要求拦网球拦至对方脚下或两条双打线内。

（2）接发球方。

①接发球上网后的网前截击球，应根据对方发球后的拦网质量，迎上截击或控制球截击，将球拦至对方脚底下或二人中间的空当或两条边线区内。

②如接发球质量高的，对方发上中场第一拦起高球，接发球员的同伴立即抢网截击，要求动作突然，击球凶狠。

4. 双打中的挑高球技术。挑高球技术在双打比赛中占有一定的地位和作用。如能挑出好的带进攻性的上旋高球，就能控制对方上网的速度，使对方上网后多层心理顾虑，同时也能有效地变被动为主动。在双打中挑高球要注意以下几点。

（1）挑高球时动作要隐蔽，出手要快，尽量朝贴近网前的对手后面挑。

（2）不要对方一上网就挑高球，要等对方拦了一板球后贴近了网前，再突然挑高球。

（3）高球要挑到防守的后场，同时应立即上网抢占网前进攻位置。

5. 双打中的高压球技术。双打中的高压球与单打中的高压球一样，要求干脆果断，不拖泥带水，其与单打唯一不同的是，单打的高压球以压对方左右两边为主，而双打的高压球是以压对方两人中间位置和双打边线为主。因此，对于打高压球来说，力量不是主要的，更重要的是球的落点与角度。双打中的高压球应达到以下要求。

（1）如对方两人都站在底线不上网，高压球应压在落点深，在对方两人的中间或压大角度至双打边线。

（2）当对方有一人还在中场或网前，高压球应压到对方网前选手的脚下。

（3）如防守高球挑得深，这时应注意先压成功率，把落点压深，以求得第二次进攻，如对方挑得浅，可上前一板将其扣死。

6. 双打中的底线技术。双打中的底线抽击球技术主要适用于接发球破网和底线破网要变被动为主动，并能得分。因此双打中的底线技术的要求与难度大于单打。在双打比赛中一般都力争上网，主动进攻。只是在接发球时，对方发球上网及网前抢网很好，才不得不退至底线进行防守反击。虽然在底线击球采取的是防守性打法，但只要打出的破网球能给对方网前得分造成困难，同样能变被动为主动。因此，在双打中的底线拍击球破网应达到以下要求。

（1）底线破网要有成功率，力争每个球能回击过去，让对方网前出错误，然后再伺机进攻。

（2）底线破网要凶、巧结合，平、高结合，即快打与软打相结合，平抽与挑高球相结合；使对手在网前捉摸不定，因判断不准而出错。

三、网球的基本战术

（一）单打战术

1. 上网型打法。上网型打法战术的思想就是利用网前进攻为主要得分手段，它的基本战术可分为发球上网、接发球上网、偷袭上网。

（1）发球上网战术。发球上网是运动员利用发球的力量，旋转进行主动进攻，先发制人，然后上网抢攻的一项主要战术。

（2）接发球上网战术。接发球时必须积极主动，采取抢先进入，上网型打法应积极利用快速多变的各种手段来接发球，尤其是接第二发球，抢攻上网和推切上网。注意事项如下：

①对方击球瞬间，应立即进入底线，准备迎上接球；

②判断来球落点，迅速调整球与身体距离；

③身体前迎，后摆动作小，借助身体力量及球的反弹力量，做压上高点击球；

④击球后，根据球的飞行落点，迅速人随球动，网前截击。

（3）偷袭上网战术，主要是在比赛中当对方只注意对付一种打法而忽略对付其他打法的时候，所运用的一种变换上网战术，以破坏对方进攻和防守的节奏。

在运用发球上网战术时，对方已适应，此时突然不上，而改随上战术，这样变换用来达到偷袭和扰乱对方的目的。

2. 底线型打法。底线型打法是以底线正、反拍击球为基础组织战术，其思想是通过速度、旋转、落点的变换来创造机会。

（1）对攻战术。用正、反拍击球的速度、力量，攻击对手的弱点，用速度压住对方。用正、反拍强有力的拍击球，连压对方一点，突击其另一点。用正、反拍的有力击球，调动对方大角度跑动，同时寻找得分机会，在调动对方两边跑动时，突然连续打重复球，再加变线。

（2）技攻战术。技攻战术是底线型打法中比较普遍的一种战术。它是以底线正、反拍拉上旋球，或正拍拉上旋球，反拍切削球，促使对力左右跑动。一旦出现机会，马上给予致命一击。

（3）侧身功战术。侧身攻战术是底线型打法中的一项主要进攻手段。它是利用强有力的正拍击球，配合良好的判断和步法移动，在三分之二的场地上用正拍有力地攻击对方。

（4）紧逼战术。是以其极快的节奏进攻对方的一种重要手段。也是当今世界上优秀选手常用的一种攻击对方的战术，主要是发挥其良好的底线正、反抽击球技术，近击上升球，准确的落点控制，节节紧逼，以达到攻击对方的目的。

（二）双打战术

1. 发球局战术。发球局战术包括：发球上网、发球上网抢攻、澳大利亚网前战术。

（1）发球上网战术。用80%力量发各种旋转的球，提高一发命中率，变换落点，然后快速上网。

（2）发球上网抢网战术。运用抢网战术，首先网前同伴可以在背后做手势，告拆发球员应发什么落点。

（3）澳大利亚网前战术。破坏对方的节奏，为抢网和网前截击创造条件，要求给同伴手势，告知其发球落点或抢与不抢，另外要求第一发命中率要高。

2. 接发球局战术。具体以下三种战术：

（1）接发球双上网战术。接发球员要判断准确，应向前到底线里面去接球，然后随接发球上网，回接球速度要快，移动动作小，向前向下压击球或斜线双打线内击球。

（2）接发球抢攻战术。在此战术中，接发球员要与同伴密切配合，当接发球员接了一个质量高的低平球，对方回球质量若不高，应立即上网，给对方致命一击，而同伴应立即补位，防直线球。

（3）接发球攻底线战术。为改变对方进攻节奏，两人可退至底线，使对方网前截击产生一定的心理压力，不能马上得分，另外要求接发球员要注意回球成功率，寻找机会进行反击，以破中路和两边小斜角为主，并结合挑上旋高球。

四、网球规则简介

（一）比赛

网球比赛分为单打和双打两种形式。球员用网球拍将球击过网，落入对方的场地上。每位球员的目的都是尽力将球打到对方的场地上去。就这样一来一回，直到有一方将球打出界或没接到球为止。

（二）发球

在正式比赛前，需要确定比赛由谁先发球。整个比赛中，双方球员轮流发球。发球员在发球前应先站在端线后，中点和边线的假定延长线之间的区域里。发出的球应从网上越过，落在对角的对方发球区内。每局开始先从右区端线后发球，得或失一分后，应换到左区发球。以此类推。

（三）失误

如果球落在对方发球区外，如球出线或触网，都称之为失误，发球员就要再次发球。落在边界上的球算在线内。若发球两次失误，就叫"双误"，对手就赢一分。如果发球员在发球时脚离开了原基线，也算失误。要是发球触网，但球仍落在对方的发球区，则为重发球。

（四）局

每局的开始比分是0：0，第一分球记为15，所以，若发球员赢了这分球，比分就变为15：0；若接球员赢了这分球，比分就为0：15（冒号前面给出的是发球员的分数）。球员的第二分球为30，接下来为40（在历史上，这些数字代表1/4小时，即：15，30，45，但45后来改为了40）。若对方球员只有30或还少于30的话，那下一个球就能赢了这一局，因为每局比赛中，至少要比对手多2分球才能结束该局比赛。

如果双方球员都达到了40，此时称为"局末平分"。随着接下来的这一分，占先的球员会尽力领先2分，以赢得这一局。同时，紧追不舍的对手也努力扳平分数又达到"局末平分"，占先的球员赢了下一分，也就赢了这一局。

（五）盘

如果对手落后至少两局，那么先赢得6局的球员就赢了一盘。但是，若这盘是6：5那么双方就要再打一局。若占先者赢了，即该盘比分为7：5，判占先者赢得此盘。然而，若另一个球员把这盘扳平为6：6，那就由决胜局（抢七局）决定谁为胜者。

（六）赛

在3盘赛中，是先赢得2盘者为胜者，则为3盘2胜；在5盘赛中，是先赢得3盘者为胜者，即为5盘3胜。

决胜局（抢7局）：在决胜局中，要本该轮到发球的球员先发第1分球，对手接着发第2、3分球，然后双方轮流发2分球。先得7分的球员至少领先了对方2分，那么他就赢了该盘比赛。每6分球和决胜局结束都要交换场地。

不过也有例外，如果按照事先的约定，比赛采取长盘制，则没有决胜局，只有比对方多胜两局才能赢得该盘比赛。在亚特兰大的比赛中，澳大利亚的双伍兄弟曾在半决赛中与对手战成18：16的高比分，最终双伍兄弟赢得了金牌。

（七）其他的规则

落在线上的任何球都算作界内球。

除了发球以外，触网和触网后又落入球场正确区域的球均有效。

球员在回击球时，可把球击在网和固定物周围，甚至低于网的最上方。只要球最终着地在对方球场的适当位置，均为好球。

发球时，对方必须在球落地一次后，才能击球。而其他时候回球时，则可在落地一次或未落地时进行。

在每一盘的奇数局结束后，双方运动员可以进行短暂的休息，然后交换场地继续进行比赛。

（八）以下几种情况发生时，均会被判失分

1. 球击中身体。

2. 过网击球。

3. 球员的手或身体的任何一部分触网或过网。

（九）场地和器材

1. 场地。用于单打的网球场是 23.8（78 英尺）长，8.2 米（27 英尺）宽，再加宽 10.97 米（36 英尺）就可用于双打。球网将球场一分为二，所谓的发球线，就是在距网 6.4 米（21 英尺）处的线。中间的网有 91.4 厘米（3 英尺）高。在悉尼，发球线将连上电子监测器来显示何时有发球失误。

2. 球。一直传闻要增加网球的尺寸，以便降低发球速度和延长比赛时间。然而，仍将在奥运会中用过的球作为标准尺寸：直径在 6.541 厘米至 6.858 厘米之间，重量在 56.7 克至 58.5 克之间。当球从 254 厘米高处落在水泥地上，应该能够反弹到 134.62 厘米至 147.32 厘米之间。

3. 球拍。球拍没有重量限定，但其总体不能长于 73.66 厘米和宽于 31.75 厘米。

4. 比赛形式。排名在前 16 位的选手称为种子选手，并尽可能将他们合理分组，以使这些种子选手和那些来自同一个国家的球员在比赛中不至于过早相遇；同样按此原则选出双打的前 8 名种子选手。像大多数比赛一样，奥林匹克网球赛也是淘汰赛，一旦一场比赛失败，就会被淘汰出局。除了男子和双打决赛最多打 5 盘以外，其他的所有比赛最多打 3 盘。在最终剩下的 4 组选手中，半决赛赢者继续争夺金银牌，半决赛输者争夺铜牌。

第十二章　健美操

一、概述

健美操属体育的一个项目，是一种有意识、有组织的社会文化活动。它融体操、舞蹈、音乐于一体，通过徒手和使用健美器械的身体练习，达到健身、健美和健心目的的一种新兴体育项目。运动解剖学、运动生理学、运动心理学、教育学、体育美学和体育的教学、训练理论等是健美操的理论基础。

健美操的动作内容，成套编排原理，教学训练的原则、方法等与体操有许多雷同之处。但它又在动作的表现形式和节奏变化上，在成套动作中身体各环节的组合序列上对身体机能和肌肉弹性的锻炼等方面与传统的徒手操和持轻器械操又有较大的区别。

健美操融舞蹈于一体，但它绝不同于舞蹈。舞蹈是以人体动作为主要表现手段，以动作的节奏性和造型性构成艺术形象，描绘人物的思想情感和表现事件的情节及矛盾冲突的艺术。而健美操是通过身体练习追求自我的完美，最终实现健身、健美和健心的目标。

健美操融音乐于一体，是因为在音乐伴奏下做健美操能启迪和帮助做操者更有效地进行练习，练习者心情愉快地随音乐的频率、节奏练习，可以增强血管和呼吸系统机能，促进肝糖原分解，提高大脑的血液和营养供应，从而有助于消除疲劳和开发智力。然而，健美操的音乐不可能像音乐艺术那样去表现人物的思想情感和性格特征，渲染和烘托练习的环境，但讲究与做操者年龄和健康状况相宜的速度和节奏，与动作风格统一的旋律，以及优美的音调和悦耳、浑厚的音质。

（一）现代健美操的起源与发展

对"健美操"项目冠以"现代"一词，一方面表明它具有历史的延续性，是从不同的源流产生、发展和演变而成的；另一方面又说明它是在现代社会中人们为了抵御现代人的健康危机，而采取具有健身、健美和健心整体效益特征的自我完美手段。

有人称现代健美操为"节奏体操""有氧体操""韵律体操""迪斯科操""身体娱乐""有氧舞蹈"等。名称虽有不同，却有共同的目标——增进健康、塑造体形、陶冶情操，实现健与美的追求。

现代社会科学技术飞速发展，生产高度机械化和自动化，人类物质文化生活水平不断提高和改善，而人体活动减少，产生了"肌肉饥饿"和"血流受滞"等疾患。另一方面，生态的破坏、工业废物的排放、生活环境的恶化等公害的产生和扩展，使人类的健康生存受到了严重的威胁。因而使人的抗病能力减弱、精神紧张，产生心血管疾病、新陈代谢病乃至癌症等现代文明病，造成现代人的健康危机。人们为了抵御这种健康危机，创造了一系列自我完善的方法和手段，现代健美操就是在这种环境下的时代产物。

现代健美操的内容是在欧洲体操流派的基础上，吸收了东方体操的基本动作和非洲舞蹈中优美而有节奏、有序动作而产生和发展起来的。它具有保健、医疗和健美健身的实用价值，因此，为不同年龄、性别的人们所喜爱。自20世纪70年代跑步热之后，健美操是20世纪80年代的热点。

20世纪70年代中期，美国著名的群众体育专家K. 库彼尔博士致力于有氧体操的研究，发表了《新有氧体操》和《有氧体操有益于大众》等著作，使有氧体操不仅在美国，而且在欧洲受到了重视。驰名世界的健美操明星简·方达的高超技巧大大促进了有氧体操的普及。《简·方达健美操》自1981年公之于世后，很快被译成19种文字，畅销20多个国家，发行了几百万册。各国的健身俱乐部、健美操中心应运而生，使健美操风行世界。

在美国创办了上千个健身俱乐部。在俱乐部或健身房，在野外饭店或素菜餐厅，在食品店，甚至在整形外科医生的小桌旁，处处都可以见到人们在做健美操。1984年美国约有7 000万人做各种类型的"健美操"，每年约有2.4亿美元用于体操、舞蹈和健美操的活动经费。

法国做健美操的人已有400万，超过了法国体操联合会会员的人数。每人约花335美元参加健美操中心的活动，仅巴黎就有1 000多个健美操中心。每星期日上午10点，500万法国人都要挪开家具、卷起地毯，随着电视台健美操领操员的口令，做一个小时的健美操。在联邦德国强调健身与娱乐相结合，提出"君欲健美，开展体育"的号召。联邦德国每年用于健美食品、资料和训练的费用高达16亿马克，只要形体美，人们不惜花钱。

在苏联，健美操已列入大、中、小学的体育教学大纲。为了发展健美操，他们还多次专门组织了全国性的教练员和指导员培训班，而且定期在电视台向广大爱好者教授健美操。报纸、杂志和有关的学术著作也大量出版有关健美操的书籍。波兰、保加利亚等东欧国家的健美操开展情况大体与苏联相似。

在日本，约有2 000万男女老少从事体操活动。不仅有青年妇女喜爱的健美操，而且还创编了孕妇健美操、婴儿健美操等。1982年10月3日"国民体育大会"上，就有420名56岁至85岁的老人表演了"健身体操"，有2 000名家庭妇女表演了彩带舞蹈操。新加坡等东南亚国家的健美操也十分活跃。

我国现代健美操不仅接受了欧美健美操的模式，而且把中国古老文化的气功、武术、民间舞蹈等与欧美健美操融为一体，创造了具有中国特色的徒手、持轻器械的健美操，以进行形体、机能和素质的训练。全国各地举办了各种健美操培训班，许多报纸、杂志、电台和电视台等也争相报道健美操的价值、效益和活动信息。为了推动健美操在我国的开展。1986年北京举行了"康康杯"儿童健美操比赛。1987年举行了首届"长城杯"健美操友好邀请赛。1988年又举行了全国老年人迪斯科操的电视大奖赛及现场决赛。1989年又举行了全国儿童韵律操比赛。全国各主要体育学院、高等学校体育系都把健美操列为重要内容进行教学。1988年国家体委还公布了儿童、少年广播（韵律）体操。

1987年至1989年间，仅北京高等院校就组织了三届健美操比赛，参赛的单位和人数越来越多。组织工作越来越严密，初步形成每年举办一次健美操竞赛的制度。

（二）现代健美操的本质特征

了解现代健美操的本质特征，对于认识和研究健美操的发展规律，教学、训练的原理和方法，健美操的创编原则、程序和方法，组织比赛的方法和评分规则及健美操的价值、作用等都有直接的影响。

1. 健身、健美和健心的一体性特征。我国现行的为广大群众所接受的各种成套的健美操，一般都由准备动作，头颈、四肢和躯干动作，跳跃动作和放松动作四大部分组成。包括发展肌肉的力量、速度和弹性；发展关节、韧带的柔韧性练习；发展心血管系统和呼吸系统的机能练习。在现代健美操中，由于吸收了迪斯科和爵士舞中许多髋部动作，不但加强了髋关节的灵活性练习，而且也大大加强了常使人们忽视的腹腔运动，使吸收和排泄功能得以改善。髋部运动还能有效地减少臀部和腹部脂肪的堆积，提高动作的协调性和灵活性。

健美操动作讲究造型美，动作美观大方，朝气蓬勃，完成动作要有力度、准确到位等。健美操的每一个动作，可有效地训练身体各有关部位的正确姿态，使人体匀称、和谐地发展，轮廓线条清晰而优美,有利于培养健美的体态和风度,塑造健美的体型。

成套健美操练习是在现代音乐伴奏下完成的。音乐的明显节奏,不但给健美操带来了生气,也有利于提高动作的节奏性和协调性,使动作更富有美的色彩。能使人们在欢乐的环境中进行自我陶冶,在自娱中陶冶美的情操,培养正确的审美观念及良好的性格和品德。

因此,现代健美操是以健身为基础,融健美、健心为一体的具有整体效应特征的体育手段。它既注重外在美的锻炼,又强调内在美的培养,较为明显地反映了健身、健美和健心的一体性特征。

2. 动作的多变和协调性特征。健美操不仅保留了徒手体操中各种类型的基本动作,而且从各种舞蹈及武术中吸收了诸多动作,经过加工提炼使之成为健美操的特有动作。尤其是大量地增加了腰、膝、踝各部动作,使健美操增添了新的活力,丰富了健美操的单个动作。由于健美操的单个动作多,瞬间造型多,动作的节奏变化多,使成套动作丰富而多变。健美操成套动作的多变性,首先表现在每节操很少是单关节的局部活动,大多为多关节的同步运动。例如,在完成大幅度的上身动作时,多伴有腰、髋、膝、踝和头部等动作,不仅使身体各关节的活动次数成倍增长,而且可以变换组合形式,形成多种动作,有利于改善和提高身体的协调性。其次表现在动作的节奏和力度上(力度是指在快速度完成动作,特别是大幅度动作后的急速制动动作)。例如,用最快的速度完成两臂侧举并使其急速制动于平肩部位。这一动作可在多种节奏变化中完成。再次是在成套健美操中,不仅有对称性动作,而且还有许多非对称的和依次完成的动作。这些动作可有效地提高身体的协调性。

现代健美操的这种多变性和协调性特征,不仅使它更富有美感,而且更突出了它的健美价值。

3. 运动负荷大，有针对性特征。任何身体练习都要承受一定的运动负荷，只有适宜的运动负荷，才能达到健身、健美的目的。徒手健美操是依靠身体各部位的自身重量，通过多次的重复练习，达到一定的负荷量，从而实现局部或全身的健美需求。北京健美操研究组研究证明，他们创编的几套健美操的运动负荷都比第六套广播体操大。如，在全国普遍推广的"青年韵律操"，全操中头、颈、肩、肘、腕、脊柱、腕、膝、踝等各主要关节的活动次数达到1 562次，平均每分钟有300多次的关节活动，超过一般徒手操的3～4倍。其中髋、膝、踝三个关节的活动次数分别为148次、308次和267次，是第六套广播操的6倍多。运动中最高心率平均可达156次/分钟。健美操不仅练习密度大，而且还要求在练习的一定阶段里保持较大强度的锻炼，以达到锻炼的效果。反映健美操对身体各关节、韧带、各主要肌群及心血管系统和呼吸系统等都能施加较大的运动负荷。

健美操的运动负荷，不仅对全身或某些关节、韧带、肌肉群等进行卓有成效的健美锻炼，而且应根据练习者的年龄、性别、和健康程度等有所区别。这种区别首先表现在创编一套健美操时必须根据创编的目的、任务和做操者的特点安排全套操的负荷量及其变化。其次练习者可根据自己的身体、工作和生活等情况自我调节负荷量等，从而保证了它的针对性。

4. 鲜明的节奏感和韵律性特征。理论和实践证明，在运动中有节奏的活动能使人的身体达到最适宜的协调。节奏是客观现象的延续性、顺序性和规律性的反映。健美操的节奏一般表现为动作力度的强弱和速度的快慢上的规律性变化。相同的动作由于力度增强或减弱，速度加快或减慢等节奏性的变化，就可体现出丰富的内容。例如，同一个动作可以两拍完成，也可一拍完成，还可一拍两动，这是速度的变化。在完成动作时由于肌肉用力的大小、强弱、快慢、刚柔等，就使动作表现出了刚、柔、绵、脆、艮、韧等多种运动形态，形成不同风格的健美操动作。

　　健美操不同的动作风格，配上适宜的音乐，就更能体现出健美操的节奏感、韵律性和风格特征。音乐中音的高低、长短、强弱、快慢等有节奏性的变化，使健美操更富有律动感。旋律清晰、活泼轻快、情绪激奋的音乐，能够振奋练习者的精神，使人产生跃跃欲试的感觉。只有按照音乐的节奏做有节律和美观大方的动作，才能表现音乐的优美欢快和激奋的情绪，也才能使练习者得到健美操的节奏感和韵律性的体验，从而得到美的享受。因此，健美操的音乐，不仅能使练习者在完成单个或成套动作时准确地把握每一个节拍，更重要的是能激发练习者的情绪，培养做健美操时的节奏感和韵律性，陶冶美的情操，提高健美操的练习效果。

　　现代健美操的健身、健美和健心的一体性，动作的多变和协调性，运动负荷大而有针对性，鲜明的节奏感和韵律性，反映了现代健美操的本质特征。这些特征，进一步阐明了现代健美操是融体操、舞蹈和音乐于一体的，能够实现"三健"目标的这一本质含义。

　　（三）现代健美操的作用

　　1. 增进健康美。健康美主要是指在健康身体的基础上，所表现出来的良好的精神状态、气质和风度。它比一般理解的身体健康有更高的目标和追求；是在发展身体、增进健康的同时，更强调人体机能能力的提高和整个体质的增强，强调健美外形与身体机能和心理品质的协调统一。

　　健康是人体美最基础、最本质的表现。美来自身体的健康与强壮，来自蕴藏着充沛精力、焕发着勃勃生机的身体，因此健康就是美。

　　健美操是通过它特有的练习内容和方法来实现健康美这一目标的。健美操的练习内容，不仅能使身体各部位的关节、韧带、肌肉得到发展，提高肌肉的弹性和关节的灵活性，而且对形成正确的身体姿势、纠正不良姿态、培养良好风度有重要作用。健美操还能有效地提高人体的有氧代谢功能，增强各器官、系统的机能；提高身体素质，使人精神饱满愉快，动作协调优美，学习工作效率提高。

在健美操锻炼中，既注意发达肌肉，又重视提高心血管系统和整个内脏器官的功能，它能使增强体质和塑造健美形体紧密结合起来，使内外统一。正如我国《养生论》中所述"形须神以立，神须形以存"，使人的外形美与内在美融为一体，表现出一个人的勃勃生机和良好的气质与风度。

因此，长期坚持健美操锻炼，对促进儿童、少年的健康生长发育有积极的作用；使青年人的身体日臻完美并更富魅力；使中年人风采奕奕；使老年人焕发青春；使躯体臃肿者重新焕发活力；使人养成高尚的气质和风度。

2. 塑造形体。形体美主要是指人体外形的匀称、和谐、健美。因此，身体的整体指数与比例要适度。形体美基本上是由身高、体重和人体各部分的长度、围度及比例所决定，并受肤色、姿态、动作、风度及着装和化妆等因素的影响。人如果过分肥胖或过分细瘦，不仅形象不雅，而且容易引来疾病的侵袭。至于肤色、姿态、着装、化妆等，虽不直接影响形体的塑造，但对烘托优美的形体也有一定的影响。

现代社会的人们对形体美有着各种认识和追求。例如，通过力量练习，使身体各部分的肌肉得到协调、匀称的发展，这类形体可称为"肌肉型"，其主要特征是身体各部分肌肉特别发达，肌肉线条清晰。通过舞蹈或艺术体操等练习与塑造形体相结合，可称为"艺术型"。其主要特征是身体各部分脂肪较少，肌肉的协调性、灵活性好，动作优美动人。把发展体能和发展身体相结合而塑造的形体，如优秀的体操、游泳、田径等运动员的形体，可称为"体能型"，其主要特征是形体适应各项目需要，肌肉发达而灵活，能承受大负荷的训练和比赛。根据各自的身体条件，塑造自己理想的形体，可称为"自选型"，其主要特征是弥补缺陷，使身体协调发展等。

健美操可使少年儿童形成正确的身体姿势；使青年人动作优美、体态矫健；使中年人延缓身体的衰退，保持良好体态；使老年人骨骼结实，肌肉富有弹性，维持良好形体；使畸形不良身体得以纠正。

3. 陶冶心灵。心灵美是指一个人对人体美的认识理解、动机目的、鉴赏标准及锻炼方法的选择等。歌德说："外貌美只能取悦一时，内心美方能经久不衰。"尤其是当今社会，我国正在进行社会主义现代化建设，在物质文明建设的同时积极进行精神文明建设，在健美操活动中对心灵美的培养更应特别重视。

对任何一个人来说一切活动都离不开思想意识和心理活动。健美锻炼虽然突出外在的形体美，但也决不能忽视内在的心灵美。内外统一才是社会的需要，人类的愿望。

不同的社会，不同的人群，有着不同的审美观，封建伦理道德把"男不露肘，女不露手"当成做人的规范，而那些赤膊敞胸的民间健身活动则被看作是粗俗的表现。一些男人追求白面书生一步三摇的风度。一些女人则要削瘦、细腰小脚的形体和柔弱的姿态。然而，当今的社会人则更喜欢丰满、矫健的躯体，端庄大方的容貌，庄重潇洒的风度。人的一举一动处处体现着青春、健美和充沛的生命力，体现着内在的教养和美德。

健美操有助于人们实现心灵美的追求。健美操锻炼要在音乐伴奏下进行，使人们在欢乐的乐曲声中自娱，可使人们忘掉苦闷和忧愁。恢复已经丧失的心理平衡，调剂人们的思想情感。高校健美操常以班级或小组的形式进行锻炼，有利于练习者在特定的集体环境中相互交流情感、互相鼓舞，增强集体观念，培养意志品质。

由于健美操是在人体生物学、体育美学和人体造型学等科学理论指导下进行的锻炼，它的单个动作和成套动作，在创编时都有明确的目的性、针对性和科学性，对养成动作美、姿态美、形体美和培养正确的审美观念，提高对美的鉴赏能力和陶冶美的情操都有重要作用。

（四）现代健美操的分类

1. 根据练习的主要目的和任务分为大众健美操和竞技健美操。
2. 根据练习形式分为徒手健美操、持轻器械健美操和利用专门健美器械进行练习的健美操。
3. 根据练习者的性别特征分为女子健美操和男子健美操。
4. 根据练习者年龄阶段特征分为幼儿健美操、儿童健美操、少年健美操、青年健美操、中年人健美操和老年人健美操。
5. 根据人体解剖结构特征，按身体部位常分为头颈健美练习、肩部健美练习、臂部健美练习、胸部健美练习、腰、腹健美练习、髋部健美练习、腿部健美练习和足踝健美练习。

不同类别的健美操的对象和内容不相同，结果也不同，划分时应根据主要特征进行，以便研究和运用。

二、健美操的基本动作

（一）基本动作的作用

1. 基本动作练习是健美操教学和训练的基础。健美操的教学和训练是一个由易到难、由简到繁不断发展变化的过程，应将基本动作作为基础内容，安排教学和训练。通过基本动作练习可以掌握正确的动作技术，训练身体各部位的肌肉运动感觉。基本动作练习是按人体生理解剖结构分部位进行练习。因此可以有重点地、系统地改善和发展身体各个部位、掌握基本动作就可以更快地掌握复杂动作和成套动作，为健美操的教学和训练打下良好的基础。

2. 基本动作练习是提高基本姿态和动作规格的有效手段。在健美操组合和成套动作练习中,学生的注意力主要集中在动作的变化和动作的前后连接上,容易忽视动作的规格和身体的姿态,基本动作练习则可以弥补其不足。基本动作的结构简单并且以单个动作为主,在练习时注意力容易集中在完成动作质量和基本姿态上,从而达到准确的动力定型。

3. 基本动作练习有助于发展身体各部位的灵活性和协调性。由于健美操对身体各部位的灵活性和协调性要求较高,因此在进行基本动作练习的同时,可不断提高该部位的灵活性和协调性,也可以说它是一种专门性的练习。练习者可根据需要选择所要发展部位的基本动作练习。

基本动作的练习除单个动作以外,还包括组合动作。如将上下肢、躯干等部位的基本动作组合起来练习,其作用是有效地提高协调性,全面发展身体。

(二)健美操基本动作的主要内容

1. 头颈动作。

(1)屈(如图12-1所示)。前屈:头前低,还原。后屈:头后仰,还原。侧屈:头向一侧倾,耳部对准肩,还原。可分左侧屈和右侧屈。

图12-1 屈

(2)转(如图12-2所示),头向左转90度,还原。头向右转90度,还原。

(3)平移(如图12-3所示)。头向前平移,还原。头向后平移,还原。头向侧平移,还原。可分为左侧平移或右侧平移。

图 12-2 转

图 12-3 平移

(4) 绕及绕环(如图 12-4 所示)。绕:头从一侧屈,稍抬头,经前屈绕至另一侧屈,稍抬头。有向左绕头和向右绕头。绕环:头从一侧屈开始,做经前、侧、后还原的 360 度环绕动作。有向左绕环和向右绕环两种。

图 12-4 绕及绕环

2. 肩部动作。

(1) 提肩、沉肩。左肩向上提,右肩向下沉,然后右肩向上提,左肩向下沉(如图 12-5 所示)。双肩同时上提,然后同时下沉。

图 12 - 5 提肩、沉肩

(2) 收肩、展肩。收肩：两肩同时向内收，稍含胸（如图 12 - 6 所示）。展肩：两肩同对向外展，挺胸。依次收展动作。

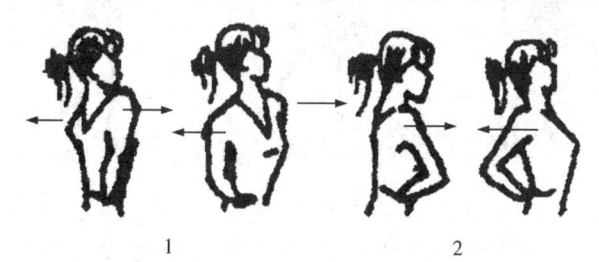

图 12 - 6 收肩、展肩

(3) 绕及绕环。绕：单肩或双肩以肩关节为轴向前或向后做 360 度以内圆周动作（如图 12 - 7 所示）。

绕环：单肩或双肩做以肩关节为轴向前或向后 360 度以上的圆周动作。

(4) 振。双肩做经内收到外展的弹性动作（如图 12 - 8 所示）。

3. 上肢动作。

(1) 手形。健美操中的手形有多种，是从爵士舞、芭蕾舞、西班牙舞、迪斯科、武术中吸收和发展的。手形的选用可以使手臂动作更加丰富多彩，生动活泼。因此，在健美操中掌握好手形动作就显得十分重要。下面我们介绍几种常见的手形。

293

图 12 - 7 绕及绕环

图 12 - 8 振

①五指并拢势：五指伸直，相互并拢（如图 12 - 9 之 1）。
②五指分开势：五指用力伸直，充分张开（如图 12 - 9 之 2）。
③西班牙舞手势：五指用力，小指、无名指、中指自掌指关节处依次屈，拇指稍内扣（如图 12 - 9 之 3）
④芭蕾手势：五指微屈，后三指并拢，稍内收，拇指内扣（如图 12 - 9 之 4）。
⑤拳势：握拳，拇指在外（如图 12 - 9 之 5）。
⑥推掌势：手掌用力上翘，五指自然弯曲（如图 12 - 9 之 6）。
⑦一指势：握拳，食指伸直或拇指伸直（如图 12 - 9 之 7）。
⑧响指：拇指与中指摩擦与食指打响，无名指、小指曲握（如图 12 - 9 之 8）。

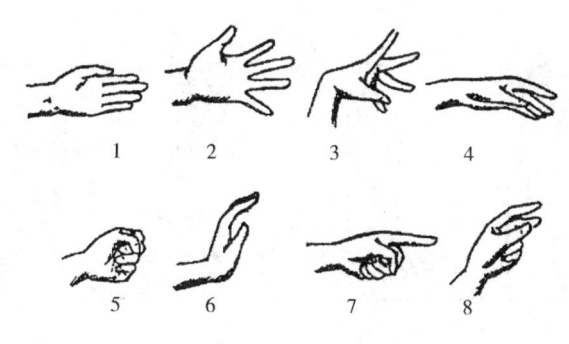

图12-9 手形

（2）臂屈伸。

①基本方向的屈伸动作：1拍，左顶髋，右腿屈膝内扣，同时两臂前伸至前平举，五指用力分开，掌心相对，眼看前方。2拍，还原。3拍，左顶髋，右腿屈膝内扣，同时两臂上伸至上举，五指分开，掌心向前，稍抬头。4拍，还原。5拍，左顶髋，右腿屈膝内扣，同时两臂侧伸至平举，五指分开，掌心向前，头左转。6拍，还原。7拍，左顶髋，右腿屈膝内扣，同时两臂向下至下举，五指分开，掌心向内，眼看下方。8拍，还原（如图12-10所示）。

②中间方向的屈伸动作：1拍，左顶髋，右腿屈膝内扣，同时两臂向左前下方伸直，五指分开，掌心相对，眼看左前下方。2拍，还原。3拍，左顶髋，右腿屈膝内扣，同时两臂伸至左前上方，五指分开，掌心相对，眼看左前上方。4拍，还原。5~8拍同1~4拍，但方向相反（如图12-11所示）。

（3）臂摆动。

①向前、向后的摆动：1~2拍，两膝弹动一次，同时两臂摆至前平举，还原。3~4拍，两臂弹动一次，同时两臂摆至倒后举，还原。5~6拍，两臂弹动一次成提踵立，同时两臂经侧摆至上举，还原，推掌、掌心向外。7~8拍同5~6拍（如图12-12所示）。

图 12 – 10　臂屈伸

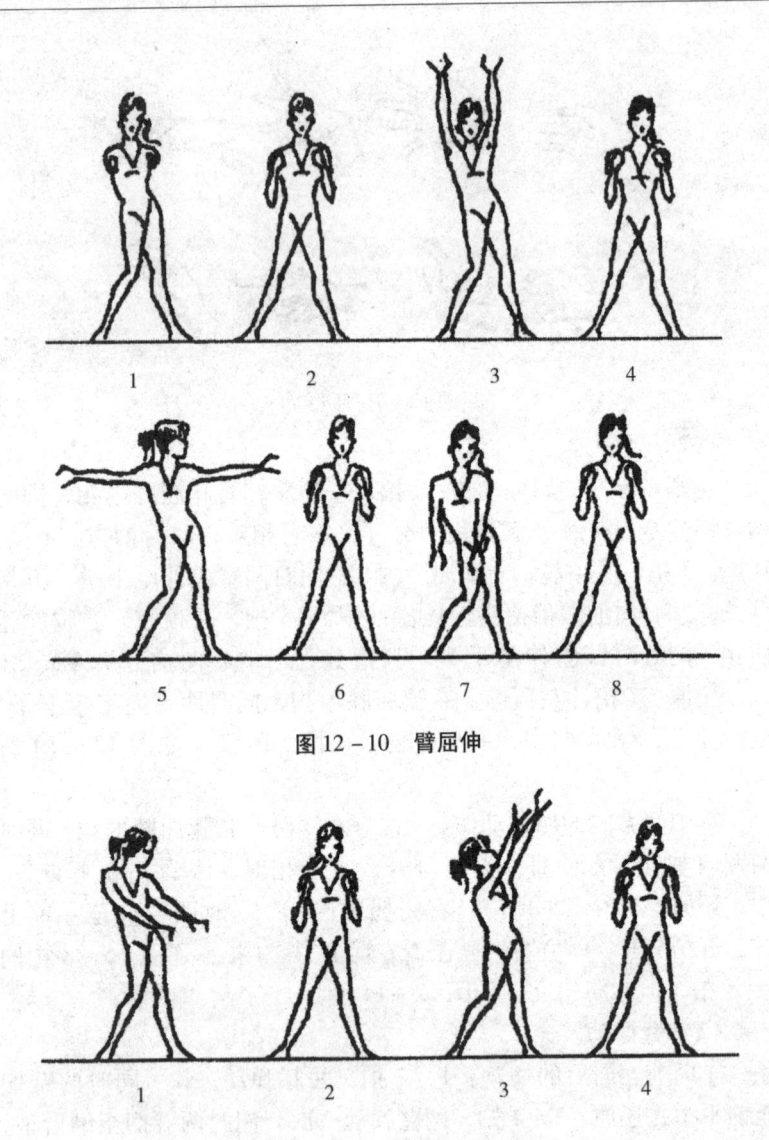

图 12 – 11　中间方向的屈伸动作

图 12－12　臂摆动

②向侧的摆动：1～2 拍，两膝弹动一次，移重心至左腿，右腿侧点地，同时两臂在摆。3～4 拍同 1～2 拍，但方向相反，5～6 拍，两膝弹动一次，重心移至左腿，右腿侧点地，同上体左转，左臂前摆至上举，右臂侧摆上举，掌心向外，眼看前方。7～8 拍同 5～6 拍，但方向相反（如图 12－13 所示）。

③两臂交叉摆动：1 拍，左顶髋，右腿屈膝内扣，同时两臂摆至体前交叉。五指分开，掌心向后。2 拍，右顶髋，左腿屈膝内扣，同时两臂摆至侧下举。3～4 拍同 1～2 拍。5 拍，左顶髋，同时两臂经侧摆至头上交叉，五指分开，掌心向前。6 拍，右顶髋，同时两臂摆至侧上举。7～8 拍同 5～6 拍（如图 12－14 所示）。

（4）绕及绕环。是指以肩、肘、腕为轴，向各方向做圆周运动。范围在 180 度至 360 度之间为绕，360 度以上为绕环。包括单

297

图 12–13　向侧的摆动

图 12–14　两臂交叉摆动

臂绕环和双臂绕环，可同时或依次向同方向和不同方向绕环。

①臂小绕环：两臂向前或向后做小绕环动作，结合滚动步，一拍一动（如图 12–15 所示）。

②臂中绕环：1~3 拍，大臂不动，小臂以肘关节为轴，向下做垂直绕环，一拍一周。4 拍，小臂伸直，五指分开，掌心向前。5~7 拍，大臂不动，小臂以肘关节为轴，向上做垂直绕环，一拍一动。8 拍小臂伸直，五指分开，掌心向后（如图 12–16 所示）。

③臂大绕环：1~8 拍左右顶髋，一拍一动，同时两臂经体前交叉向内或外大绕环，经头上和胸前交叉至侧举。五指分开，掌心向前。上举时翻腕，掌心向后（如图 12–17 和图 12–18 所示）。

第十二章　健美操

图 12-15　臂小绕环

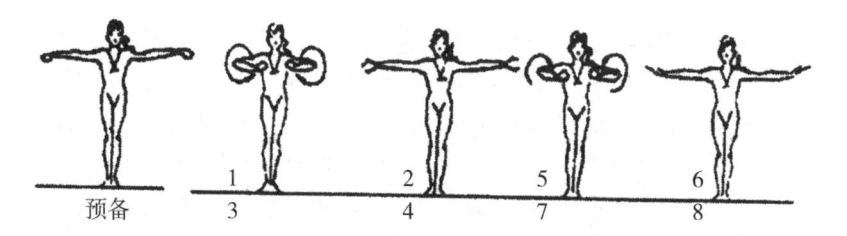

图 12-16　臂中绕环

图 12-17　臂大绕环 1

299

大学生体育素质教程

1-4　　　　　　　　5-8

图12-18　臂大绕环2

（5）振。

①向侧振臂动作：1~2拍，左顶髋二次，同时右臂上举向左振臂二次，五指分开，掌心向前。左手叉腰，眼看左前方。3~4拍同1~2拍，换臂做。5~6拍，左顶髋二次，同时两臂上举侧振二次，五指分开掌心向前，眼看前方。7~8拍，右顶髋二次，同时两臂经侧摆至臂下垂，侧振二次，五指分开，掌心向后，眼看前方（如图12-19所示）。

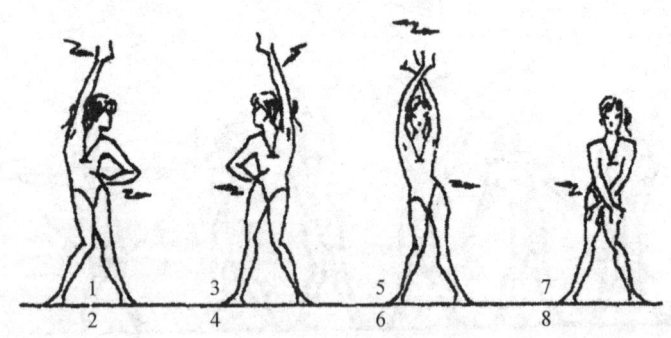

图12-19　向侧振臂动作

②前后振臂动作：1~2拍，左脚开始原地后踢跑，一拍一动，同时两臂后振二次，五指分开，掌心向下。3~4拍，两臂摆至前举侧振二次，五指分开，掌心向下。5~6拍，左臂摆至上举，五

指分开，掌心向前，右臂摆至下垂，五指分开，掌心向后，两臂同时向后振两次。7~8拍，左臂经前摆至下垂，五指分开，掌心同后，右臂经前摆至上举，五指分开，掌心向前，两臂同时后振两次（如图12-20所示）。

图 12-20　前后振臂动作

③上下振臂动作：1~2拍，左脚向左一步小跳两次，右脚屈膝后举，同时上体稍向左屈，两臂胸前平层向下振臂两次，眼看左下方。3~4拍同1~2拍，但方向相反。5~6拍，开合跳一次，同时两臂摆至侧平举，握拳，拳心向下，还原。7~8拍，开合跳一次，同时两臂摆至上举，还原。握拳，拳心向下（如图12-21所示）。

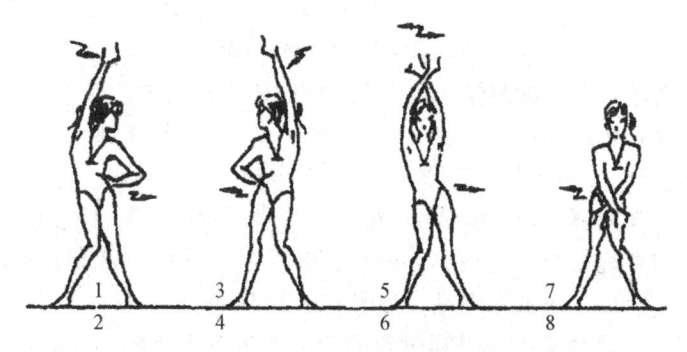

图 12-21　上下振臂动作

4. 躯干动作。

(1) 胸部动作。

①含、展胸动作。1~2拍,并腿半蹲,弹动两次,同时含胸、低头,两臂胸前交叉,侧振二次,五指分开掌心向后,3~4拍,两腿再弹动两次,同时展胸,抬头,两臂打开成肩则屈,后振两次,五指分开,掌心向外。5拍,并腿半蹲,同时两臂伸直摆至体前交叉,五指分开,掌心向后,含胸,低头。6拍,右腿屈膝站立,左腿向左侧伸直,勾脚点地,同时两臂沿身体侧摆至侧上举,手心向外,上体稍右转,头稍右倾,眼看前方。7~8拍同5~6拍,但方向相反(如图12-22所示)。

图 12-22 含、展胸动作

要求:含展胸时幅度要大,展胸时要收腹立腰。

②振胸动作:1~2拍,右腿向侧一步成分腿半蹲,同时肩胸快速外展。3~4拍,左腿向右腿半蹲,同时振胸一次。5~6拍,左腿向侧一步,前转体180度,成并腿提踵半蹲,同时右臂经侧举向左绕头至肩上屈,手扶头,眼看左前方。7~8拍,振胸两次。然后反方向重复练习(如图12-23所示)。

(2) 屈体动作。是通过脊柱弯曲所表现出来的动作。包括体前屈、体后屈和体侧屈。可结合各种弹动、移重心等,进行拉伸

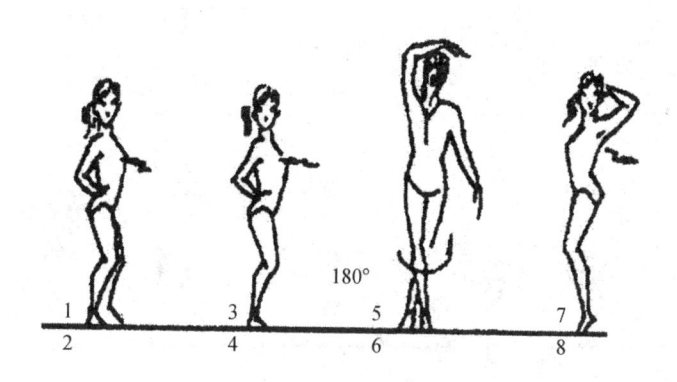

图 12 – 23　振胸动作

练习。

①体前屈动作：1~4 拍，体前屈 90 度弹压两次，抬头。3 拍时，重心移成左侧弓步，上体保持不动。4 拍时换另腿做。5 拍，半蹲，膝外展，同时两手在两腿之间拍地，眼看前下方。6 拍，两腿伸直，体前屈。同时两臂向两腿之间尽量后伸。7~8 拍同 5~6 拍（如图 12 – 24 所示）。

图 12 – 24　体前屈动作

要求：动作幅度大，弹动有力，上体前屈时背要挺直。

②前后屈动作：1~2 拍，体前屈，同时两手互握，向脚面压两次。3~4 拍，右腿屈膝，重心后移，左脚勾脚点地，同时两手向脚面压两次。5~6 拍，右腿伸直，重心移至两腿之间，同时两臂经前摆至后下举，手心向前。7~8 拍，体后屈，同时两臂经前

303

摆至后下举，推掌，掌心向下，抬头。然后反方向重复练习（如图12-25所示）。

图12-25　前后屈动作

要求：屈体幅度大，两脚保持不动。

③体前屈：1~2拍，上体左侧屈弹压二次，同时左臂体前自然弯曲，手心向上，右臂上举向左伸，稍抬头。3拍，上体左转90度成前屈，同时左臂至侧举，右臂前平举，手心相对，抬头，眼看左前方。4拍，上体直立，同时右臂向下摆至侧平举。5~8拍同1~4拍，但方向相反（如图12-26所示）。

图12-26　体侧屈

要求：屈体幅度大，上体由侧屈转至前屈时，尽量达到90度，背要挺直。

(3) 体转动作。半蹲，两臂胸前抱肘，上体向左侧扭转，还原，头随之转动。可两拍一动或一拍一动，然后相反方向重复练习（如图12-27和图12-28所示）。

图 12-27　体转动作 1

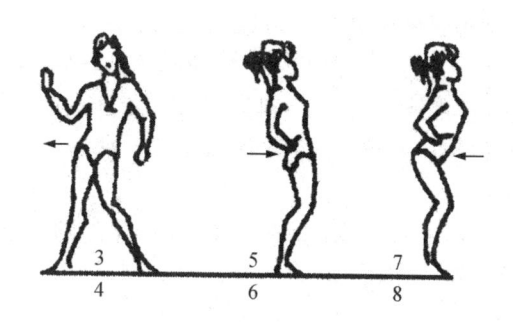

图 12-28　体转动作 2

(4) 髋部动作。

①原地顶髋动作：1~2拍，向左顶髋，右腿屈膝内扣，上体保持正直，两臂于体侧自然摆动。3~4拍同1~2拍，但方向相反。5~6拍，向前顶髋，稍含胸，两手扶髋。7~8拍向后顶髋，挺胸，两手扶髋（如图12-29所示）。

图 12-29　原地顶髋动作

要求：顶髋时，主要是髋部运动，练习时可结合手臂动作、移动步和变换节奏练习。

②向侧摆髋动作（向左、向右摆髋）：经屈膝半蹲，重心向左移至左腿站立，右脚侧点地，同时髋由右同左弧形摆至右髋，两臂体侧自然摆动，然后向反方向练习。

要求：髋的运动要在同一额状面上完成，摆动速度均匀、协调连贯，练习时可结合手臂动作、移动和变换节奏。

③绕髋及髋部绕环动作。绕髋：髋向左或向右做水平的 360 度以内的圆周运动称为绕髋，上体保持正直，两臂于头上互握（如图 12-30 所示）。

绕环：髋向左或向右做水平的 360 度以上的圆周运动，上体保持正直，两臂于头上互握。

图 12-30　绕髋及髋部绕环动作

(5) 躯干波浪动作。

①向侧波浪动作：从头开始，颈、胸、腰、髋各关节依次向侧屈伸，重心移至左腿站立，右脚侧点地，两臂于体侧自然摆动，然后向反方向重复练习（如图 12-31 所示）。

图 12-31　向侧波浪动作

②向前波浪动作：从头开始，颈、胸、腰、髋各关节依次向前屈伸，重心移至左腿站立，右脚后点地，同时两臂沿体侧向下压掌（如图 12-32 所示）。

图 12-32　向前波浪动作

5. 下肢动作。

健美操下肢动作内容丰富，包括腿的基本位置、各种弹性跑、各种跑跳步、大踢腿、姿态跑步、步伐动作。

（1）腿的基本位置。

站立：上体直立，两腿并拢，两脚平行的姿势。

提踵立：上体直立，脚跟提起，用前脚掌站立的姿势。

分腿站立：上体直立，两脚前、后或左、右开立，两脚与肩同宽或大于肩，重心于两脚之间的姿势。

蹲：包括半蹲和全蹲。脚尖向前，大腿小腿约成 90 度为半蹲，小于 90 度为全蹲。可分为并腿蹲和分腿蹲。

弓步：上体直立，一腿屈膝，一腿伸直的姿势。有前弓步，侧弓步和后弓步。

（2）各种弹性跑。两腿经过腾空，两脚依次落地，脚尖先着地，过渡到全脚掌，两臂自然摆动的动作。

①原地放松跑：两臂前后自然摆动的跑。

②高抬腿跑：一腿落地时，另一腿屈膝上提，大腿至水平以上。

③前踢腿跑：一腿落地时，另一腿伸直成屈膝前摆。

④后踢腿跑：一腿落地时，另一腿伸直成屈膝后摆。

（3）各种跑跳步。由各种腿的动作，结合各种跑跳所构成的动作。

①弹踢腿跳：1 拍，左腿小跳一次，右腿小腿屈，同时两臂胸前屈。2 拍，左腿小跳一次，右腿向前踢摆，同时两臂前伸，推掌。3~4 拍同 1~2 拍，但方向相反。如此反复练习（如图 12-33 所示）。

图 12-33 弹踢腿跳

②钟摆跳：1~2 拍，左腿原地小跳两次，右腿向右侧，同时右臂下举左臂摆至上举，掌心向外，眼看前方。3~4 拍同 1~2 拍，

但方向相反。5拍同1~2拍。6拍同3~4拍。7~8拍同1~2拍（如图12-34所示）。

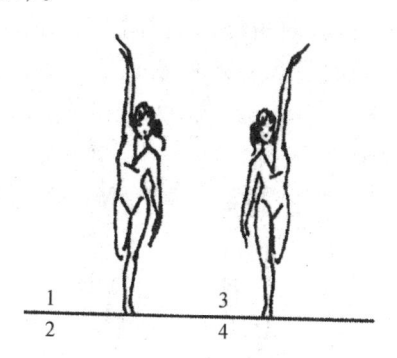

图12-34 钟摆跳

③移重心跳：1拍，左腿向侧小跳成屈膝站立，右腿原地小跳一次，勾脚点地，重心移至左腿，同时两臂摆成左臂胸前平举，右臂侧上举，握拳，拳心向下，头稍向左倾。2拍，两小跳一次，左腿并于右腿，同时两臂还原。3~4拍同1~2拍，但方向相反，4拍时两臂成上举、拳心相对。5~6拍，向左移重心跳，两臂向下拉至左臂肩上屈，右臂侧举，拳心相对。7~8拍同5~6拍，但方向相反（如图12-35所示）。

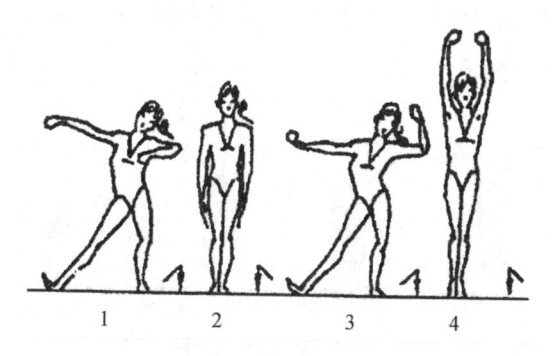

图12-35 移重心跳

④交替腿踏点跳：1~2拍，左腿小跳两次，右腿后屈，同时左臂下举，手心向内，右臂侧摆至上举，手心向外，眼看前方。3~4拍同1~2拍，但方向相反。5拍同1~2拍。6拍同3~4拍。7~8拍同1~2拍（如图12-36所示）。

图12-36 交替腿踏点跳

⑤交换腿跳：1拍，前半拍，右腿屈膝跳起；后半拍，左腿落成屈膝站立，右脚勾脚前点地。2拍同1拍，但方向相反。3~4拍同1~2拍。5~6拍，左脚向左前方迈出一步，右脚并于左脚，成屈膝提踵立，左顶髋，同时含胸两臂前举，摆至侧后举，抬头挺胸，眼看前方。7~8拍，腿同5~6拍，同时两臂摆至上举，握拳，拳心相对，稍含胸，眼看前方（如图12-37所示）。

图12-37 交换腿跳

第十二章　健美操

⑥并腿跳：1拍，两腿并拢向左跳，同时左臂摆至侧举，右臂摆至肩下屈，握拳，拳心相对，眼看前方。2拍同1拍，但方向相反。3~4拍同1~2拍。5拍，向左并腿跳，同时左臂侧平举，右臂肩上屈，握拳，拳心相对。6拍同5拍，但方向相反。7~8拍同5~6拍（如图12-38所示）。

要求：跳时两腿并拢，上体保持正直。

图12-38　并腿跳

⑦并步跳：1拍，左腿向左前方迈出一步成弓步，上体稍前倾，同时两臂屈肘后摆，眼看前方。2拍，左脚蹬地跳起，右脚并左脚，落成并腿立，同时两臂屈肘前摆，眼看前方，3~4拍同1~2拍，但方向相反。5~8拍同1~4拍（如图12-39所示）。

图12-39　并步跳

311

(4) 大踢腿。

①1~2拍，右腿原地小跳两次，左腿屈膝上提、还原，同时两臂经上举至肩侧屈，还原，握拳，拳心相对。3~4拍，右腿原地小跳两次，左腿向前大踢腿，还原，同时两臂向侧摆至下举，还原。5~8拍同1~4拍，换腿练习（如图12-40所示）。

图12-40　大踢腿1

②1~2拍右腿原地小跳两次。左腿大踢一次，同时两臂经上举侧摆至下举。3~4拍同1~2拍，换腿做。5~8拍同1~4拍（如图12-41所示）。

图12-41　大踢腿2

③1~2拍左腿原地小跳两次，右腿向左前方屈膝上提，还原。

同时两臂屈肘体前右摆手心向外,眼看前方。3~4拍,右腿小跳两次,同时右腿向内片腿,下落时向左转体270度两臂侧平举。7~8拍,左腿小跳两次,右腿后踢,还原,同时主体向左扭转,左臂侧举,右臂上举,眼看前方(如图12-42所示)。

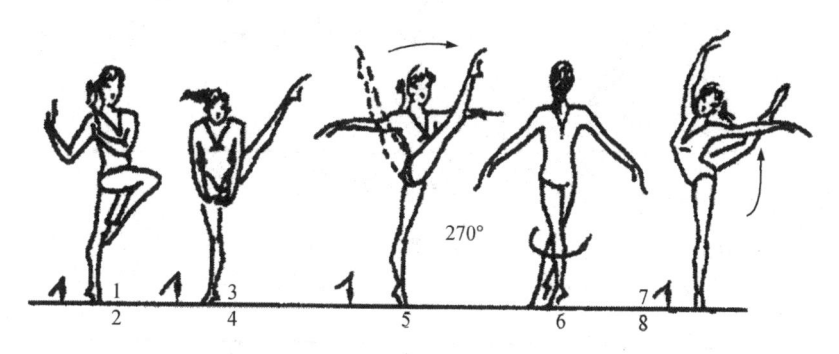

图12-42 大踢腿3

要求:腿的踢摆有力,幅度大,主力腿伸直,立腰拔背,可结合各种手臂动作、移动。

(5)姿态跑步。

①原地起跳或上一步起跳,在空中做各种姿态(如图12-43所示)

图 12-43　各种姿态

②加助跑的跳步：向前并步跳或跑 3 步至 4 步后，单腿蹬地起跳，在空中完成各种姿态（如图 12-44 所示）。

图 12-44　加助跑的跳步

（6）步伐。根据需要在各种步伐中适当地加髋部动作。

①向前顶髋走：左腿屈膝向前迈出，右腿伸直，向右侧顶髋，同侧肩下沉，两臂屈肘自然摆动。重心逐渐前移换另一腿，反复练习（如图 12-45 所示）。

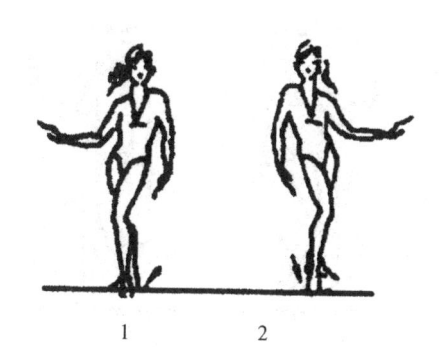

图 12-45　向前顶髋走

②向后顶髋走：左腿屈膝向后一步，右腿伸直，向右侧顶髋移换另一腿，反复练习（如图 12-46 所示）。

图 12-46　向后顶髋走

③向侧顶髋走：1 拍，左腿向左一步，屈膝内扣，右腿伸直，向右侧顶髋，同侧肩下沉，两臂自然摆动。2 拍，左腿伸直，向左侧顶髋，右腿并于左腿，屈膝内扣，左肩下沉，两臂自然摆动，如此反复，然后向反方向做（如图 12-47 所示）。

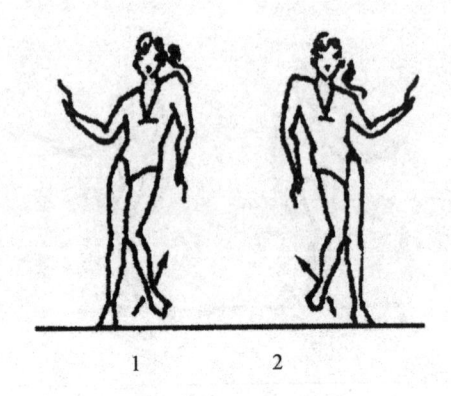

图 12-47　向侧顶髋走

第十三章　游　泳

一、概述

　　游泳的起源与发展是与人类社会的生产劳动、生活娱乐及战争等活动紧密联系的，它是人类在征服自然、改造自然的生产劳动中产生的，在满足人们的娱乐、竞争的需要中发展起来的。

　　1952年，举行了新中国成立以来的第一次全国游泳比赛，有东北、华北、中南、华东、西南、人民解放军和全国铁路等地区、单位的165名运动员参加（男106名，女59名）。比赛共设17个项目，在这些项目中一部分是国际上通常采用的比赛项目，有些是从我国实际情况出发设置的。在这次比赛后宣布全国游泳选手名单，他们中的很多人成为新中国游泳事业发展的骨干，掀开了中国游泳运动史上新的一页。

　　新中国的游泳运动员参加的第一次国际比赛是在芬兰赫尔辛基举行的第十五届奥运会的游泳比赛，我国游泳运动员因交通受阻，只有吴传玉一人参加了游泳比赛。

　　中国的五星红旗第一次升起在国际泳坛上，是在1953年8月举行的第一届国际青年友谊运动会上，吴传玉以1分06秒04获得了100米仰泳冠军。他在1954年10月出国比赛中，因飞机失事遇难。

　　1953年，中央体育学院（现北京体育大学）体训班游泳班正式成立，这支相当于国家队的队伍的成立，在推动我国游泳运动的开展上起到了重要的作用，他们频频进行国内外比赛的交流，使中国的游泳水平提高很快。1955年，在北京、上海、天津开始建立青少年业余体育学校。从此，我国培养优秀运动员的体制开始形成。

从1956年开始，我国每年春、秋两次举办全国性游泳比赛已形成制度。从1958年起，每年的全国性比赛均称为"一级、健将级游泳比赛"。从1960年起，全国性比赛分为甲级和乙级两部分，达到一级以上的为甲级，其余为乙级。1980年，改为上半年冠军赛，下半年锦标赛，确定当年锦标赛名列各项前20名者可参加第二年的冠军赛。在冠军赛和锦标赛之前，全国分区举行达标赛，达到国家体委颁布的标准者，可报名参加冠军赛或锦标赛。

党和国家领导人对体育的重视，运动训练与比赛制度的建立和完善，广大人民群众积极参加体育活动的热情，体育训练科学化程度的提高，使我国体育逐渐步入国际体坛。"文革"以后，迎来了中国游泳的黄金时代。中国游泳运动员不仅走出去，参加亚运会、亚洲游泳锦标赛、泛太平洋游泳锦标赛、世界大学生游泳锦标赛、奥运会等，我们国家还先后承办了第三届亚洲游泳锦标赛、第十一届亚运会游泳比赛、世界杯游泳短池系列赛等国际高水平的游泳比赛。出色的组织工作，高水平的裁判队伍，规格的场地器材，都得到了国际泳坛的认可，我国游泳运动的整体水平迈上了一个新的台阶。

二、游泳运动的分项

游泳运动包括游泳、水球、跳水和花样游泳4个项目。这4个项目统归在国际游泳联合会的管理之下。所以，中国游泳协会也分管这几个运动项目。

（一）游泳

游泳包括多种姿势：如模仿动物动作的蛙泳、海豚泳或蝶泳；按人体浮游水上的姿势分有仰泳、侧泳和爬泳。竞技游泳包括四种姿势：蝶泳、仰泳、蛙泳和自由泳。

(二) 水球

水球是在水中进行的一项球类运动，比赛时每队7人出场，在设有球门的游泳池内进行。这项运动要求运动员掌握各项专门游泳技术、各种控制球的技术、战术，并具有良好的身体素质和意志品质。

(三) 跳水

跳水是从不同高度的跳板和跳台上做各种跳跃、翻腾、转体等入水动作的运动项目。比赛时根据每个人的助跑、起跳、空中技巧和入水动作的正确性和熟练程度评定成绩。这项运动对发展灵敏素质和培养勇敢、果断的意志品质有很大作用。

(四) 花样游泳

花样游泳又被称为"水上芭蕾"，是集游泳、体操、舞蹈等项目于一体的竞技体育项目。它对运动员的身材、泳装、头饰、音乐及动作编排都有较高的要求。它利用运动员肢体在水面上的运动配合以音乐，展现了美与技巧。花样游泳分为单人、双人、集体三个比赛项目，它虽然没有激烈的竞赛场面，但带给观众的美好享受是其他体育运动无法代替的。

(五) 蹼泳

蹼泳运动是运动员穿戴特制的装具在游泳池中进行竞赛，项目有蹼泳、屏气潜泳、器泳、水中狩猎、水下定向、水下橄榄球、水下曲棍球等。蹼泳不归属游泳协会管辖。

三、游泳的基本技术

(一) 仰泳技术

1. 身体姿势。游仰泳时，身体应自然伸展，接近水平地仰卧于水面，头和肩部略高于腰和腿部，身体纵轴与水平面构成一个较小的锐角（如图13-1所示）。

图 13-1　身体姿势 1

头部和脸部的位置关系非常重要。头的位置在很大程度上决定了整个身体的位置，起着"舵"的作用。头部过于后仰，就会使髋部抬高，腿和脚露出水面，影响打水效果；反之如果刻意勾头，抬高头的位置，脚和腿就会下沉，增加身体前进的阻力（如图 13-2 所示）。游仰泳时，腰腹部应保持适度的紧张，以维持身体的流线型，不宜"坐"在水中，以免加大阻力。此外，与爬泳

图 13-2　身体姿势 2

相似，游仰泳时，身体也应随划水和打腿动作绕纵轴自然转动，转动角度在 45 度左右。以利于保持划水的深度和合适的角度，使手臂能更充分地发挥肌肉力量。

2. 腿的技术。仰泳踢腿的作用主要是保持身体位置，此外可产生一定的推进力。踢腿由上踢和下压两部分组成。

下压动作是直腿完成的。在臀部肌肉群的收缩带动下，大腿带动小腿下压到一定深度后，大腿停止继续下压，使膝关节弯曲成 135 度左右的角，之后小腿和脚在大腿的带动下依次结束下压动作（如图 13-3 所示）。

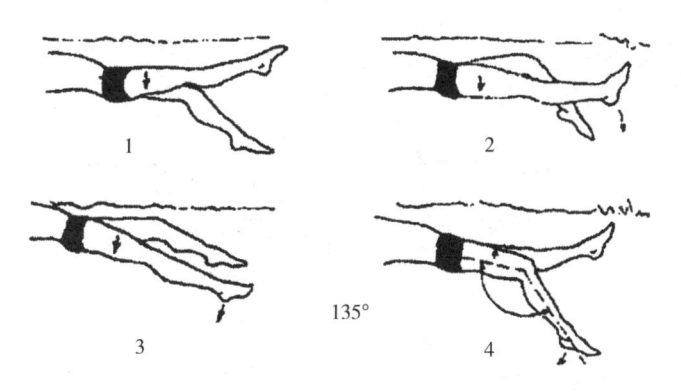

图 13-3　腿的技术 1

上踢是产生推进力的动作，需要用较大的力量和较陡的速度来完成。当大腿踢到一定高度，膝关节即将露出水面时，大腿结束向上移动，转为下压。而小腿和脚仍继续上踢，形成鞭状踢水动作（如图 13-4 所示）。

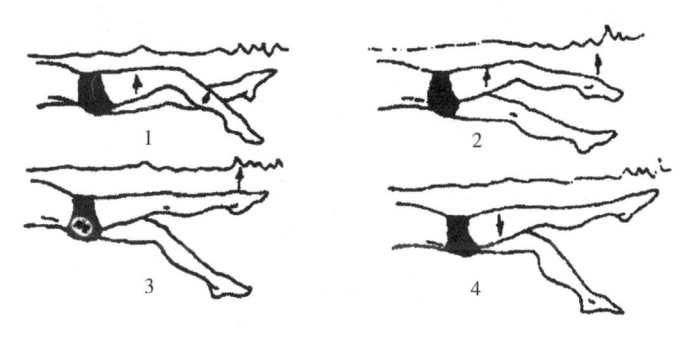

图 13-4　腿的技术 2

上踢动作要把握好尺度，即在任何情况下，膝关节、小腿和脚不能露出水面。踢腿的水花应像开锅的水，虽沸腾但不溢出。上踢时踝关节要伸直而不能勾脚。

3. 手臂技术。仰泳手臂的划水动作是产生推进力的主要因素，划水技术的优劣直接影响游进的速度。仰泳水下的划水路线也近似"S"形（如图13-5所示）。

手臂技术可以分为入水、抱水、划水、出水、空中移臂和两臂配合六个部分。

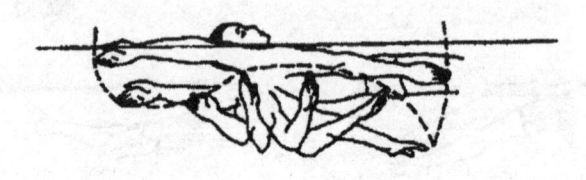

图13-5 手臂技术

（1）入水。手的入水点在肩沿线或肩沿线与中线之间，过宽会缩短划水路线，降低划水效果，过窄易使身体左右摇摆，增大前进的阻力（如图13-6所示）。

图13-6 入水1

仰泳的入水应以小拇指领先，手掌朝外，切入水中，手掌与前臂形成一个约150度到160度的角（如图13-7所示）。

150°~160°

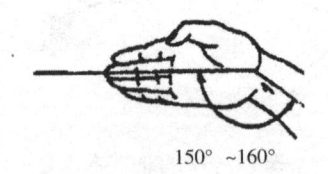

图13-7 入水2

手臂应伸直，肘关节不能弯曲，手同时向前、向下、向外三个方向运动，这个阶段几乎不产生推进力，主要作用是为后面划水做好准备。

入水阶段常见的技术错误是入水过宽或过窄;用手背拍击入水以及手臂弯曲等。

(2)抱水。手臂入水后应积极下滑抓水,转入抱水阶段。因为如果手臂一入水就马上划水,手划水就会很浅,产生气泡而划空。配合身体绕纵轴的转动和积极伸肩,手臂向外旋转屈腕,使手臂对准水并有压水的感觉,并使划水的主要肌肉群如肩带肌肉群、胸大肌和背阔肌得到适当的拉长,以便划水时能充分发挥力量(如图13-8所示)。

图13-8 抱水1

抱水结束时手掌距水面约30~40厘米,肘关节弯曲成约150~160度角(如图13-9所示)。

图13-9 抱水2

(3)划水。仰泳的划水动作是推动身体前进的主要动力。这个阶段也可分为两部分,前面为拉水,后面为推水。

拉水是在抱水的基础上进行的。随着身体绕纵轴继续转动,肘关节下降,手在向后划水的同时向上移动,使屈肘的程度逐渐加大,当手臂划到肩下与水平面垂直时,拉水结束转入推水,此时身体转动幅度达到最大,约45度,肘关节弯曲也达到了最大限度,约90~100度,我们称其为"倒高肘"划水。拉水结束时手掌距离水面约15厘米(如图13-10所示)。

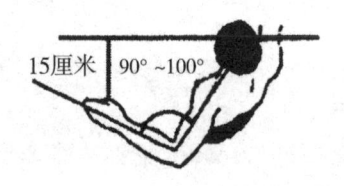

图13-10 拉水

推水开始后,手的移动领先于前臂和肘关节,手、前臂和后臂用力向后方推水,肘关节和前臂逐渐靠近身体。推水开始时手向上移动,当手上移至最高点时(距离水面约10厘米),前臂向内旋转,手掌朝后下方快速做鞭状推水动作(如图13-11所示)。

图13-11 推水

推水结束时，手掌朝下，手臂伸直，手掌距离水面 40~50 厘米；身体也开始向另一侧转动，为出水做好准备。

（4）出水。推水完成后，借助手掌向下压水的反作用力和腕部肌肉的收缩，手臂迅速提拉出水面。出水则手臂应伸直，先压水后提臂，使肩部首先出水，再带动上臂、前臂和手依次出水（如图 13-12 所示），手出水最好以大拇指为先，这样阻力小，且手臂较自然放松。初学者也有采用手背领先出水的，这种方式出水阻力小，空中移臂时无需再转动手臂，但臂部肌肉比较紧张。

图 13-12　出水

（5）空中移臂。出水后，手臂应迅速直臂向肩前移动。移臂时手臂尽量在矢状面上移动，上臂应贴耳。手臂移过垂直部位后应向外旋转，使掌心向外，为入水做好准备（如图 13-13 所示）。

图 13-13　空中移臂

（6）两臂配合。游仰泳时两臂的配合最好采用中后交叉配合，即一臂入水时，另一臂推水结束，两臂基本处于相反的位置，以保证动作的连贯性和前进速度的均匀性，初学者易在入水或推水后手臂产生停顿，应尽量改进。

4. 完整配合技术。由于仰泳比赛项目最长为 2 000 米，基本为短距离项目，现代仰泳技术中较常见的是 6 次打腿 2 次划臂、1 次呼吸的配合技术，也有用 4 次或 2 次打腿、2 次划臂的，但较少见。游仰泳时口鼻始终露出水面，呼吸不受限制，但为了避免呼吸不充分造成的动作紊乱，运动员要保持一定的呼吸节奏。

（二）蛙泳技术

1. 身体姿势。蛙泳在游进中，身体位置不是固定不动，而是不断变化的，特别是近年来出现的"波浪式"蛙泳，身体位置更不稳定。在一个动作周期（一次蹬腿一次划手）结束后，有个短暂的相对稳定的滑行瞬间，此时臂腿并拢伸直，身体较水平地俯卧于水面，头略微抬起，身体纵轴与水平面约 5~10 度角，身体保持一定的紧张度，以维持较好的流线型。

当划手和抬头吸气时，头抬出水面，肩部上升，加上开始收腿动作，这时身体与水平面的夹角增大，约 15 度。

2. 腿的技术。蛙泳的腿部动作很重要，可产生较大的推进力，腿的动作可以分为四部，即收腿、翻腿、蹬腿和滑行，但它们其实是紧密相连的完整动作。

（1）收腿。开始收腿时同时屈膝屈腿，两膝边慢慢分开，边向前收腿，小腿和脚应跟在大腿和臀部的后面，以较慢的速度和较小的力量使脚后缩向臀部靠拢，以减小阻力。

收腿结束后，大腿与躯干之间约成 130~140 度角，大腿与小腿之间约成 40~45 度角。

（2）翻脚。通过外翻脚，使脚尖朝外，对水面增大，并使脚和小腿内侧对准蹬水的方向。翻脚结束时，两脚之间的距离要大于两膝之间的距离（如图 13-14 所示）。

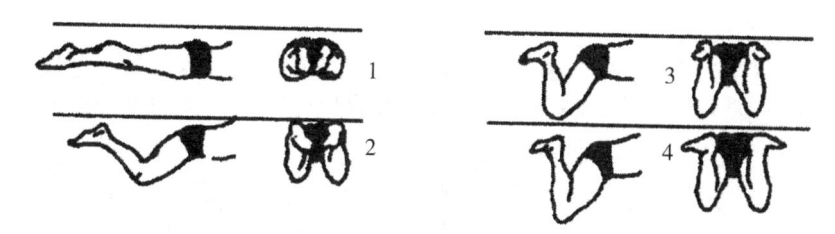

图 13-14　翻脚

（3）蹬腿。确切地说，应该是"蹬夹水"，也叫"鞭状蹬水"。蹬腿时，应先伸展踝关节，从大腿发力向后蹬水，小腿和脚掌做向下向后的鞭水。腿在向后蹬的同时向中间夹紧，蹬腿结束时两腿应并拢伸直，踝关节伸直（如图 13-15 和图 13-16 所示）。

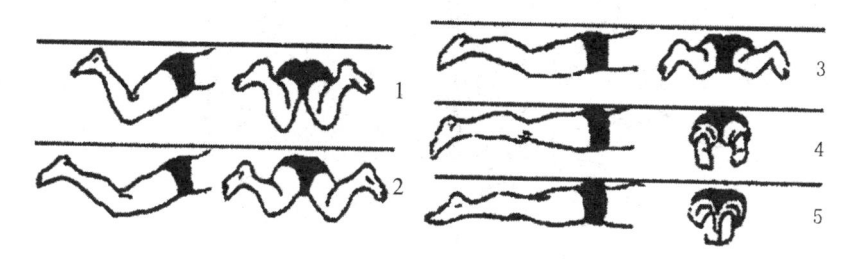

图 13-15　蹬腿 1

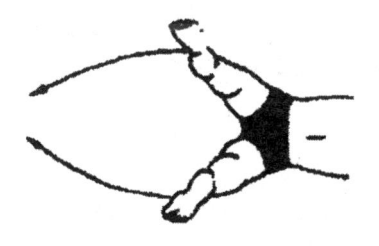

图 13-16　蹬腿 2

由于蹬夹水能够产生较大的推进力，应用较大的力量和较快的速度完成。

（4）滑行。蹬腿结束后，由于蹬腿的惯性作用两腿有一个短暂的滑行阶段。这时两腿应尽量伸直并拢，腿部肌肉和踝关节自然放松，为下一个动作周期做好准备。

3. 手臂技术。蛙泳臂划水技术以产生较大的推进力，特别是现代蛙泳技术，更加强调划水的作用。蛙泳的划水路线从水下看，像一个"倒心形"（如图13-17所示）。蛙泳臂部动作可分为开始姿势、滑下、划水、收手和移臂五个部分。

（1）开始姿势。蹬腿结束时，两臂前伸与水平面平行，掌心向下，身体保持流线型（如图13-18所示）。

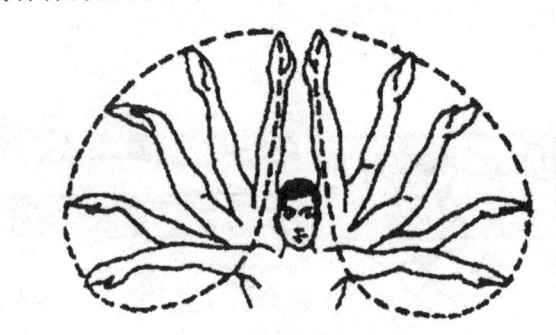

图13-17　"倒心形"

图13-18　开始姿势

（2）滑下，也叫抓水。两肩和手臂前伸，手腕向前、向外、向下方勾手，应感觉到水对前臂和手掌的压力。抓水结束时，两臂分开到约成45度角（如图13-19所示）。

图 13-19 滑下

（3）划水。开始时，两手继续外分，手臂向外旋转，同时屈肘、屈腕，保持高肘划水。划水的前一部分手臂同时向外、向下和向后运动，而后一部分手臂同时向内、向下和向后运动（如图 13-20 所示）。

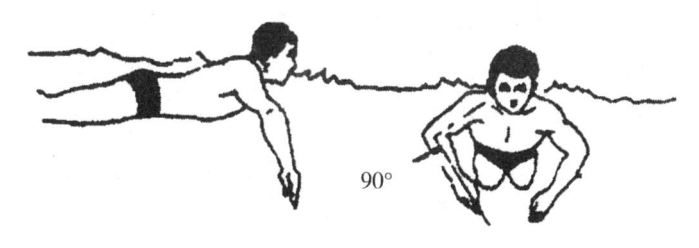

图 13-20 划水

划水的整个过程应加速并始终保持高肘姿势完成，肘关节弯曲的角度随划水的进行不断减小，到划水即将结束时，肘关节屈至约 90 度角，手位于肩的前下方。

（4）收手。也有人认为收手是划水的后半段，因为它能产生一定的升力。划水结束后，手臂向外旋转，手同时向内、向上和向前快速运动，开始了收手过程。收手时，两掌心相对。收手结束时，肘的位置低于手，肘关节弯曲成较小的锐角（如图 13-21 所示）。

图 13-21　收手

（5）移臂。蛙泳移臂是四种姿势中唯一在水下完成的。尽管目前有些运动员为了减小移臂的阻力采用从水面上移臂的方法，但由于这样做容易使腿下沉，所以并不流行。

移臂是在收手的基础上完成的。通过向前伸肩和伸肘，两臂前移至开始姿势。移臂时，掌心可以向下，也可以向内，在即将结束时再转为向下（如图 13-22 所示）。

图 13-22　移臂

4. 呼吸及完整配合技术。蛙泳的呼吸一般在一次动作周期中吸一次气。臂、腿、呼吸的配合多采用 1∶1∶1 的配合。

蛙泳呼吸采用抬头吸气，相对于划水来说，有早吸气和晚吸气两种配合形式。早吸气是指手臂刚开始划水时抬头吸气，吸气时间相对较长，收手和移臂时低头呼气。这种配合易于掌握，可以利用划水时的下压产生升力，有助于上身浮起，抬头吸气。晚吸气是指划水结束收手时吸气，吸气时间较短。移臂时低头呼气。这种技术有一定难度，但由于抬头时间短，身体重心和浮心失去平衡的时间短,因而阻力小,一般被高水平运动员采用(如图13-23所示)。

早吸气

晚吸气

图13-23 吸气和呼气

蛙泳臂腿配合技术较为复杂。为了保持游进速度的均匀性,臂腿的配合应尽量使游进过程中每个动作周期内的每个阶段都有推进力产生。正确的配合技术是手臂划水时,腿自然放松伸直,收手时腿自然屈膝,开始移臂时收腿,并快速蹬腿(如图13-24所示)。

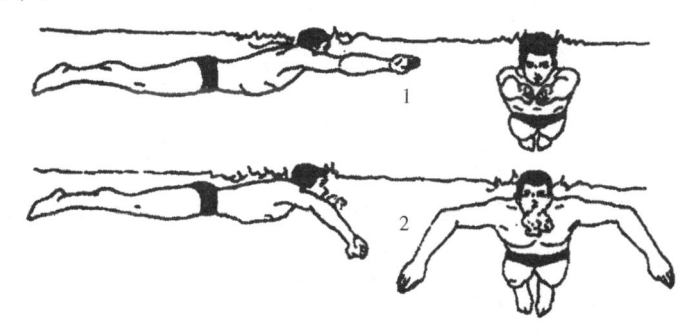

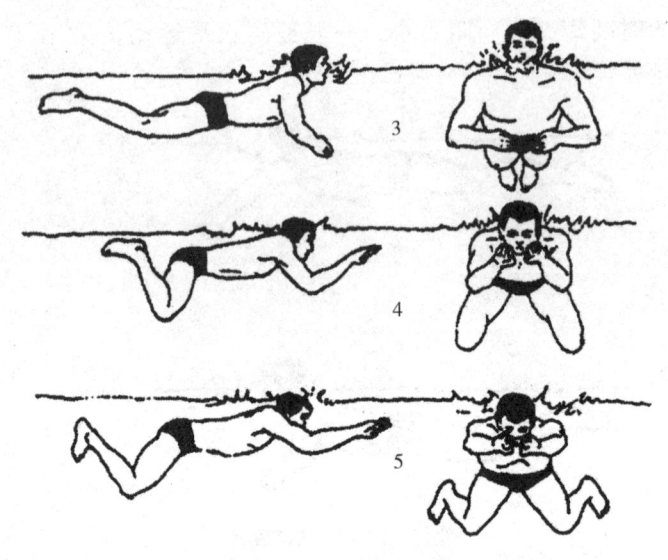

图 13-24　臂腿配合

四、游泳的注意事项

在游泳教学与训练中,应将安全工作摆在首位。教练员要有高度的责任感,做到安全教育经常化、制度化,使学生明确与遵守有关规则,以确保游泳教学与训练的安全。

1. 游泳前必须进行体格检查,经医生同意后,方可游泳。

2. 了解水情及场地情况,深、浅水区的位置,池底有无破裂或坚硬的杂物及水是否污染,等等。

3. 剧烈运动后不宜马上游泳。由于体温升高,如马上下水,身体突然受冷的刺激,体温迅速下降,容易引起感冒,甚至因疲劳过度而引起肌肉抽筋或溺水事故。剧烈运动后,应休息一会,待体力恢复正常后再游泳。

4. 饭后和饥饿时不宜游泳。

5. 饮酒后不宜游泳。

6. 游泳前要做好准备活动。准备活动做得充分有利于身体更好更快地适应游泳运动的需要，同时对防止肌肉抽筋、拉伤有积极的作用。

7. 游泳时如有出现恶心、头晕、呕吐、打冷战时，应及时出水。

8. 出水后，一般要做些适当的放松性活动。

9. 有下列情况者不宜游泳：患有精神病、皮肤病、红眼病、严重心脏病、腹泻、发高烧、鼻炎、肝炎、中耳炎，传染病或其他急性病以及女性月经期等。

五、游泳竞赛规则简介

（一）游泳池

如果举行全国性质的比赛，对于游泳池就有严格的要求。游泳池长50米（±0.03米）×21米或25米，短池25米（±0.02米）×21米或25米。水深2米以上。基层比赛的游泳池，水深不得少于1米，泳道宽不得少于2米，第一泳道与最后一条泳道与两侧池壁的距离不少于20厘米，安装出发台的池端，从池端1米至5米的范围内的池水应至少有1.20米深，泳道数和地宽不限。

比赛水温26℃（±1℃），室外游泳池不低于25℃。比赛时，池水必须保持正常水位。水面要平稳。如采用循环换水，池水不得有明显的流动或漩涡。池水要清晰，运动员可看清池底和池壁标志线。

游泳池内由9条分道线构成8条泳道，每条泳道宽2.50米。第1、9分道线距地边至少0.05米。当然这是对宽21米的游泳池的要求。我国曾有很多20米宽甚至更窄的游泳池，这些游泳池虽然不能举办全国性游泳比赛，但举办基层的游泳比赛还是可以的。游泳池两端都应设有出发台，否则无法举行50米项目的比赛。出发台号码的排列应从右至左（出发一端面对地）。

（二）游泳比赛所需要的器材

1. 秒表30块（实用26块，备用4块）。

2. 长距离报趟牌每道1套, 铃铛每道1个。
3. 发令枪及枪弹、发令台、口哨。
4. 终点台一个。
5. 仰泳标志线两条, 红、白三角小旗若干。
6. 召回线一条。
7. 仰泳标志杆和召回杆8根。
8. 夹板40个。
9. 复印机。
10. 文具。
11. 自动计时装置。

（三）裁判员

游泳比赛所需裁判员很多, 约需60~70人, 分为以下岗位: 总裁判长、副总裁判长、执行总裁判、技术检查员、计时长、转身检查长、终点长、编排记录长、检录长、发令员、宣告员等。

（四）比赛通则简介

1. 参加办法。参加单位必须按竞赛规程规定确定每项的参加人数及每人参加的项数, 并在规定的时间内报名。报名后不得更替或更改项目。

2. 出发。自由泳、蝶泳、蛙泳在出发台上出发。仰泳项目在水中出发。运动员有两次出发机会。第一次抢跳后被召回, 再进行第二次出发。这一次出发如果犯规将不被召回, 比赛后犯规运动员被取消资格。在比赛开始前, 发令员的短哨音示意运动员脱外衣, 长哨音示意上出发台。口令是"各就位", 出发信号是枪声、哨音、电笛或口令。

3. 计时。人工计时、自动装置计时与半自动计时均被承认为正式的计时方法。此处仅介绍人工计时。

每条泳道应有2~3名计时员, 正式成绩的决定方法: 三块计时表中, 两块相同的是正式成绩。三块都不相同, 中间的成绩是正式成绩。如果只有两名计时员，应以较差的成绩为正式成绩。

4. 比赛和犯规。运动员必须在本泳道内比赛完毕。游泳姿势必须符合规则规定。比赛中运动员转身时必须使身体的某一部分触及池壁，转身必须从池壁完成，否则犯规。

在比赛中除自由泳可以在池底站立，其他姿势（包括自由泳），均不得跨越和行走。在比赛中运动员不得使用或穿戴任何有利于其速度、浮力的器具。

在比赛中不允许陪游、带游，不允许速度诱导。

接力抢码中，如果该运动员重新返回并以身体任何部分触及池壁再游时，不做犯规论。

某项比赛进行中，不是该项目的运动员进入水中也算犯规。

第十四章 武 术

中华武术,源远流长,有着广泛的群众基础,是中国传统文化中一颗璀璨的明珠。它经过不断地创新、提炼和发展,逐渐形成了注重内外兼修的中国民族传统体育项目。它具有强身健体、防身自卫、竞技比赛、表演娱乐、交流技艺、增进友谊、陶冶情操等功能,深受广大群众的喜爱。

第一节 武术概述

一、武术的形成和发展

武术是以技击为内容,通过套路、搏斗等运动形式来增强体质、培养意志的民族传统体育项目。

1950年中华全国体育总会召开了武术座谈会,倡导发展武术运动。国家体委成立后,为了推动武术及其他民族形式体育的发展,于1953年举行了第1届全国民族形式体育表演竞赛大会,接着又举行多次全国性武术比赛和表演大会。1954年,各地体育院校开始把武术列入正式课程。1956年中国武术协会在北京成立,武术正式定为体育表演项目,并在北京举办了武术表演大会,首次采用试行评分的办法,比较具体地区运动员技术水平高低。1957年国家体委将武术列为体育竞赛项目,举行全国性的武术比赛和表演。1985年,在西安举行了首届国际武术邀请赛,并成立了国际武术联合会筹委会,这是武术发展中历史性的突破。这些为武术的普及和提高起了重大作用。

为了推动武术的普及和提高，国家组织创编了比赛规定套路，编制了群众武术活动所需要的初级套路和简化太极拳等，出版武术书籍和挂图，拍摄武术影片和录像。为探讨武术运动锻炼的价值，还组织有关生理的测定和研究，使其逐步科学化。此外，武术在各级学校成为体育教育的内容之一，体育院校和有些师范院校体育系还设置了武术专业，培养本科生和研究生等武术专门人才，1984年由国务院批准设立了武术硕士学位。由国家体委建立的武术研究院，作为高级学术研究机构，组织武术的学术、技术研究，并与国外武术界开展广泛交流。

为了使这一宝贵的文化遗产得到继承和发展，在全国范围内进行了普查，摸清了我国武术的现状，挖掘和整理工作取得了显著的效果。近几年来，还派了不少专家赴国外讲学和担任教练，使武术得以在世界各地更快地传播和开展。1985年国际武术联合会筹委会的成立是武术发展中历史性的突破。欧洲、南美、亚洲的武术联合会相继成立。1987年在日本横滨举行了第一届亚洲武术锦标赛，标志着武术首先在亚洲扎下根基，走进亚运会，成为正式比赛项目，尔后将逐步跨入世界体坛，实现"把武术推向世界"的雄伟目标。

武术作为优秀的民族文化和良好的运动项目，必将逐步为世界人民所认识，为全人类造福。

二、武术文化

任何体育项目虽然都会具有文化意义，但却没有一个体育项目像武术一样具有浓郁的民族文化特征。具有武术一样大的文化包容量和负载能力。

中国武术之所以能称为武术文化，不仅在于它广博的内涵、多元的功能，还有它强大的生命力和独立性。尽管历史上曾遭外敌入侵以及多次禁武的厄运，武术都没有因此而消亡。它与多种文化形态虽有着千丝万缕的联系，乃至相互渗透和影响，却没有被同化、被改变,显示出它具有的文化延续能力和独立完整的文化体系。

同时,从武术文化中,我们还能看到它所反映的中国文化的基本精神。如强调武以德立,德为艺先,反映出民族的以仁为核心注重人际关系和谐的伦理观念;行侠仗义,除暴安良反映了刚健有为、人生进取、匡扶正义、不畏强暴的爱国主义传统;追求个人技艺的纯熟、神韵和意境,正是成就内在人格完美的传统审美情趣;主张轻力、尚巧、以巧智取、顺势借力的技击原则,反映中国人礼让为先、有理有节、刚强而不狂野、功力扎实求内在的竞争特点,以及崇尚自然,体现天人合一思想,重视血缘关系的宗法观念等。

综上所言,我们可以概括地说,武术是以攻防技击为主要技术内容,以套路演练和搏斗对抗为运动形式,注重内外兼修的民族传统体育项目。

三、武术的价值

中国武术是一项有着古老传统的民族传统体育。在中国流传了几千年,在我国学校体育中占有重要的位置。武术从狩猎、战争发展到一个具有多元功能的以内外兼修、术道并重、具有丰富中国传统文化内涵的中国传统体育项目,它没有由于火器的进步,使直接身体进行格斗的技击技术在实战中的作用渐渐减小而停止自身的发展,相反,随着社会生产力的提高,为满足人们更高的物质和精神生活需要仍不停地发展变化着,在不同的历史时期对社会有着多方面的积极影响和作用,表现了旺盛的生命力。所以我们在探讨武术的社会价值时,应特别注意要用发展变化的眼光来审视。

(一) 武术的健身价值

武术练习是通过人的身体运动实现的,练习者只要进行适度的身体运动就能够增进健康,即使是在以武术作为技击手段的古代，人们也没有忽略它的健身价值。中国人历来重视运动、重视生命、注重养生之道，中国传统的健身术很多，如五禽戏、八段锦、十二段锦（明·吴谦《类修要诀》）、二十二势易筋经。在武术发展的过程中，它和中国养生导引之术相互影响、相互渗透，增强了自身的健身价值。如轻柔缓慢的太极拳，以其独特的运动方式受到海内外人群的青睐，它松静自然，气沉丹田，中等强度的运动，不仅对心血管呼吸系统有良好的影响，而且有利于调节神经系统、陶冶性情、缓解压力等。另外，武术的内容丰富，可对人的力量、耐力、速度、灵敏、柔韧等各种身体素质的发展都有良好影响，不同的人可以根据个人不同的爱好和条件，选择适合自己的武术内容进行锻炼，以达到更好地增强体质的目的。

（二）武术的技击价值

武术本是一种技击术，进行武术练习一方面可以全面地提高人的身体素质，进而提高人进行技击对抗的能力；另一方面练习者通过武术锻炼也可以学会一些攻防技击技术，直接提高练习者进行技击对抗的水平。

历代统治者无不极力加强军队建设，提高装备水平和提高士兵作战的技能。民间的团体或个人间的格斗尽管常常是为了团体或个人的私利，没有明确的政治目的，但格斗的技术仍然受到普遍的重视，所以武术的技击价值在古代显得尤为重要。

到了现代，武术的技击价值虽然已不如古代那样突出，但在战争中仍不可避免会有近距离搏斗的可能，在公安部门执行公务时格斗技术仍有极其重要的作用，即使在人们的日常生活中也会有善恶斗争时运用格斗技术的情况，善良的人们在掌握了一些武技后，往往会有一些特殊的安全感，所以，武术仍然有它不可忽视的技击价值。由于武术本身就具有攻防技击特点，所以通过武术训练可以使练习者了解、熟悉、掌握一些攻防技击技术。

(三）武术的观赏价值

武术可供观赏以丰富人们的文化生活。体育是一种人的身体活动，所有的体育活动都有运动员表演和观众观赏这样一个相互活动的过程。武术既是一种人的身体活动，具有人体运动的一般审美价值，又是一种武技，能表现人在攻防技击时的技巧和能力，所以又具有一种技击性的神秘色彩和审美价值。同时它既有单练又有对练，既有套路训练又有对抗性练习，使它可以满足人们的不同欣赏需要。并且在其产生的过程中得到了加工、改造、提高，因而它又具有一定的艺术性，所以武术有其特殊的观赏价值。武术在中国有广泛的群众基础，在民间各种喜庆集会活动中常有武术表演，这就使武术对丰富人民的文化生活具有更重要的意义。

（四）武术的教育价值

自民国以来武术在学校体育中渐渐受到重视，1915年武术被正式列为学校体育课程，多年来武术教材始终是各级学校体育课的必修内容之一，在开展校园体育活动、丰富学生文化生活和增强学生体质等方面都发挥了重要的作用。它也有提高学生民族意识的作用，特别是武术作为一种民族的传统体育活动，这和当时中国国力衰微，民族危机日益深重，需要激发人民穷则思变、奋发图强的精神是相一致的。

（五）武术的经济价值

体育和经济的发展是一种内在的联系，经济的发展需要健康的劳动力，武术为社会经济的发展提供健康的劳动力。武术也是一种精神产品，是一种社会享受的消费品，它和其他体育项目一样以劳务的形式为社会服务。随着国际体育交往的增多，武术正在拥有越来越多的外国爱好者，这也表明了国际上对武术这种精神产品的需求。当武术以精神产品的形式提供给社会的时候，提供这种精神产品的人也就提供了劳务。这种劳务可以创造财富，具有价值，可以进行交换。这种交换就为社会创造了财富。

第二节 武术运动的基本技术

一、武术的特点

通过对武术概念的讨论,我们明确了武术的两个最主要的特点:武术技术上的技击特点;内外合一、形神兼备的民族文化特点。

(一)武术的技击特点

武术是由技击自卫术发展而成,其技击的特性是显而易见的,武术在它流传的过程中始终保持了这个特点,围绕着这个特点发展,并全面体现了这个特点。武术不仅有对抗性的练习,还有套路练习;不仅有单人练习,还有双人和多人练习。武术种类丰富、器械多样,汇集了中华大地上不同地域、不同民族使用不同器械进行攻防技击的技术,这是任何其他的体育项目所无法比拟的。随着火器的进步,武术的技击价值日益降低,其健身价值也就随之提高,所以当火器在军事上逐渐成为主要武器之后,武术的发展就不再围绕着如何提高技击技术和技击能力,而是围绕着如何保存技击特点和更好地增进健康。

虽然今天武术的技击价值已不能和冷兵器时代同日而语,随着竞技武术技术的发展,武术套路技击特点也有所淡化,但技击特点仍将作为武术技术的最基本特点长期存在。

(二)武术的民族文化特点

武术的产生和发展在中国,它受中国传统文化背景的影响,使它在各方面都带有浓厚的中国传统文化色彩。

1. 武术的运动形式既有对抗性练习,又有套路练习。

武术最初作为军事训练手段,与古代军事斗争紧密相连,但武术套路有一种很独特的运动形式,在古代非常普遍,今天的武术套路就是古代武术套路的延续和发展。就技术而言,武术套路是为了便于传授、记忆和训练而产生的。

2. 刚健有为的民族文化精神。

中国传统文化的基本精神有多方面，而刚健有为的精神特别重要，它是中华民族的心理要素，表现出刚健有为的精神气息，它包括自强不息和厚德载物两方面。

3. 注重和谐。

和谐是中国传统文化的最高价值，重和谐的思想就是希望达到人已物我，注重人与自然、人与社会及人的自我身心内外的和谐统一。过去习武者之间经常有相互比武的时候，而这种比试往往是以"以武会友"为目的，同时也表现了"以和为贵"的思想，希望通过比武能加强同好友之间的技艺交流和加强相互之间的关系。

4. 注重形神兼备。

一个武术的动作是由身体的四肢和躯干的不同运动方式来完成的，但是武术的动作如果只有外形没有内在的神，或是不能很好地表现内在的神，那必然也是一个肤浅的缺乏内在力度的形。形神问题不仅是一个技术问题，也是中国传统哲学中的重要范畴。

二、武术基本功——手型、手法、步型

武术基本功是指为更好地掌握武术技法，发展某项专门素质的基础功法。武术基本功练习内容多种多样，主要有腿功、腰功、臂功和桩功。武术基本动作是指武术拳术中最基础、最具有代表性的动作，主要包括肩、肘、手、髋、膝、足的基本攻防方法与跳跃、平衡动作。如长拳的基本动作包括上肢动作中的冲拳、推掌、顶肘等基本手型、手法，下肢的弓步、马步等基本步型，以及进、退、跳、插等基本步法和蹬、弹、踹等腿法，还有通过躯干表现的折叠俯仰、闪展拧转等基本身法，即通常所说的"三型四法"。

重视和加强基本功和基本动作的练习，对尽快准确地掌握武

术技法，全面提高武术动作质量，避免伤害事故的发生，延长寿命，提高专项身体素质都有着十分重要的意义。

（一）手型

1. 拳。

各部位名称：拳眼、拳心、拳面、拳背、拳轮，如图14-1所示。

动作说明：五指卷紧，拇指压于食指、中指第二指节上。

要点：拳握紧、拳面平、直腕。

易犯错误：拳面不平、屈腕、冲拳路线错误。

2. 掌。

各部位名称：掌心、掌背、掌指、掌根、掌外沿，如图14-2所示。

动作说明：四指伸直并拢，拇指弯曲紧扣于虎口处。

要点：掌心开展、竖指。

易犯错误：松指、掌背外凸。

3. 勾。

各部位名称：勾尖、勾顶，如图14-3所示。

动作说明：五指撮拢成勾，屈腕。

要点：屈腕。

易犯错误：松指，腕没有扣紧。

图14-1　拳的各部位名称　图14-2　掌的各部位名称　图14-3　勾的各部位名称

(二) 手法

1. 冲拳。

预备姿势：两脚左右开立，两拳抱于腰间，拳心朝上，如图 14-4 所示。

动作说明：右拳从腰间旋臂向前猛力冲出，力达拳面，目视前方，如图 14-5 所示。

要点：挺胸、收腹、直腰、出拳快速有力，做好拧腰、顺肩、急旋前臂的动作。

易犯错误的纠正方法如下。

①冲拳无力纠正方法：强调拧腰、顺肩、急旋臂、动作快速。

②冲拳力点不准纠正方法：击靶练习。

③拳面不平、屈腕纠正方法：理解拳在攻防中的作用及受力分析。

④拳从肩前冲出纠正方法：强调肘贴肋运行，使拳内旋冲出。

练习提示：①先慢做，不要用全力，注意动作的准确性，然后再逐步过渡到快速有力。

②结合步型、步法做冲拳练习。

图14-4　冲拳预备姿势 　　图14-5　出拳 　　图14-6　推掌

2. 推掌。

预备姿势：同冲拳。

动作说明：右拳变掌，以掌外沿为力点向前猛力推出，目视前方，如图14-6所示。

要点：同冲拳，注意沉腕、翘掌、力达掌外沿。

易犯错误与纠正方法：同冲拳。

（三）步型

1. 弓步。

动作说明：前脚微内扣，全脚掌着地，屈膝半蹲，大腿成水平，膝部约与脚面垂直；另一腿挺膝伸直，脚尖里扣斜向前方，全脚掌着地，上体正对前方，两手抱拳于腰间，如图14-7所示。

要点：挺胸、立腰、前腿弓、后腿绷。

易犯错误的纠正方法如下。

①后脚拔跟或外掀脚掌纠正方法：强调脚跟蹬地。

②后腿屈膝纠正方法：强调挺膝后蹬。

③上体前倾纠正方法：强调沉髋。

练习提示：结合手法做原地或行进间左右弓步，交替练习。

图14-7 弓步　　　图14-8 马步

2. 马步。

动作说明：两脚左右开立约为脚长 3~4 倍，脚尖正对前方，屈膝半蹲，大腿成水平，眼看前方，两手抱拳于腰间，如图 14-8 所示。

要点：头正、挺胸、立腰、扣足。

易犯错误的纠正方法如下。

①脚尖外撇纠正方法：强调脚跟外蹬。

②两脚距离过大或太小纠正方法：量出 3 脚距离后，再下蹲成马步。

③弯腰跪膝纠正方法：强调挺胸、立腰后再下蹲，膝盖不得超过脚尖。

练习提示：原地做马步与弓步的转换练习，或结合手法进行练习。

3. 虚步。

动作说明：后脚尖斜向前，屈膝半蹲，大腿接近水平，全脚掌着地；前腿微屈，脚面绷紧，脚尖虚点地面。

要点：挺胸、立腰、虚实分明。

易犯错误的纠正方法如下。

①虚实不清纠正方法：等支撑腿下蹲后，前脚尖再着地。

②支撑腿蹲不下去纠正方法：脚尖外展，多做腿部练习。

练习提示：先做高姿势练习，再结合手法做正确动作。

4. 仆步。

动作说明：一腿全蹲，大腿和小腿靠紧，臀部接近小腿，全脚掌着地，膝与脚尖稍外展。另一腿平铺接近地面，全脚掌着地，脚尖内扣，如图 14-9 所示。

要点：挺胸、立腰、开髋、全脚掌着地。

易犯错误的纠正方法如下。

①平铺腿不直、脚外侧掀起和脚尖上翘外展的纠正方法：平

铺腿的脚外侧抵住固定物，使之正确。

②全蹲腿未蹲到底和脚跟提起的纠正方法：增加踝关节柔韧性，强调腿平铺时沉髋、拧腰。

③上体前倾纠正方法：挺胸、立腰后再下蹲。

练习提示：先把姿势放高一些，再做正确动作；结合手法练习。

5. 歇步。

动作说明：两腿交叉屈膝全蹲，前脚全脚掌着地，脚尖外展；后脚跟离地，臀部外侧紧贴后小腿，如图 14-10 所示。

图 14-9　仆步　　　　图 14-10　歇步

要点：挺胸、立腰、两腿贴紧。

易犯错误的纠正方法如下。

①两腿贴不紧，后腿膝跪地的纠正方法：强调后腿膝关节穿过前膝腘窝。

②动作不稳的纠正方法：前脚尖充分外展、立腰、两腿贴紧。

练习提示：同虚步。

三、武术基本功——压腿

（一）正压腿

预备姿势：并步站立。

动作说明：左脚跟搁在肋木上，脚尖勾紧，上体向前下做压振动作,如图 14-11 所示。

要点:直体向下压振,压至疼痛。

易犯错误的纠正方法如下。

两腿不直纠正方法:强调收胯、正髋,也可用手下压膝部。

上体不正纠正方法:挺胸、立腰,被压腿异侧的肩、胸部前俯,双手抱住被压腿脚掌。

练习提示:集体压腿时,统一口令进行,压至疼痛时可停住不动;压腿前先把肌肉和关节活动开,压腿后把被压腿屈膝抱在胸前,然后松开。可与控腿、搬腿、踢腿和摆腿练习交替进行。

(二) 侧压腿

预备姿势:同正压腿,唯侧对。

动作说明:左脚跟搁在肋木上,脚尖勾紧,右臂上举,左掌附于右胸前,上体向左侧连续下压,如图 14-12 所示。

要点:立腰、展髋,直体向侧下压振。

图 14-11　正压腿　　　图 14-12　侧压腿

易犯错误的纠正方法如下。

两腿不直纠正方法:同正压腿。

上体侧振时前屈纠正方法:支撑腿脚尖外展,被压腿一侧髋尽量前送,向里掖左肩,右臂上举并向头后伸展。

练习提示：同正压腿。

（三）腿法

1. 正踢腿。

预备姿势：并步站立，两臂侧平举，如图 14-13 所示。

动作说明：左脚上步直立，右腿挺膝，脚尖勾起向前额处猛踢，目向前平视，如图 14-14 所示。

要点：挺胸、收腹、立腰。踢腿时，迅速收髋、收腹，脚尖勾起绷落，过腰后动作加快要有寸劲。

易犯错误的纠正方法如下。

①俯身弯腰纠正方法：收下颚、头上顶、直腰。

②拔跟或送髋纠正方法：降低踢腿高度、腿上踢时收髋、支撑腿全脚掌着地。

③动作缓慢无力纠正方法：按口令要求的速度踢。

练习提示：

①先练压腿，再练踢腿；

②先踢低腿，适当放慢速度，然后按要点练习；

③左、右交替的行进间踢腿。

图 14-13　正踢腿预备姿势　　图 14-14　正踢腿腿　　图 14-15　斜踢腿

2. 斜踢腿。

预备姿势：同正踢腿。

动作说明：向异侧耳际猛踢，动作同正踢腿，目向前方，如图 14–15 所示。

要点、易犯错误的纠正方法均同正踢腿。

3. 侧踢腿。

预备姿势：同正踢腿。

动作说明：右脚上步，脚尖外展；左脚跟稍提起，身体略右转，两臂后举；左腿勾脚向左耳际踢起，右臂上举亮掌，左手握右前臂，右臂上举，目向前平视，左腿从体侧踢出后还原，如图 14–16 所示。

图 14–16 侧踢腿

要点：开髋、侧身、猛收腹。

易犯错误的纠正方法如下。

①两腿不直纠正方法：同正踢腿。

②侧身不够纠正方法：支撑腿外展，异侧肩朝前。

练习提示：同正踢腿。

4. 外摆腿。

预备姿势：同正踢腿。

动作说明：右脚上步，左脚尖勾紧，向右侧上方踢起，经面前向左侧上方摆动，直腿落在右脚旁，目向前平视，可用掌在面前依次迎击脚面。

要点：展髋，腿成扇形外摆，幅度要大。

易犯错误的纠正方法如下。

①同正踢腿的第②③。

②外摆幅度不够的纠正方法：外摆腿越过适当高度的障碍标志，体会外摆动作要求。

5. 里合腿。

预备姿势：同正踢腿。

动作说明：同外摆腿，由外向内合。

要点、易犯错误的纠正方法同外摆腿。

第三节　太极拳运动简介

一、太极拳运动的来源

太极拳的来源有以下三个方面：①综合吸收了明代名家拳法。明代武术极为盛行，出现了很多名家和新拳种。太极拳就是吸取了当时各家拳法之长，特别是戚继光的三十二势长拳而编成的。②结合了道家导引、吐纳之术。太极拳讲究意念引导气沉丹田，讲究心静体松重在内，所以被称为"内家拳"之一。③运用了中国古代的阴阳学说和中医经络学说。以意行气，通任督二脉，练带脉、冲脉。各式传统太极拳也皆以阴阳五行学说来概括和解释拳法中各种矛盾变化。

二、太极拳运动的发展

中华人民共和国成立后，太极拳发展很快，打太极拳的人遍及全国。卫生、教育、体育各部门都把太极拳列为重要项目来开展，已出版了上百万册的太极拳图书、挂图。太极拳在国外，也受到普遍欢迎。欧美、东南亚、日本等国家或地区，都有太极拳活动。据不完全统计，仅美国就已有30多种太极拳图书出版，许多国家成立了太极拳协会等团体，积极与中国进行交流。太极拳作为中国特有的民族体育项目，已经引起很多国际朋友的兴趣。

三、太极拳运动的特点

中正安舒、轻灵圆活、松柔慢匀、开合有序、刚柔相济，动如"行云流水，连绵不断"这种运动既自然又高雅，可亲身体会到音乐的韵律、哲学的内涵、美的造型、诗的意境。在高级的享受中，使疾病消失，使身心健康。医学、生理、生化、解剖、心理、力学等多学科研究证明，太极拳对防治高血压、心脏病、肺病、肝炎、关节病、胃肠病、神经衰弱等慢性病有很好的疗效。

太极拳作为一种技击术，其特点又表现为以柔克刚、以静待动、以圆化直、以小胜大、以弱胜强。

四、太极拳运动的基本动作及练习方法

（一）太极拳运动的手形手法

太极拳的主要手型为拳、掌、勾三种。

拳：握拳方法同长拳，但拳要虚握，手心略含空。

掌：五指自然分开并微屈，虎口成圆形，掌心微含。

勾：与长拳相同，不用力。

太极拳主要手法有捋、挤、按三种。

捋：常以两手一前一后，掌心一下一上相辅助，有随腰旋转向后下方回捋之势。

挤：通常前手手背向外，另一手辅助，手臂呈弧形，向前方挤出，同时腰身有前进中欲后坐之意。

按：两手心向前，向下按，有迎截外力并引为向下之意。

（二）二十四式太极拳动作名称及动作说明

1. 预备。

起势：两脚开立、两臂前举、屈膝按掌。

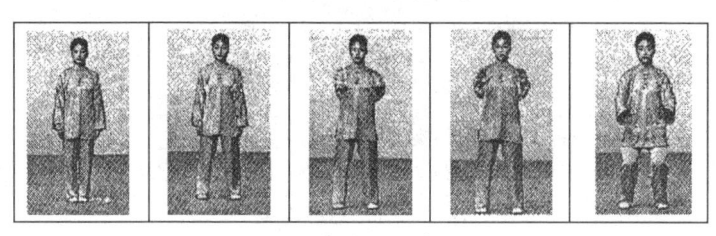

图 14-17　预备

2. 野马分鬃（三）。

（左）抱球收脚、转体迈步、弓步分手（右）后坐跷脚、抱球跟脚、转体迈步、弓步分手（左）后坐跷脚、抱球跟脚、转体迈步、弓步分手。

图 14-18　野马分鬃（三）

3. 白鹤亮翅。

跟步抱球、后坐转体、虚步分手。

图 14－19　白鹤亮翅

4. 搂膝拗步（三）。

（左）转体落手、转体收脚、迈步屈肘、弓步推搂（右）后坐跷脚、转体跟脚、迈步屈肘、弓步推搂、（左）后坐跷脚、转体跟脚、迈步屈肘、弓步推搂。

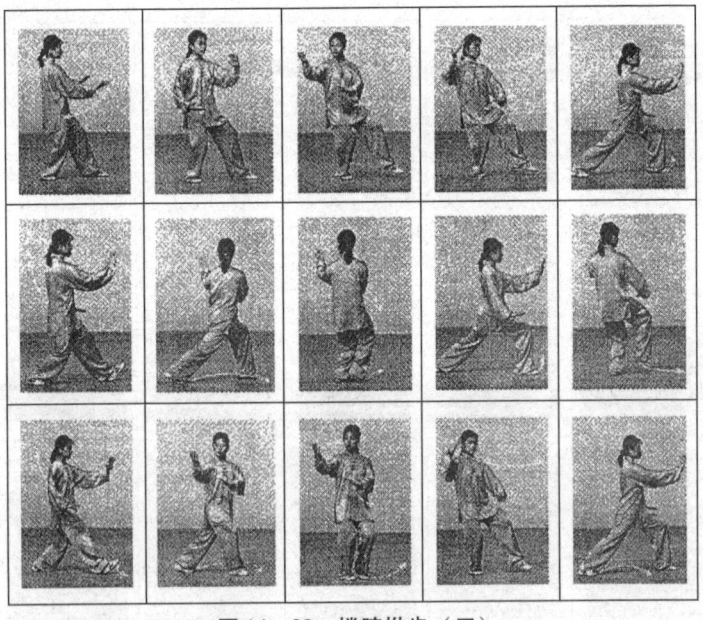

图 14－20　搂膝拗步（三）

5. 手挥琵琶。

跟步松手、后坐挑掌、虚步合臂。

图 14-21　手挥琵琶

6. 倒卷肱（四）。

（左）转体撒手、提膝屈腹、退步错手、虚步推掌（右）转体撒手、提膝屈腿、退步错手、虚步推掌。

图 14-22　倒卷肱（四）

7. 左揽雀尾。

转体撒手、抱球收脚、迈步分手、弓腿绷臂、转体伸臂、转体后勒、转体搭手、弓腿前挤、后坐收掌、弓步接掌。

图 14-23　左揽雀尾

8. 右揽雀尾。

后坐跷脚、转体扣脚、抱球收脚、迈步分手、弓腿绷臂、转体伸臂、转体后勒、转体搭手、弓腿前挤、后坐收掌、弓步接掌。

图 14-24　右揽雀尾

9. 单鞭。
后坐跷脚、转体扣脚、勾手收脚、转体迈步、弓步推手。

图 14-25 单鞭

10. 云手。
（1）后坐跷脚、转体扣脚、转体撑掌、转体云手、撑掌收步。
（2）转体云手、撑掌出步、转体云手、撑掌出步。

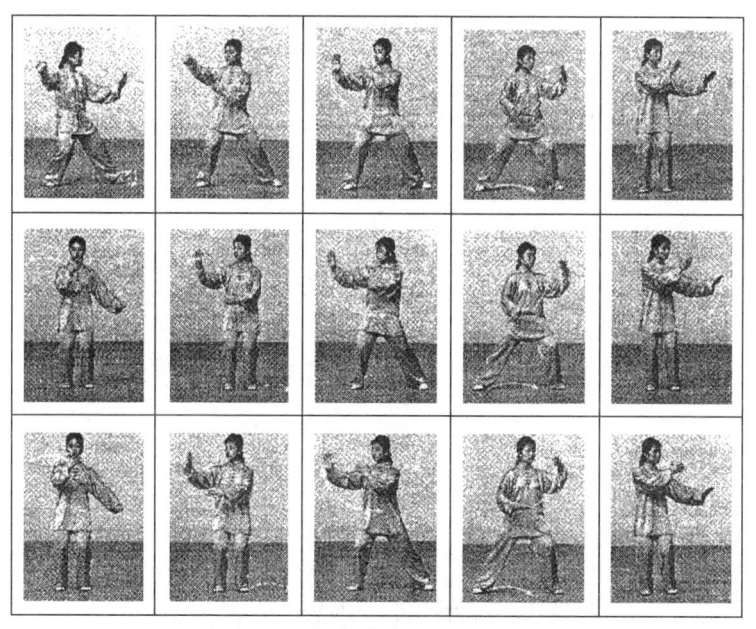

图 14-26 云手

11. 单鞭。
转体勾手、转体迈步、弓步推掌。

357

图 14-27　单鞭

12. 高探马。

跟步松手、后坐翻掌、虚步推掌。

图 14-28　高探马

13. 右蹬脚。

穿掌提脚、迈步松手、弓步抱手、跟步合抱、提膝分手、蹬脚撑臂。

图 14-29　右蹬脚

14. 双峰贯耳。

收腿落手、迈步分手、弓步贯掌。

图 14-30　双峰贯耳

15. 转身左蹬脚。

转身扣脚、收脚合抱、提膝分手、蹬脚撑臂。

图 14-31 转身左蹬脚

16. 左下势独立。

收脚勾手、蹲身仆步、转身穿掌、弓体起身、提膝挑掌。

图 14-32 左下势独立

17. 右下势独立。

落脚勾手、蹲身仆步、转身穿掌、弓体起身、提膝挑掌。

图 14-33 右下势独立

18. 左右穿梭。
（左）落脚坐盘、抱球跟脚、迈步滚球、弓步推架。
（右）后坐跷脚、抱球跟脚、迈步滚球、弓步推架。

图 14-34 左右穿梭

19. 海底针。
跟步松手、后坐提手、虚步撑掌。

图 14-35 海底针

20. 闪通臂提手收脚、迈步分手、弓步推掌。

图 14-36 闪臂收脚

21. 转身搬拦捶。
转体扣脚、坐身握拳、踩脚搬拳、转体旋臂、上步拦掌、弓步打拳。

图 14-37 转身搬拦捶

22. 如封似闭。

穿掌翻身、后坐收掌、弓步按掌。

图 14-38 如封似闭

23. 十字手。

转体扣脚、弓腿分手、坐脚扣脚、收腿合抱。

图 14-39 十字手

24. 收势翻掌前撑、分手下落、收腿还原。

图 14-40　还原

第十五章　冰上运动

第一节　速度滑冰

一、速度滑冰的基本技术

技术：首先应练习在冰上站稳。其要领是：两脚稍分开与肩周宽，双膝部微屈，两臂向两侧前方伸展（协助掌握平衡），目视正前方，然后再试着走几步，一旦跌倒，要靠自己站起来，以锻炼自己使用冰刀和掌握平衡的能力。下一步便可以开始学习基本滑行技术。

（一）单足蹬冰，双足向前滑行

上体直立姿势，目视正前方，手心向下，两臂向侧前方伸展，双足稍分开，与肩同宽，两只冰刀平行站立。在蹬冰时，首先双膝微屈，然后将重心移至右足，用右足刃前半部分向侧方蹬冰。在完成蹬冰动作后，迅速将蹬冰足收回原位置，将重心放在双足之间，形成双足向前滑行动作，然后再换另一足蹬冰，做同样双足滑行动作。如此反复交替，至比较熟练。

（二）单足蹬冰，单足向前滑行

在比较熟练地掌握了上述动作后，就可以进行单足蹬冰、单足滑行的练习。其准备姿势同前，只是在蹬冰时，身体重心要确实移到滑足上，在蹬冰结束后，要保持重心不变和单足向前滑行姿势，此时蹬冰足应尽快放在滑足足跟后，以保持重心平稳。初练时可以一拍蹬冰一拍滑行，双足交替进行练习。经过一段练习，重心保持较稳后，可以做一拍蹬冰、二拍滑行或三拍滑行。最后可以做一次蹬冰，尽量坚持一次滑行的长度，这样做既可以提高身体保持平衡的能力，也可以练习增加蹬冰力量。

在练习中除应注意内刃侧蹬冰外，还应注意，在做单足滑行时，浮足应跟在滑足足跟后方，共同保持一个重心，两臂要放松，过分紧张不利于保持平衡，滑腿在滑行中应尽量伸直，身体保持直立，不要前倾后仰或左右扭动。一旦失去平衡不必强做挣扎，可顺势倒下，避免外伤，在滑行中还要注意双踝关节保持直立，不能过分向内倒（足外翻姿势是初学者常见的毛病）。踝关节立不直，可能是技术问题，也可能是鞋帮太软或鞋带扎得过松，一旦发现是后者，应立即纠正。

（三）单足蹬冰，双足向前弧线滑行

下面以右足蹬冰，双足向左前弧线滑行为例进行说明。双足呈丁字形站立于冰面上，左足在前，右足在后，双膝微屈，用右足冰刀内刃前部做蹬冰动作，此时身体重心稍向前移至左足外刃一侧，蹬冰后右足尽快回到左足内侧，呈双足滑行姿势，用左前外刃和右前内刃双足向左呈弧线滑行。在滑行中身体重心应稍偏于左足，右足前内刃起支撑协助滑行作用。身体纵轴稍向左倾，两臂自然伸向身体两侧，左臂稍向后，右臂稍向前，这样便于向左呈弧线滑行。

用同样的方法，相反的姿势和动作，做左足蹬冰，双足向前右侧弧线滑行。

在练习以上滑行动作时，要注意身体不能转动过急，身体纵轴倾斜角度不能过大，在练习中要充分体会双足内外刃的用力和重心移动，以便为下一个技术动作打下基础。初练时，速度不能过快，伴随着技术的熟练，可以适当加速，加大倾斜角度和弧线的曲度。初学者弧线的曲度以圆的直径5～7米为宜。

（四）单足蹬冰，单足向前弧线滑行

准备姿势和技术动作与双足相同，不同之处在于：在蹬冰后应立即将重心移至滑行足，蹬冰足应尽快放在滑行足足跟后，足尖向下，呈单足向前弧线滑行姿势。由于是单足滑行，身体重心完全落在滑形足冰刀上，身体倾斜要比双足弧线滑行大一些，两臂应发挥调解平衡的作用，切忌转体过急，造成重心不稳，两侧交替进行练习。

在练习单足弧线滑行时，应在逐步熟练的基础上适当加大单足滑行的时间和距离，为单足半圆滑行打好基础。

此外，单足弧线滑行还有右足蹬冰，左前内刃弧线滑行和左足蹬冰右前内刃弧线滑行和左足蹬冰右前内刃弧线滑行等动作，其技术要领基本相同，只是用刃不同而已，故不一一进行说明。

（五）前交叉步滑行

前交叉步分左前外——右前内交叉步和右前外——左前内交叉步。以前者为例，双足平行站在冰上，首先用右足前内刃蹬冰，在前外刃滑行，身体向左倾斜，左臂在后，右臂伸向前，然后将右足经左腿前交叉放在左足前方，同时重心由左足移至右足，呈右前内刃滑行，并用左前外刃向右后侧方蹬冰，右腿屈曲，左腿伸直，两腿呈交叉状，如此反复蹬冰和滑行便形成了左前外——右前内交叉步滑行。

用相同的方法，相反的姿势和动作，进行右前外——左前内交叉步的练习。

前交叉步是在表演中应用最多和最基本的滑行动作，要尽量做到。用刃钝，身体倾斜度适当，蹬冰有力，用刀刃而不得用刀齿蹬冰，双膝关节交替屈伸的节奏控制得好，身体姿态优美放松，只有这样才能做到滑行速度快。

（六）向后双足滑行

在练习双足向后滑行时，首先要双足平行站在冰上，由左足或右足内刃做原地向后蹬冰练习，蹬冰动作要与臀部和腰部的摆动协调配合，然后再练习向后双足滑行动作。双足平行站立，用左后内刃蹬冰,重心稍向右足移动,用腰部、臀部及两臂的摆动配合滑行,然后再用右后内刃蹬冰,做相反的动作向后做双足滑行。如此交替蹬冰和向后滑行,便形成了两条平行的曲线。

(七) 单足蹬冰,单足向后滑行

准备姿势同单足蹬冰,双足曲线向后滑行,蹬冰方法和动作也完全相同,只是在完成蹬冰动作后,立即将身体重心移至滑行足,蹬冰足立即抬离冰面,放在滑足前方线痕之上,形成单足向后滑行动作,两臂在身体两侧协助保持平衡,两足交替上述动作,便形成单足交替蹬冰和滑行动作。

在练习时,两臂和臀部可以适当摆动,协助蹬冰和滑行动作,但不能过分扭动,破坏了正确姿势和身体平衡,蹬冰不能用刀齿。

(八) 单足蹬冰,双足向后弧线滑行

左后外刃蹬冰后,双足靠近呈右外刃,左后内刃双足滑行,身体向右倾斜,右臂向右,左臂向左,左臂在前,头转向右后方。

用同样的方法,相反的动作和姿势,做右后内刃蹬冰,双足(右后内刃,左后外刃)向右后呈弧线滑行。

在练习时,首先要注意正确地蹬冰动作,不得用刀齿蹬冰。双足向后呈弧线滑行时,尽管是双足滑行,但重心主要应放在右后外刃(或左后外刃)滑足上,这样可以为单足向后弧线滑行、半圆弧线滑行及后交叉步滑行等动作打下良好基础。

(九) 单足蹬冰,单足向后弧线滑行

用左后内刃蹬冰,并立即将身体重心放到右足后外刃上,形成右后外刃单足弧线滑行,此时,蹬冰足应尽快抬离冰面,放到滑足前滑线之上,右臂向后,左臂向前,头向右侧,滑腿微屈。用同样的方法,相反的动作和姿势,做右后内刃蹬冰,左后外刃弧线滑行。

也可以用在后内刃蹬冰,身体向左倾斜,右臂向后,左臂向前,形成右后内刃弧线滑行,蹬冰后蹬冰足应尽快抬离冰面,放到滑线之上滑足的前方。

用同样的方法，相反的动作和姿势，做右后内刃蹬冰，左后内刃弧线滑行。

在练习单足蹬冰，单足向后弧线滑行时，要特别注意蹬冰后，身体得以准确移动，要用冰刀的前半部做向后滑行动作，两臂的位置和浮足要协助保持身体平衡，开始练习时，身体倾斜不可过大，滑行线可不必太长，待基本掌握要领后，可以适当加快速度、加大身体倾斜角度和滑行长度。

（十）后交叉步滑行

左后内刃蹬冰，右后外刃滑行，然后将左足经右滑足前放到右足前外侧，呈左后内刃滑行，此时右足用外刃向侧方蹬冰，滑行中右臂向后，左臂在前，头转向右侧，保持始终，左右足交替滑行和蹬冰，便形成左后内—右后外交叉滑行。

用同样的方法，相反姿势做后内—左后外交叉滑行。

在练习后交叉滑行时，上体应尽量保持直立后稍前倾，滑腿保持屈曲，蹬冰腿要充分伸直，如此反复，蹬冰腿与滑腿伸屈分明，节奏适宜，随着动作的逐步熟练、滑行速度和身体倾斜角度也会加大，要特别注意用刀刃蹬冰，才能获得足够的速度，身体过分前倾会导致刀齿蹬冰的错误。

在练习时要注意两个方向的后交叉滑行都要练。蹬冰与滑行的节奏可以有变化，例如一拍滑行，二拍蹬冰，二拍滑行等。在比较熟练后，可以两个方向结合进行练习，例如蛇形变换或8字开变换滑行方向。

（十一）单足半圆弧线滑行

单足半圆弧线滑行不仅是锻炼身体协调和平衡能力的有效方法，而且是建立正确用刃意识的训练手段。由于滑行用足、用刃、方向和转体方法的不同，大致可分为四种单足半圆弧线滑行。

1. 前外刃半圆滑行。

双足呈丁字形站立，右足尖向前，左足正对右足跟部，右肩在前，左肩在后，用左前内刃做蹬冰，用右足前外刃滑行，身体稍倾向圆内。在滑行中两臂带动两肩呈均匀转动，在滑至半圆的一半时（1/4 圆），两臂和两肩平放在身体两侧，浮足也由在身体后方移至滑足内侧，然后，左臂带动左肩向前，右臂带动右肩向后，滑足继续呈右前外刃滑行，浮足由内侧伸向滑足前方滑线之上，足尖向下，为下一半圆弧线滑行做好准备。

用同样方法，相反姿势和动作，做左前外刃半圆弧线滑行。

2. 前内刃半圆滑行。

双足丁字形站立，左足尖向前，右足心对左足跟部，右肩在前，左肩向后，用右足内刃蹬冰，左足前内刃做弧线滑行，身体稍倾向圆内。在滑行中两臂带动两肩均匀缓慢转动，当滑至半圆的一半（1/4 圆）时，两臂和双肩平放在身体两侧，浮足从身后滑线之上，逐渐向滑足靠近，然后，左臂带动左肩向前，右臂带动右肩向后，右浮足紧靠左滑足内侧移至前方滑线之上，足尖向下，为做下一个半圆弧线滑行做好准备。

用同样的方法，相反的姿势和动作，做内刃半圆滑行。

3. 后外刃半圆滑行。

双足平行站立于冰面上，双肩双臂平放，面向滑行的半圆，用右足后内刃蹬冰，两臂动作协调配合，主要是左臂用力向后滑行方向摆动。右臂在前，右浮足在完成蹬冰动作后尽快放在身前滑线之上。右足做后外刃弧线滑行。当滑至 1/4 圆时，两肩稍转动，浮足靠近滑足，头向圆内。然后，浮足经滑足内侧均匀地伸向后方滑线之上，上体姿势不变，为做右后外刃半圆滑行做好准备。

用同样方法，相反姿势和动作做右后外刃半圆滑行。

4. 后内刃半圆滑行。

双足平放在冰面上，背向所滑半圆。两臂伸向身体两侧方，用右足做蹬冰，用左后内刃做弧线滑行，此时右臂在前，左后滑行方向用力摆动，右足蹬冰后尽快放到身前滑线之上。滑至1/4圆时，上体姿势不变，浮足向滑足靠近，然后上体均匀缓慢转动，至左前右后，浮足向后伸至滑线之上，为做右后内刃半圆滑行做好准备。

用同样的方法，相反的姿势和动作，做右后内刃半圆滑行。

以上介绍的四种半圆滑行方法，尽管它们用刃、滑行方向和滑行方法不同，但它们有共同技术要领。蹬冰要有力，只能用刃蹬冰，不得用刀齿蹬冰。可以用两肩、两臂和臀部适当的摆动配合蹬冰动作，但不能过分。在滑行中应尽量保持身体直立，并稍倾向圆内，转头、转体、两臂的移动和浮足的移动应保持均匀速度，并且控制得好。浮足无论在身前、靠近滑足或身后都应尽量保持在滑线之上，身体重心应保持在滑足上，在滑行中应保持用刃纯正，身体重心应放到冰刀的后半部，向后滑行时重心应放到冰刀的前半部，只有这样才能保持滑行平稳匀速。

单足半圆滑行是花样滑冰最主要的基本滑行技术之一。初练时半圆的半径可先小些，伴随着技术进步，应适当放大圆的半径，一般认为以半径为2.5～3.0米为宜。

学会半圆滑行并不难，但做到技术规范、滑行平稳、弧线均匀、姿势优美、动作自如就不容易了，所以必须经常反复练习，以求完美。

（十二）急停动作

急停是在练习和表演中经常做的动作，大体可以分为双足急停和单足急停两大类。

1. 双足急停。

双足急停因滑行方向，用刃方法的不同分为若干种急停动作。

（1）双足向前内刃急停：在滑行时，突然将足尖靠近，足跟分开，身体重心后移，两腿微屈，双膝靠近，形成用双足冰刀内刃向前刮冰急停动作。

(2) 双足向后内刃急停：在向后滑行时，突然将双足尖分开，足跟靠近，双腿伸直，身体稍向前倾，形成用双足内刃向后刮冰的急停动作。

(3) 双足向左（右）急停：在向前滑行时，身体突然向右转体90度角，双腿微屈，身体向右后倾斜，用左足内刃及右足外刃同时向滑行方向刮冰做急停动作。

用相同的方法，相反的姿势和动作，做双足向右急停。

2. 单足急停。

单足急停也可以因用刃、滑行方向和方法的不同分为若干种急停动作。

(1) 单足前外刃急停：在向前滑行时，突然用左足前外刃做横向刮冰急停动作，身体应后倾，右足抬离冰面。

用同样的方法，相反的动作和姿势做右足前外刃急停。

(2) 单足前内刃急停：向前滑行时，突然用右足前内刃做横向刮冰急停动作，身体后倾，右足抬离冰面。

用同样的方法，相反的动作和姿势做右足前内刃单足急停动作。

(3) 单足后内刃急停：在向后滑行时，突然用左足后内刃做横向刮冰急停动作，身体向前倾，右足在身前抬离冰面。

用同样的方法，相反的姿势，做右后内刃急停动作。

所有急停动作除在练习中出现危险情况作为紧急处理手段，可避免不必要的外伤外，在一套表演节目段落和结束时，也可以用急停动作。

在练习中，应掌握多方向、多种用刃和多种方法的急停动作。在做急停动作表演时，上体、两臂和浮足可配合不同的舞蹈姿势或动作。

二、速滑的比赛规则

比赛规则：速滑比赛采用淘汰制，以预赛、次赛、半决赛、决赛的比赛方式进行。4~8名运动员在一条起跑线上同时起跑出发，站位通过抽签决定。比赛途中在不违反规则的前提下运动员可以随时超越对手。场地周长111.11米，直道宽不小于7米，弯道半径8米，直道长28.85米。

所有运动员必须佩戴下列装备：

1. 短道速滑安全头盔应符合现行的ASTM标准。头盔必须有一个规则的形状，不能有突起。
2. 耐切割手套或皮革制成的连指手套，或不含羊毛的合成材料手套。
3. 防割、防扎耐用材料的护腿。
4. 符合97.140 2号MU型安全比赛服。
5. 长袖长裤连身服。
6. 软垫或软垫的硬壳护膝。
7. 冰刀管必须是封闭的，刀根必须是圆弧形。最小半径为10毫米。刀管最少有两点固定在鞋上，没有可动的部分。
8. 所有运动员必须佩戴中国滑冰协会批准使用的护颈。

第二节　花样滑冰

一、花样滑冰基本技术

基本技术：花样滑冰的基本步法是将若干基本滑行动作协调地连接起来的一种表演形式。它们也因用刃的变化、滑行的方向、转体的方向、动作姿势和方法的不同，分为许多种基本步法。步法在一套表演节目中，尽管与跳跃、旋转等动作相比，似乎不太重要，但选手可以用不同姿态的滑行步法，将其他动作连接为一套节目进行表演。由于滑行步法多变而流畅，给人以整套表演完美的印象。从整个意义上讲，步法又是整套表演节目中不可缺少的一个重要组成部分，它起到锦上添花的作用。

基本步法的名称也因滑行方向、用刃的变化、转体动作和姿势等方面的不同而不同。下面介绍基本滑行步法。

(一)"3"字步

"3"字步，也有人称华尔兹步，是一种转体180度，并有用刃变化的步法。由于用刃、滑行方向、转体方向、换足和不换足等方面的不同，又可分为若干种"3"字步。

1. 不换足"3"字步。

(1) 左前外—左后内"3"字步。

双足丁字形站立于冰面上，左足尖向前右足心对左足跟。左肩左臂向前，右肩右臂在后。头向前进方向，用右足内刃开始蹬冰，做左前外弧线滑行，在滑行中上体左转动，左肩左臂向后，右肩右臂向前移动。浮足向滑足靠近。当身体转至极限，滑线处于"3"字尖端时，用双肩双臂及上体带动髋部和滑足转动180度，同时滑足由左前外刃弧线滑行进入左后内刃弧线滑行，此时左肩左臂在身前，右肩右臂在身后。浮足伸向后方滑线之上。这样的转体动作在冰面上留下了类似"3"字的线痕，故称其为"3"字步。

(2) 右前外—右后内"3"字步。

用(1)步法的同样方法，相反的姿势、动作和转体，做右前外—右后内"3"字步。

(3) 左前内—左后外"3"字步。

丁字步站立于冰面上，左足尖向前，右足心对左足跟。用右足内刃开始蹬冰，做左前内刃滑线。此时左肩左臂在身前，右肩右臂在身后，右浮足在身后滑线之上。在滑行中左肩向圆内，右肩向圆外呈对称性转动，浮足靠近滑足。当转至滑线"3"字尖端时，用双肩双臂及上体带动髋部和滑足转体180度，做左后外刃弧线滑行，此时右肩右臂在身前，左肩左臂伸向身后方，浮足向后左上伸展。

（4）右前内—右后外"3"字步。

用（3）步法的同样方法，相反的姿势、动作和转体，做右前内—右后外刃"3"字步。

（5）左后外—左前内"3"字步。

双足平行站立于冰面上，用右后内刃开始蹬冰，用左后外刃做弧线滑行，此时右肩右臂在身前，左肩左臂在身后，浮足在滑足前方线痕之上，在滑行中右肩右臂向后，左肩左臂向前均匀转动，浮足靠近滑足，当滑至"3"字顶点时，用双肩双臂及上体带动髋部及滑足转体180度，做左前内刃弧线滑行，此时右肩右臂应在转体动作完成后，立即伸向身前，左肩左臂伸向身后，浮足伸向前方滑线之上。

（6）右后外—右前内"3"字步。

用（5）步法的同样方法，相反的姿势、动作和转体，做右后外—右前内刃"3"字步。

（7）左后内—左前外"3"字步。

双足平行站立于冰面上，用右后内刃开始蹬冰，做左后内刃弧线滑行。此时右肩右臂在身前，左肩左臂在身后，右浮足于身前滑线之上。头转向滑行方向。在滑行中，左右肩和左右臂均经圆弧外向后均匀转动，右浮足靠近滑足，当滑至"3"字顶点时，用双肩双臂及上体带动髋部及滑足转体180度，完成"3"字转体，做左前外刃弧线滑行，在完成转体动作后，左肩左臂立即向前，右肩右臂伸向身后，右浮足伸向前方滑线之上。

（8）右后内—右前外"3"字步。

用（7）步法同样的方法，相反的姿势、动作和转体，做右后内—右前外刃"3"字步。

以上八种不换足的"3"字步在练习时都要求做到：上体保持直立，稍倾向圆内，双肩双臂转动要均匀，轻松自然，不能过分僵硬，转体时要用双肩双臂和上体带动髋部和滑足同时转动。在练习时，要尽量做到肩、浮足的动作和位置规范。转体时用力要适度，不能过分，以免造成转体过度难于控制。此外在冰上留下的"3"字线痕应当是对称的，一般常犯的错误是转体前线痕尚好，转体后线痕弧度大而短，这多半是由于浮足的位置不正确，没有得到应有的控制所致。在熟练的基础上，可以加快滑行速度做"3"字转体步法。

2. 换足"3"字步。

换足"3"字步与不换足"3"字步一样，也有八种不同的滑法。

（1）左前外—左后内—右后外换足"3"字步。

左前外—左后内"3"字步结束后，双膝稍屈，用左后内刃蹬冰，换足做右后外刃弧线滑行。

（2）右前外—右后内—左后外换足"3"字步。

右前外—右后内"3"字步结束后，双膝稍屈，用右后内刃蹬冰，换足做左后外刃弧线滑行。

（3）左前内—左后外—右前外换足"3"字步。

先做左前内—左后外"3"字步，然后用左内刃蹬冰，同时向右转体180度，做右前外刃弧线滑行。

（4）右前内—右后外—左前外换足"3"字步。

先做右前内—右后外"3"字步，然后用右内刃蹬冰，同时向左转体180度，做左前外刃弧线滑行。

（5）左后外—左前内—右前外换足"3"字步。

先做左后外—左前内"3"字步，然后用左内刃蹬冰，做右前外刃弧线滑行。

（6）右后外—后前内—左前外换足"3"字步。

先做右后外—右前内"3"字步，然后用右内刃蹬冰，做左前外刃弧线滑行。

（7）左后内—左前外—右前内换足"3"字步。

先做左后内—左前外"3"字步，然后用左内刃蹬冰，做右前内刃弧线滑行。

（8）右后内—右前外—左前内换足"3"字步。

先做右后内—右前外"3"字步，然后用右内刃蹬冰，做左前刃弧线滑行。

以上八种换足"3"字步是在不换足"3"字步的基础上演化出来的步法，在表演中更为实用。初练时要求头部、两臂、双肩、髋部和浮足的位置尽量做到规范正确，尤其是两臂要自然伸展，肩部不要过分僵硬，转体要有控制，浮足自然相随，足尖向下。只有这样，才能做到滑行流畅，转动自如，姿势优美。

（二）双"3"字步

双"3"字步是一种单足完成的滑行步法。它是在"3"字步的基础上增加一次转体（180度）。即在一次单足滑行中完成两个"3"字转体。双"3"字步也因滑行、转体和用刃等方面的不同分为八个种类：

1. 左前外—左后内—左前外单足双"3"字步。
2. 右前外—右后内—右前外单足双"3"字步。
3. 左前内—左后外—左前内单足双"3"字步。
4. 右前内—右后外—右前内单足双"3"字步。
5. 左后外—左前内—左后外单足双"3"字步。
6. 右后外—右前内—右后外单足双"3"字步。
7. 左后内—左前外—左后内单足双"3"字步。
8. 右后内—右前外—右后内单足双"3"字步。

双"3"字步的动作技术要领，是由两个"3"字步共同组成的，前面已分别介绍，这里不再重复。只因为在一次滑行中有连续两次的身体转动,所以保持身体重心,上身在转动时保持直立是很重要的。此外,身体转动应具有连续性,第一个"3"字直立是很重要的。此外,身体转动应具有连续性,第一个"3"字转体后,立即为下一个"3"字转体做好各种准备。所以,第一个"3"字步必须将身体控制好,保持滑行稳定,姿势正确,双"3"字步,实际是"3"字步的组合,所以只有熟练地掌握"3"字步后,才能进入双"3"字步的训练。

在双"3"字步练习过程中,还应注意滑行三段弧线的比例和弧度,在基本掌握了动作的技术要领后,就应注意这方面的问题。最常见的错误是中间一段弧线过短,一般是由于第一个"3"字转体过急,失去控制,不得不进入第二个"3"字转体动作所致。这种错误,不仅给人以转体不稳的感觉,而且动作节奏也受到破坏,表演效果差。

与"3"字转体相似,双"3"字步也可以演变为八种换足双"3"字步。例如:左前外—左后内—左前外—右前外换足双"3"字步;右后内—右前外—右后内—左后外换足双"3"字步,等等。这里不再一一介绍。

二、花样滑冰的比赛规则

花样滑冰比赛是在长 60 米、宽 30 米的长方形冰场上进行,非国际滑联举办的比赛其场地最小不得小于 56 米×26 米。冬奥会和世界锦标赛参赛名额由上一年度世界锦标赛的成绩根据国际滑联的相关规定进行计算确定,但每个国家和地区每项最多可参加 3 人/队。所有项目必须分别进行。男女单人和双人各包括有短节目、自由滑和表演自由滑 3 项内容,冬奥会和世界锦标赛只规定有短节目和自由滑。每项内容各进行 1 天,短节目在先。

短节目由规定的 3 种不同跳跃和 3 种不同旋转以及 2 种不同步法共 8 个动作和连接步组成。运动员自选音乐,根据要求编排一套不超过 2 分 40 秒的节目。评分包括规定动作分和表演分。裁判员依据动作质量、难度和完成情况先评出规定动作分,然后根据内容编排的均衡性和音乐的一致性、速度、姿势以及音乐特点表达等再出示第二个表演分。

自由滑是由跳跃、旋转、步法和各种姿势组成。运动员自选音乐,根据规则编排一套均衡内容的节目。自由滑比赛的时间男子单人和双人为 4 分 30 秒,女子单人 4 分钟。自由滑评分包括技术水平分和表演分。

表演自由滑是由规定数量的跳跃、旋转和步法组成。节目主要突出音乐的表达和艺术表演。其评分包括滑行技术分和表演分。比赛时间为 3 分 30 秒~4 分 30 秒。

冰上舞蹈比赛由规定舞、创编舞、自由舞和表演舞 4 项内容组成。冬奥会和世界锦标赛只进行 3 项,分别在 3 天进行。第 1 天为规定舞,第 2 天为创编舞。规定舞是根据规定的音乐、图案、步法和重复次数进行比赛。规定舞共有 22 种,每次比赛滑其中的 2 种。冰上舞蹈的评分包括技术分和节奏/表演分,每个评分的满分同样为 6 分。创编舞根据规定的节奏性和速度,运动员自选音乐,在规定的 2 分钟时间内完成一套自编的舞蹈。创编舞评两个分——编排分和表演分。自由舞是运动员自选音乐,由各种步法、托举、小跳、姿势、握法的变换等组成一套 4 分钟的节目。自由舞的评分包括技术水平分和艺术印象分。

花样滑冰比赛裁判分为 5 人裁判制、7 人裁判制和 9 人裁判制(冬奥会和世界锦标赛规定为 9 人裁判制),特殊情况下也可采用三人裁判制。所有裁判员的给分均为有效分。每名裁判员每项给分满分为 6 分,即从 0.0~6.0。两分相加之和为该运动员得分。

单人滑:

分为男子单人滑和女子单人滑两项。比赛内容原来包括规定图形、创编节目、自由滑 3 项。国际滑联 1988 年代表大会决定,从 1990 年 7 月 1 日起取消规定图形的比赛,只比其余两项。规定图形的比赛已有近百年的历史，作为比赛内容虽已取消，但它仍是单人滑的技术基础。

双人滑：

由男女共同表演。双人滑强调相互间动作配合协调。表演时除具备所有的单人滑动作，还包括一些典型的双人动作，如托举、捻转托举、双人旋转、螺旋线、抛跳等。双人滑的比赛分两项：①创编节目。原称双人规定自由滑或短节目。国际滑联公布了双人创编节目的规定动作，每组包括 8 个动作，全套动作不得超过 2 分 40 秒钟，音乐自选，每个动作只允许做一次，附加动作要扣分。②双人自由滑。运动员自选音乐，自编套路，在 4 分 30 秒钟内滑完，包括单人动作和双人动作（典型的双人动作）。双人滑与单人滑的评分方法相同，但要顾及两人动作的一致性。

冰鞋、冰刀：

花样滑冰的冰鞋用优质牛皮制成，高腰高跟硬底，男子鞋为黑色，女子鞋为白色。冰刀固定在鞋底上，冰刀较矮，刀刃刀托为一体。刀身有一定弧度，刃较厚，呈浅"凹"沟形，沟两边刀刃锋利，既便于滑行又能使冰刀在冰面上留下清晰的图案。刀刃前端有 5~6 个锯齿，根据锯齿的大小分为图形刀和自由滑刀两种。图形刀的锯齿较小，以免滑图形时刮冰。自由滑刀锯齿较大，便于急停、跳跃或迅速改变动作。冰刀应与鞋的大小相适应，一般刀身前端的刀齿应在鞋底前端的边缘处，刀身前端安装在脚的大脚趾与二脚趾之间的正下方，刀跟装在脚跟正中间的下方，刀尾应超出鞋后跟 1~2 厘米。

第三节　冰　球

一、冰球的基本技术

冰球的基本技术可分为滑跑技术和攻防技术两大类。滑跑是冰球运动员必须熟练掌握的最基本技术，包括起跑、正滑、倒滑、惯性转弯、左右压步转弯、急停等。滑行姿势应是上体抬起，稍前倾，眼睛向前看，两脚蹬冰频率稍快。这种滑行姿势有利于在场内骤然急跑急停和频繁变换方向。攻防技术，包括控制球、传接球、过人、争球、射门等进攻技术和阻截、抢球、合法冲撞以及守门员防守等技术。射门是各项进攻技术中特别重要的一项。射门方法很多，有拉射、挑射、快拍、击射和补射等。这些方法又分正拍和反拍两种方式，现在又发展了弹射和垫拍等射门方法。

二、冰球的比赛规则

冰球比赛的场地为长56~61米，宽26~30米（冬奥会和世界锦标赛规定为长60米、宽30米）。场地四周设有从水泥地面算起1.17~1.22米高的界墙，界墙四角圆弧的半径为7~8.5米。规则规定，界墙必须用木材或经国际冰联批准的可塑材料制成。界墙的里面要涂以白色。球场的中间有一条宽30厘米的横贯全场的红色线，称中线。中线的两侧各有一条宽30厘米与中线相平行的蓝色线，将整个球场划分为攻、中、守3个区，称分区线。本队球门所在的区称守区，对方球门所在的区称攻区。假如队员先于球进入攻区，即为越位，须重新争球开始比赛。在球场两端距离界墙4米处各有一条平行于端墙的5厘米宽的红色线，称球门线，冰球门就安放在这条线的中间。冰球门是用铁管焊接而成，球门柱和横梁铁管的直径为5厘米，支撑球门的其他支架为3厘米。从铁管的内缘算起，球门的垂直高度距离冰面1.22米，宽1.83米。

冰球比赛每场要有两个队参加，每队限报23人（其中守门员3人），双方上场各为6人，其位置分工为守门员、左后卫、右后卫、左边锋、右边锋、中锋。比赛分3局进行，每局20分钟，中间休息15分钟。每射中对方球门一球得1分。比赛结束，以得分多者为胜。比赛要在裁判员的组织下进行。每场比赛场内设有裁判员1名，边线裁判员2名。

冰球比赛要求运动员必须脚穿冰刀，手持冰球杆，身着符合国际冰联规定的护具（包括护胸、护肘、护裆、裤衩、手套、护腿以及头盔等）。比赛中运动员不得用冰球杆打人、绊人、钩人、杵人或者用手抱人和推人、用肘顶人以及用脚踢人和绊人等。否则，裁判员将视情节处以小罚（2分钟）、大罚（5分钟）、违例、严重违例以及罚任意球等。被处以小罚、队小罚或大罚的队员在受罚时间内要离场到队员受罚席接受相应时间的处罚，并不得替补。

三、冰球竞赛规则简介

（一）死球及越位的制定

死球：场地中间的红线把冰场分成二等份，人数相等或人数多于对方的队，从自己半场射球或打球，使球直接越过对方的球门线，即为死球，要在射球队的守区争球点争球。

但有下列情况之一者不判死球，人数少于对方的队打成的死球；如果球在越过球门线之前触及了对方队员身体的任何部位、冰刀或冰球杆；或球在到达球门线之前通过了球门区；或球在到达球门线之前能够接着而故意不努力去接，使球越过球门线时，不判死球。

越位：判定越位是根据冰刀所在的位置而不是冰球杆的位置。当两只冰刀完全越过了决定越位的中线或蓝线时，才能判定越位。越位有以下两种。

蓝线越位：攻队队员在球还未进入对方蓝线前就进入了攻区，此时传球或打球入攻区即造成越位。

造成蓝线越位时，如果球入攻区明显被守队获得，边线裁判员应举手示意"缓攻"，当攻方队员全部退出攻区或守队将球运、传入中区时解除越位继续比赛。

传球越位：当攻队队员将球从自己守区蓝线后传给先于球越过中区红线的同队队员并被其接到时，判为传越位。

（二）犯规的判罚及处罚

冰球比赛中，运动员不准用冰球杆打人、杆刃戳人、杆柄杵人、横杆推人、用杆勾人、抱人、绊人、膝或肘顶人、踢人、侮辱对方或有干扰对方、干扰裁判等不良行为，此外也不准用手抓球、故意移动球门、故意射球出界、场上人数过多、高杆击球、投扔球杆等，违者根据犯规的性质与程度，分别给予小罚、队小罚、大罚、违反纪律、取消比赛资格、罚任意球等处罚。防守队员可用肩、胸、臂部对控制球的进攻队员进行合理冲撞，也可用身体挤贴或阻挡对方，但必须符合规定。

在比赛中，场上若出现犯规情况时，裁判员应首先举手示意。如果球正被非犯规一方控制着，可暂不宣判也不停止比赛，而是执行"缓刑"。此时，非犯规队的球门已得到"保险"，守门员可立即下场，换上一名队员加强攻击力量，出现"六打五"的局面。当球被犯规队获得时，裁判员鸣哨停止比赛，结束缓判，宣布对犯规队员的处罚。如果场上出现犯规时是犯规队控制球，或出现双方同时犯规，裁判员则立即停止比赛，宣布对犯规队员的处罚。

在冰球比赛中，对犯规进行处罚的种类很多，主要的有：

小罚：犯规队员离场到受罚席受 2 分钟的处罚，该时间内该队场上不得增补人。

队小罚：犯规队派一名队员至受罚席受 2 分钟的处罚，该时间内该队场上不得增补人。

大罚：犯规队员离场到受罚席受 5 分钟的处罚，该时间内该队场上不得增补人。

违反纪律：犯规队员离场到受罚席受 10 分钟的处罚，该队场上可立即增补人。

取消比赛资格：犯规队员离场到更衣室，被停止该场及下一场的比赛资格，该队场上过 5 分钟后方可增补人。

罚任意球：非犯规队的一名队员在没有任何人干扰的情况下

单独对对方守门员进行一次攻门。

此外，规则还规定：守门员犯规受小罚、大罚、违反纪律处罚时，应由该队派一名队员代替他受罚；在某队因受小罚而人数少于对方时被对方射中球门，该小罚队员可自动结束受小罚。

第四节 短道速滑

一、短道速滑基本技术

短道速滑滑冰比赛中，场上情况变化非常快，在瞬息万变的战术对抗中，原战术计划往往被破坏，情况的变化甚至超出战术计划中对手的预测范围，此时死板地运用战术只能是"束手待毙"。因此在场上灵活地运用战术就显得更为重要。运用战术不是目的，目的是达到战术目标，灵活地运用战术手段，尽快适应场上变化，把战术用"活"，使战术转换得更快，行动衔接得更好，在情况变化中寻找战机，以战术目标为核心实施战术，采取相应措施，克敌制胜。

短道速滑运动是以身体素质、机能能力、技能水平、心理素质、智能能力等条件为基础，以战术运用为灵魂的运动项目。按项群理论分类，它属于"竞速性体能类"的冰上运动项目。作为竞技体育出现的短道速度滑冰运动，也是冬季奥运会的正式比赛项目。

进行短道速滑运动时，必须要脚穿特制的短道速滑冰鞋、防切割服装、轻体的硬壳头盔和皮质防切割手套及防护眼镜等，在长60米，宽30米的冰球场地上，沿周长111.12米的跑道滑行。短道速滑的动作带有明显的周期性特征，滑行时是在特殊蹲屈姿势的条件下靠两腿的交替蹬冰、收腿、下刀、支撑滑行并配合两臂的前后摆臂动作以及维持身体重心的平衡等，形成了完整的周期性滑跑动作，在周期性动作基础上构成了直道和弯道滑跑的基本技术。

二、短道速滑的比赛规则

短道速滑比赛的项目包括男、女500米；1 000米；1 500米；3 000米和男子的5 000米接力及女子的3 000米接力等。比赛采用多轮次的淘汰形式，根据不同项目的特殊规定及参赛人数的多少，一般要经过预、次、半决和决赛等二至四个轮次的比赛后才能决出最后的胜负，并以到达终点的顺序排定名次，每个轮次中每组比赛的前两名可进入下一轮次的比赛，除特殊情况外，其余的将被淘汰。

比赛时，在起点采用集体的形式出发，根据项目的不同每组4～12人参加，滑跑时不分道，规则中允许运动员正当的超越和尾随滑行。在比赛中由于运动员的滑行速度较快、场地相对较小、在同组比赛的人数多、战术性强且变化频繁以及可能被淘汰的几率较大等因素的作用，因此，竞争非常激烈，时常出现追赶、阻截、超越、夹击及战术配合精彩的场面或犯规及摔倒的惊险片段，特别吸引观众，具有很强的观赏性。对于短道速滑爱好者来说，不仅仅是观赏，而且还另有魅力，经常通过短道速滑运动这一手段进行锻炼，不仅可以增强体质（改善呼吸和循环系统的功能、提高身体运动能力），而且也是锻炼意志、培养兴趣、改善和提高智力的手段，深受广大青少年的喜爱。因此，随着社会的进步，经济建设的不断发展，这项运动将有很广泛的社会性，必将受到社会更大的关注与支持。

第五节　冰　壶

一、冰壶的基本技术

双方队员掷出的冰壶大本营中心的个数多少来计算得分并决

定胜负。以距离对方队大本营中心的个数来决定胜负。

1. 运动员蹲下身子并做成将身体坐在腿肚子上的姿势，伸直胳膊把冰壶石轻松地放在自己的前方。垂直肩膀、伸直胳膊、靠拢膝盖、端正身体。在身体放松的情况下，控制好平衡是非常重要的。

2. 在将冰壶石向前稍微移动的同时开始投石。在做投石动作之前先把躯干部分抬起。

3. 保持好伸直的胳膊与垂直的肩膀，关键是在抬起躯干的时候。其余只要掌握好冰壶石的握法与自我控制，并以正确的姿势投出冰壶石便不会失误。

4. 冰壶石是由肩膀用力而投出去的。靠伸直的肩膀前后摇摆来调节投石的距离。重要的是要控制好小横步，实际就是脚的转弯度。做投石运动时保持好重心也是非常重要的因素之一。把身体的重心移到右侧稍微弯曲的脚上，用左脚来控制并掌握平衡。

5. 把冰壶石提到自己的前方，伸直胳膊然后把脚慢慢地移到冰壶石的后方。因为身体的重心要从后脚移到向前弯曲的前脚上，所以要掌握好平衡。也可以借助刷子的手来调节平衡。

6. 投石运动员把冰壶石充分地提到自己的前方，右脚伸直至后方并将身体向前移动。使肩膀垂直于帮助调节平衡的刷子是非常重要的。投出石的瞬间，前胸落到膝盖的内侧，冰壶石脱手而出，飞向目的地。这时身体完全保持平衡，甚至不用刷子来支撑。

7. 投石结束后，身体伸展到最低、最远的程度，到最后的一个动作完成为止肩膀保持垂直，胳膊也要伸出去。为了不养成坏习惯，投出冰壶石后使身体保持最低的姿势，直到投石结束为止。

二、冰壶的比赛规则

冰壶比赛时，每场由两支球队对抗进行，每队由 4 名球员组成。比赛共进行 10 局。两队每名球员均有两个冰壶，即有两次掷球机会。两队按一垒、二垒、三垒及主力队员的顺序交替掷球，在一名队员掷球时,由两名本方队员手持毛刷在冰壶滑行的前方快速左右擦刷冰面使冰壶能准确到达营垒的中心。同时对方的队员为使冰壶远离圆心,也可在冰壶的前面擦扫冰面。球员掷球时,身体面向擦扫冰面。球员掷球时,身体下蹲,蹬冰脚踏在起蹬器.上用力前蹬,使身体跪式向前滑行,同时手持冰壶从本垒圆心推球向前,至前卫线时,放开冰壶使其自行以直线或弧线轨道滑向营垒中心。掷球队员在力求将冰壶滑向圆心的同时,也可在主力队员的指挥下用冰壶将对方的冰壶撞出营垒或将场上本方的冰壶撞向营垒圆心。最后当双方队员掷完所有冰壶后,以场地上冰壶距离营垒圆心的远近决定胜负,每石1分,积分多的队为胜。比赛分两队进行,两队各有四名球员,轮流丢掷冰壶,以赛前双方掷点离圆心近者先掷。每局在每队交替掷球,每人分别丢掷两球,八人共十六球之后结束。主将应领导球赛。当队员掷球时,主将应持冰刷,作为掷球之目标物。主将并应指示冰壶旋转方向及应滑行距离,并使队员了解掷球指示冰壶旋转方向及应滑行距离,并使队员了解掷球目的,以使刷冰员决定应如何刷冰,因为刷冰可使冰壶增加滑行距离、同时减少行进曲度。一场比赛需两组冰.壶,每组各八颗,应上色彩以使在冰道另端仍可轻易辨识。传统上,在第一局中,不拥有最后一球掷球权的一队,可选择该队的球色。

　　掷球方的刷冰员可在两圆心线间为己方任何在移动中的冰壶刷冰。但在圆心线之后,每队仅有一名球员可为己方冰壶刷冰,且仅有主将可为对方冰壶刷冰。

　　拥有位于圆垒中、位置最接近圆垒中心的冰壶队伍得分。该队每颗位于圆垒中、位置较另队所有冰壶都更接近圆心的冰壶皆可获计一分。在移动任何冰壶之前,两队队员应对得分情形获得共识。